westermann

EinFach Deutsch

Unterrichtsmodell

„Unterwegs sein“ – Das Thema Reisen

Von
Martin Heider
Janna Strube

Unter Mitarbeit von
Michael Rieger

Herausgegeben von
Johannes Diekhans

Baustein 3: Sehnsuchtsorte in Poesie und Prosa (S. 110 – 142 im Modell)

3.1	Sehnsuchtsort Stadt	Texte von Zweig, Ortheil, Goethe und Brinkmann	Textarbeit Projekt Arbeitsblätter 29 – 33
3.2	Sehnsuchtsort Wüste	Texte von Greshake, Saint-Exupéry und Straub	Textarbeit Projekt Arbeitsblätter 34 – 36
3.3	Sehnsuchtsort Berg	Interview mit Messner; Texte von Petrarca und Bettina von Arnim	Textarbeit Projekt Arbeitsblätter 37 – 39
3.4	Sehnsuchtsort Meer	Texte von Herder, Handke, Heine und Woolf	Textarbeit Projekt Arbeitsblätter 40 – 43

Baustein 4: Eine Reise im Film – „Into the Wild" (S. 143 – 179 im Modell)

4.1	Chronologie der Filmhandlung versus Chronologie der Story	gesamter Film	Tafelskizze Schreibauftrag Arbeitsblatt 44
4.2	Christophers Reise	FM 01:19:27 ff	Szenenanalyse
4.3	Die Hauptfigur Christopher McCandless	FM 00:13:41 – 00:21:19	Szenenanalyse Tafelbild Schreibauftrag Arbeitsblätter 45 – 46
4.4	Vergleich mit dem „Taugenichts" von Joseph von Eichendorff	„Aus dem Leben eines Taugenichts" (Auszug)	Textarbeit Tafelbild Arbeitsblatt 47
4.5	Das Beziehungsgeflecht	gesamter Film FM 01:58:01 - 01:59:35	Szenenanalyse Tafelbild Arbeitsblatt 48
4.6	Das Ende	FM 02:08:06 – Ende	Szenenanalyse Schreibauftrag Arbeitsblatt 49
4.7	Natur und Mensch	FM 00:03:50 – 00:05:13 FM 00:05:38 ff FM 00:21:10 – 00:24:17 FM 01:17:16 – 01:18:20	Szenenanalyse Tafelbild Arbeitsblätter 50 – 52
4.8	Anregungen zur Weiterarbeit – Die Filmmusik	gesamter Film	Szenenanalyse

„Unterwegs sein“ – Das Thema Reisen

Baustein 1: Die Frage des Einstiegs (S. 14 – 41 im Modell)

1.1	Warum reisen Menschen?	Ein Gespräch mit Alain de Botton	Textarbeit Tafelbild Schreibauftrag Arbeitsblätter 1 – 2
1.2	Von San Francisco zum Jakobsweg		Textarbeit Tafelbild Szenisches Spiel Arbeitsblätter 3 – 5
1.3	Aufbruch – Unterwegs sein – Heimkehr: Odysseus, der kleine Tiger und der kleine Bär auf Reisen		Textarbeit Tafelbild Schreibauftrag Szenisches Spiel Arbeitsblatt 6

Baustein 2: Lyrisch unterwegs sein – Reisegedichte vom Barock bis zur Gegenwart (S. 42 – 109 im Modell)

2.1	Reisegedichte des Barock: Paul Fleming, Sibylla Schwarz und Andreas Gryphius	Gedichte von Fleming, Schwarz und Gryphius	Textarbeit Tafelbild Schreibauftrag Arbeitsblätter 7 – 9
2.2	„Lustig in die Welt hinein ...“ – Reisegedichte aus Klassik und Romantik	Gedichte von Goethe, von Günderode, Tieck, Müller und Eichendorff; Sachtext zur Romantik	Textarbeit szenisches Spiel Schreibauftrag Tafelbild Arbeitsblätter 10 – 16
2.3	„Und manchmal schwebst du leicht und wunderbar“ – Reisegedichte von Hebbel, Ringelnatz, Trakl und Heine – Das 19. Jahrhundert	Gedichte von Hebbel, Ringelnatz, Trakl und Heine	Textarbeit Schreibauftrag Szenisches Spiel Tafelbild Arbeitsblätter 17 – 21
2.4	„Ich komm nach Nirgendland.“ – Reisegedichte nach 1945	Gedichte von Kaléko, Demirel, Benn, Kunert, Brecht und Beck; Fiktiver „Brief“ von Dieter E. Zimmer	Textarbeit Szenisches Spiel Schreibauftrag Mal- und Zeichenauftrag Tafelbild Arbeitsblätter 22 – 28

Bildnachweis:
|action press, Hamburg: SIPA 140. |akg-images GmbH, Berlin: 88, 91, 92, 95, 97, 138; Lessing, Erich 9, 39. |alamy images, Abingdon/Oxfordshire: Art Collection 2 87; colaimages 133; Fearn, Paul 134; Glasshouse Images 91; Harper, Glenn 101; Universal Art Archive 142. |Anton G. Leitner Verlag, Weßling: © privat 108. |APA-PictureDesk GmbH, Wien: Verlagsgruppe News/Hausler, Mani 135. |bpk-Bildagentur, Berlin: 86, 129. |Bridgeman Images, Berlin: Hamburger Kunsthalle 101, 141. |ddp images GmbH, Hamburg: Basso Cannarsa/Opale/Leemage 29. |Demirel, Molla, Münster: 103. |Drescher, Heinrich, Münster: 177, 177, 177, 177, 177, 177, 177. |Europäischer Literaturverlag GmbH, Berlin: Johann Wolfgang von Goethe: Italienische Reise. Vollständige Ausgabe in einem Band 125. |Greshake, Gisbert, Freiburg: Quelle: pdp/Archivfoto 132. |Interfoto, München: IMAGNO 127. |Karl Rauch Verlag, Düsseldorf: © 1939 und 2010 Karl Rauch Verlag, Düsseldorf 125. |Paramount Pictures: 171, 173, 174, 175, 175, 175, 175, 176, 176, 176, 176, 179, 179, 179, 179, 179, 179, 179. |Philipp Reclam jun. Verlag GmbH, Ditzingen: 125. |Picture-Alliance GmbH, Frankfurt/M.: akg-images 93, 99, 104, 139; dpa 98; dpa/Kolbe, Jörg 107. |Piper Verlag GmbH, München: Hape Kerkeling: Ich bin dann mal weg © 2006 Piper Verlag GmbH, München 36; Messner, Reinhold: Der nackte Berg © 2002 Piper Verlag GmbH, München 125. |Rowohlt Verlag GmbH, Hamburg: 125. |stock.adobe.com, Dublin: Alvov 96; augustin, denis 140; celeste clochard 89; Ekaterina 9. |Suhrkamp Verlag AG, Berlin: 125, 125. |ullstein bild, Berlin: 102, 136; Friedrich 130; Gezett 106; Simon, Sven 128. |Verlagsgruppe Random House GmbH, München: 125.

Wir arbeiten sehr sorgfältig daran, für alle verwendeten Abbildungen die Rechteinhaberinnen und Rechteinhaber zu ermitteln. Sollte uns dies im Einzelfall nicht vollständig gelungen sein, werden berechtigte Ansprüche selbstverständlich im Rahmen der üblichen Vereinbarungen abgegolten..

westermann GRUPPE

Druck A^2 / Jahr 2019
Alle Drucke der Serie A sind im Unterricht parallel verwendbar.

Druck und Bindung: Westermann Druck GmbH, Braunschweig

ISBN 978-3-14-**022726**-1

Vorwort

Der vorliegende Band ist Teil einer Reihe, die Lehrerinnen und Lehrern erprobte und an den Bedürfnissen der Schulpraxis orientierte Unterrichtsmodelle zu ausgewählten Ganzschriften und weiteren relevanten Themen des Faches Deutsch bietet.
Im Mittelpunkt der Modelle stehen Bausteine, die jeweils thematische Schwerpunkte mit entsprechenden Untergliederungen beinhalten.
In übersichtlich gestalteter Form erhält der Benutzer/die Benutzerin zunächst einen Überblick zu den im Modell ausführlich behandelten Bausteinen.

Es folgen:

- Vorüberlegungen zum Einsatz des Themas im Unterricht
- Hinweise zur Konzeption des Modells
- Ausführliche Darstellung der einzelnen Bausteine
- Zusatzmaterialien

Ein besonderes Merkmal der Unterrichtsmodelle ist die Praxisorientierung. Enthalten sind kopierfähige Arbeitsblätter, Vorschläge für Klassen- und Kursarbeiten, Tafelbilder, konkrete Arbeitsaufträge, Projektvorschläge. Handlungsorientierte Methoden sind in gleicher Weise berücksichtigt wie eher traditionelle Verfahren der Texterschließung und -bearbeitung.
Das Bausteinprinzip ermöglicht es dabei den Benutzern, Unterrichtsreihen in unterschiedlicher Weise und mit unterschiedlichen thematischen Akzentuierungen zu konzipieren. Auf diese Weise erleichtern die Modelle die Unterrichtsvorbereitung und tragen zu einer Entlastung der Benutzer bei.

Arbeitsfrage

Einzelarbeit

Partnerarbeit

Gruppenarbeit

Unterrichts-gespräch

Schreibauftrag

szenisches Spiel, Rollenspiel

Mal- und Zeichenauftrag

Bastelauftrag

Projekt, offene Aufgabe

Inhaltsverzeichnis

„Unterwegs sein" – Das Thema Reisen

„Gestern?: das Brachliegen des Zugs – Rückfahrt von Sevilla nach Córdoba – auf freier Strecke. Schließlich stieg ich aus, im Irgendwo, hellentschlossen. Endlich das Gehen in der Landschaft, neben den Gleisen, ohne zu wissen, wo ich war und wo es hinginge. Einige Zugpassagiere, die mir lange nachschauten, unschlüssig, ob sie auch auf und davon gehen sollten."

Peter Handke: Gestern unterwegs. Aufzeichnungen November 1987 bis Juli 1990. Suhrkamp Verlag, Frankfurt/M. 2007, S. 361

„Mache Dir auch Zerstreuung, bei deiner Eselsmilch: das heißt, geh an Orte, wo neue Gegenstände, Worte und Menschen Dich berühren, Dir Blut, Leben, Nerven und Gedanken auffrischen. Wir Frauen haben dies doppelt nötig; ..."

Aus einem Brief von Rahel Varnhagen an ihre Schwester Rose am 22. Januar 1819

Kemp, Friedhelm (Hrsg.): Rahel Varnhagen und ihre Zeit. Kösel Verlag: München 1968, S. 188

Vorüberlegungen zur Behandlung des Themas Reisen im Unterricht

Im Sommer 2016, passend zum Beginn der großen Reisewelle, überraschte die Titelgeschichte aus der Wochenzeitschrift DER SPIEGEL[1] mit Beispielen für ein verändertes Reiseverhalten der Deutschen: Seit 2015 ist die Reiseaktivität in Deutschland erstmals leicht rückläufig, während jedoch der weltweite Tourismus weiter ansteigt. Dieser Trend hat auch das Jahr 2016 bestimmt. Die Gründe dafür liegen auf der Hand: Terroristische Anschläge sind in beliebten Urlaubszielen, insbesondere in der Türkei, Tunesien und Ägypten, angekommen. Dieser aktuelle Trend wird bei älteren Menschen noch durch eine diffuse Zukunftsangst in Bezug auf die wirtschaftliche Entwicklung verstärkt. Dennoch ist die Tourismusbranche zuversichtlich; es handle sich lediglich um eine vorübergehende Irritation. Reisen speist sich heute ganz wesentlich aus dem Bedürfnis nach intensiven Erlebnissen, die sich vorübergehend andere Sehnsuchtsorte suchen werden.

Urlaubsreisen haben für alle Bevölkerungsschichten und soziale Milieus in unterschiedlicher Ausprägung eine durchgehend hohe Bedeutung. Wer es sich eben leisten kann, geht auf Reisen; notwendige Einsparungen werden andererseits zuallerletzt am Urlaubsbudget vorgenommen. Zu den vielen, die oft mehrmals im Jahr auf Reisen gehen und Urlaub machen, gehören selbstverständlich auch Kinder und Jugendliche; sie nehmen in der Regel an Familienreisen teil, werden aber mit zunehmendem Alter auch eigenständig agierende Reisesubjekte.

Das Reisen begegnet Jugendlichen nicht nur im Freizeitbereich und im familiären Kontext, sondern auch im Zusammenhang von Schule. Es wird damit ein Gegenstand von Bildung und Lernerfahrung. Schülerinnen und Schüler konsumieren in diesem Kontext das Reisen nicht einfach, sondern werden im besten Fall kompetente Reisende, die von organisatorischen Herausforderungen bis hin zur Reflexion der Reiseerlebnisse Erfahrungen machen können, die ihr Leben prägen. Befragt man ehemalige Schülerinnen und Schüler nach ihren eindrucksvollsten Schulerinnerungen, so werden ganz oft Klassenfahrten und Studienreisen genannt. Allein diese mit dem Reisen erreichte existenzielle Tiefe rechtfertigt Reisen als wichtiges Thema von Unterricht.

Wie wohl kaum ein anderes Thema kann somit das Reisen an tatsächliche persönliche Erfahrungen und intensive Gefühlslagen anknüpfen. In diesem Zusammenhang ist die Erfahrung der Fremde von großer Bedeutung. Fremde Orte, fremde Kulturen, Menschen, die einem fremd sind, üben eine große Anziehungskraft aus und sind doch zugleich eine Herausforderung, sich selbst in der Begegnung mit dem Fremden ungewohnt anders und neu zu erleben. Neben der Erfahrung anderer Orte spielen auch die Möglichkeit einer anderen Zeiterfahrung eine Rolle sowie das Heraustreten aus den sozialen Positionen, die im normalen Alltag bestimmend sind. Allerdings gibt es keine Garantie dafür, dass Reiseerfahrungen erneuernde Impulse für die Reisenden vermitteln; es gehört zu den verbreiteten Verhaltensweisen des Massentourismus, dass im Fremden lediglich das Eigene und Vertraute gesucht wird.

Bereits der Hinweis auf die ökonomische Bedeutung des Reisens hat die Vielschichtigkeit gekennzeichnet; das Thema ist in besonderer Weise geeignet, ganz unterschiedliche Perspektiven miteinander zu verbinden und damit auch unterschiedliche Fächer miteinander zu vernetzen. Wie weit dies realisierbar ist, hängt von den jeweiligen personellen schulischen Rahmenbedingungen ab.

---

[1] DER SPIEGEL 28/2016

Die Komplexität des Reisens kommt insbesondere dann in den Blick, wenn man es als Phänomen der Kulturentwicklung erfasst. Insbesondere die literarische Verarbeitung und Reflexion der Reiseerfahrungen spiegeln von der Odyssee bis zum frei gewählten Nomadenleben der Moderne die Bedeutung des Menschen unterwegs wider. Und umgekehrt ist auch die Einschränkung der Reisefreiheit und das aufgenötigte Verlassen der Heimat ein wichtiges Thema der Literatur nicht nur des 20. Jahrhunderts.

In der modernen Gesellschaft ist das Reisen zu einem wichtigen Bestandteil erlebnisorientierter Welterfahrung geworden; damit ist ein entscheidender Zugang zu literarischen Texten eröffnet. Diese sprechen an, was Menschen beim Reisen im Innern bewegt: die Sehnsucht, in neue Welten aufzubrechen und die damit verbundenen Risiken auf sich zu nehmen. Diese unstillbare Sehnsucht, die sich mit dem Reisen verbindet, hat insbesondere der Tourismusforscher Christoph Hennig in seinen Arbeiten untersucht.[1] Selbst in den Mythen des modernen Tourismus sind Fernweh und der Wunsch nach Verwandlung wirksam. Diese Verknüpfung wird insbesondere in dem anhaltenden Trend der spirituellen Reisen sichtbar.

Reisen bringt Menschen in Bewegung und an andere, oft unbekannte Orte und am Ende einer Reise steht unvermeidlich die Frage: Was hat es gebracht? Hat sich die Reise gelohnt? Und selbst bei der zunehmenden touristischen Prägung des Reisens steckt in diesen Fragen immer auch die Wendung zu mir selbst: Habe ich mich verändert? Bin ich durch die Reise ein anderer geworden? Nehme ich den Ort, an dem ich lebe, nach der Reise anders wahr?
In dem Thema Reisen steckt ein großes inhaltliches Potenzial im Hinblick auf eine persönliche Orientierungsmöglichkeit. Das Unterrichtmodell versucht, einige dieser Schätze zu bergen, indem es den Schwerpunkt vor allem auf literarische Texte aus ganz unterschiedlichen Zusammenhängen legt und dabei den Film mit einbezieht. Dies ist kein touristisches Unterfangen, aber in dem Sich-Einlassen auf das Fremde, auf das, was ganz anderen Zeiten und Denkgewohnheiten entspringt, und auf das, was durch Sprache und durch Bilder erlebbar wird, liegt der Wert, sich im Deutschunterricht mit dem Motiv des Reisens zu beschäftigen.

1 Hennig, Christoph: Reiselust. Touristen, Tourismus und Urlaubskultur. Suhrkamp: Frankfurt/M. 1997. Ders.: Der Wunsch nach Verwandlung. Mythen des Tourismus. Karlsruhe 2001

Die Konzeption des Unterrichtsmodells

Die im Unterrichtsmodell angebotenen Texte und Medien, die zur Bearbeitung und Reflexion und schließlich auch zum selbstständigen Handeln angebotenen Anregungen werden von der thematischen Spannung zwischen Reisen und Tourismus zusammengehalten. Dabei ist es ganz wichtig, zu betonen, dass Reisen und Tourismus nicht gegeneinander ausgespielt werden. Es wird davon ausgegangen, dass auch das kommerzialisierte Reisen von einem anthropologisch begründeten Kern, dem Fernweh und dem Wunsch nach Veränderung, gespeist wird.

Das Unterrichtsmodell ist für Schülerinnen und Schüler ab der 10. Klasse konzipiert; es knüpft damit an ein Grundrepertoire an Kenntnissen und Methoden zur Erschließung von literarischen und pragmatischen Texten an und entwickelt diese weiter.

Im Zentrum des Unterrichtsmodells steht der Baustein über Reisegedichte vom Barock bis zur Gegenwart;[1] neben dem historisch orientierten Angebot an lyrischen Texten sollen auch Gedichte zur Bearbeitung angeboten werden, die ganz spezifische Reise- bzw. Nicht-Reiseerfahrungen zum Ausdruck bringen. Exil und Heimatverlust können in diesem Zusammenhang als eine Intensivierung der Fremderfahrung verstanden werden.

Mit Dichterinnen und Dichtern auf Reisen zu gehen vermittelt Einblicke in biografische Erfahrungen. Hier erweist es sich als schwierig, aus einem schier unüberschaubaren Angebot eine sinnvolle Auswahl zu treffen. Insbesondere nicht fiktionale Texte sollen hier zur Sprache kommen, bekannte und klassische Autoren wie Goethe werden neben weniger bekannten wie Harriet Straub zum Kennenlernen angeboten. Auch die Themen, an denen sich Reiseerfahrungen festmachen, sollen eine Rolle spielen: Stadt, Landschaft, Meer u. Ä.

Jugendliche nehmen die Welt, in der sie leben, vor allem über visuelle Erfahrungen wahr, das gilt natürlich ganz besonders, wenn wie beim Reisen große Gefühle im Spiel sind. Ein eigener Baustein ist deshalb den Reiseerfahrungen eines jungen Amerikaners gewidmet, der aus seinem gewohnten Alltag in eine Anderswelt reist auf der Suche nach sich selbst.

Der enge Bezug des Themas zu persönlichen Erfahrungen legt es nahe, wo immer es sinnvoll erscheint, neben den analytisch-interpretierenden auch gestalterische Aufgabenstellungen anzubieten.

Besonderen Wert legt das Unterrichtsmodell auf die Vielfalt der vorgelegten Materialien; die Auswahl orientiert sich dabei einmal an der exemplarischen Bedeutung; das gilt vor allem für die Texte, Autoren und Themen, die im engeren Sinn dem Deutschunterricht zuzuordnen sind.

Ganz bewusst ist bei der Auswahl auch darauf geachtet worden, dass die vordergründige Aktualität nicht den Ausschlag gibt. Wenn man bedenkt, wie breit die Themen Reisen und Tourismus in allen Medien vertreten sind, in diesem Fall auch besonders auffällig in Zeitungen, Zeitschriften und in der TV-Werbung, kann man dem Aktualitätsanspruch auch gar nicht gerecht werden. Täglich werden neue Trends publik gemacht und die ultimativen Reiseziele angepriesen. Den Schülerinnen und Schülern sollen gerade auch in Verbindung mit dem bekannten Phänomen Reisen und Tourismus Themen und Fragestellungen begegnen, die sie nicht unbedingt erwarten und eine gewisse Überraschung auslösen.

Die Bausteine sind so konzipiert, dass sie unabhängig voneinander als stimmige Unterrichtsreihen eingesetzt werden können. Selbst innerhalb der Bausteine ist es möglich, As-

[1] Im Unterschied zur Liebeslyrik oder Naturgedichten gibt es für Reisegedichte keine umfassende Anthologie; auch in den literaturwissenschaftlichen Lexika taucht das Stichwort so nicht auf. Eine kleinere, thematisch geordnete Sammlung: Leitner, Anton G./Trinckler, Gabriele (Hg.): Gedichte für Reisende. dtv: München 2015

pekte und Sequenzen herauszulösen, z. B. die Reiseerfahrung eines bestimmen Dichters, einer Dichterin.

Das Unterrichtsmodell plädiert schließlich insgesamt, wenn man so will in pädagogischer Absicht, für die unverzichtbare Bedeutung der persönlichen und auch kommunizierbaren Erfahrungen beim Reisen. Es will dabei helfen, dieses Potenzial zu erschließen und die Wahrnehmung dafür zu schärfen, dass Reisen viel mehr sein kann als ein geografischer Ortswechsel und dass es auch keinesfalls ersetzt werden kann durch eine virtuelle Pseudoerfahrung. Das ist im Hinblick auf jugendliche Lebenswelten heute ein Plädoyer für eine erfahrungsbezogene Bildung.

Mit dem **Baustein 1** soll die Gesamtthematik mit möglichst unterschiedlichen Materialimpulsen exemplarisch angesprochen werden. Dabei wird ein weiter Bogen gespannt von der naheliegenden Eingangsfrage „Warum reisen Menschen?“ bis hin zu der Beschäftigung mit einem Schwergewicht der Weltliteratur, Auszügen aus der „Odyssee“ des Homer, womit die Tradition der europäischen Reiseliteratur beginnt. Mit den lyrischen Texten von Eichendorff und Peter Fox wird eingestimmt und vorbereitet auf den Reiselyrik-Baustein. Hape Kerkelings Fußweg auf dem Camino hat das Thema „spirituelle Reise“ wieder sehr populär gemacht.
Die Traumstadt San Francisco ist spätestens seit den 1960er-Jahren ein Sehnsuchtsort; hier soll aufgrund eigener Recherchen versucht werden, wie diese intensive Wirkung zustande kommt. Schließlich kommt die Reise vom kleinen Bär und kleinen Tiger aus dem Kinderbuch „Oh, wie schön ist Panama“ von Janosch auf die Grund- und Ausgangsfrage zurück: Warum mache ich mich auf die Reise? Wohin führt sie? Wo liegt eigentlich mein Panama?

Im **Baustein 2** geht es um eine exemplarische Auswahl von Reisegedichten vom Barock bis zur Gegenwart. Die verschiedenen lyrischen Ausprägungen des Reisemotivs (Reflexion eines konkreten Reiseverlaufs, der Blick eines Reisenden aus der Ferne auf den Ausgangspunkt der Reise, die symbolische Verdichtung des individuellen Lebens als Reise, die Reise als Bild für eine gesellschaftliche Entwicklung ...) werden mit analytisch-interpretierenden und handlungsorientierten Methoden erschlossen. Wo es sich anbietet, werden biografische und epochenbezogene Aspekte berücksichtigt.

Der **Baustein 3** organisiert sein Materialangebot um typische Sehnsuchtsorte, die beim Reisen eine große Rolle spielen und in ihrer Beziehung zueinander eine Symmetrie darstellen: Stadt – Wüste – Berg – Meer. Die vier Abschnitte dieses Bausteins können unabhängig voneinander im Unterricht bearbeitet werden. Vorgeschlagen wird im konkreten Fall eine weitgehend selbstständige Gruppenarbeit – vorstrukturiert durch einen Aufgabenapparat.
Die Themenstellungen eignen sich auch für Referate und Facharbeiten.

Der **Baustein 4** stellt den Film „Into the Wild“ vor, dessen Geschichte als eine moderne Fortsetzung des „Taugenichts“ angesehen werden kann. Ein junger Amerikaner bricht nach seinem erfolgreichen Collegeabschluss aus der bequemen Wohlstandswelt seiner Familie aus, um in der Wildnis von Alaska zu sich selbst zu finden. Dieser Versuch scheitert und es lohnt sehr, mit den Jugendlichen über die Gründe des Scheiterns ins Gespräch zu kommen. Auch hier geht das Reisemotiv weit über die Reflexion einer konkreten Reise hinaus. Der Protagonist startet mit seiner Reise auch den Versuch, einen Weg zu sich selbst zu finden.

Klausurvorschläge mit Bewertungsbögen finden sich im **Zusatzmaterial 1 und 2**, S. 180 – 189.

Die thematischen Bausteine des Unterrichtsmodells

Baustein 1

Die Frage des Einstiegs

Der Baustein zur Einführung ist von den Impulsen und vom Materialangebot so konzipiert, dass die vielfältigen Möglichkeiten des Themas aufscheinen und Interesse wecken. Bis auf den Auszug aus der „Odyssee" des Homer sind die Inhalte und Fragestellungen so gewählt, dass sie leicht aufgenommen werden können und auch dem kulturellen Rezeptionsverhalten von Jugendlichen nahestehen (Peter Fox: „Haus am See"). Andererseits wird mit Eichendorffs romantischem Gedicht bereits auf die Beschäftigung mit der zentralen Thematik „Reiselyrik" hingewiesen. Die Auszüge aus Hape Kerkelings Bericht über seine Pilgerreise und auch das antike Epos deuten an, dass es beim Reisen um mehr als eine lustvolle Ortsveränderung geht.
Auch der Spannungsbogen von Reisen und Tourismus soll von Anfang an präsent sein; das wird in den philosophischen Reflexionen von Alain de Botton über das Reisen thematisiert. An der Traumstadt San Francisco kann verdeutlicht werden, dass Fernweh und Reiselust sich auf konkrete Realitäten beziehen: Städte, Landschaften, Menschen, Atmosphären ...
Die Arbeitsformen sind in dieser Einführung weniger analytisch und interpretierend, eher assoziativ und kombinierend; hinzukommen Aufgabenstellungen, die eigene Recherchen initiieren.
Der Baustein sieht sechs Arbeitsschritte vor: Anfang und Abschluss werden als Rahmung im Plenum erarbeitet, während die Unterthemen 1.2 bis 1.5 in zeitgleichen Arbeitsgruppen behandelt werden können.

1.1 Warum reisen Menschen?

Auf Reisen zu gehen und Urlaub zu machen erscheint den meisten Erwachsenen und Jugendlichen aus den Industrie- und Schwellenländern heute so selbstverständlich, dass sich die Frage nach dem „Warum" nicht ernsthaft stellt. Wenn wir es uns leisten können, machen wir Deutschen jährlich einen Urlaub von mehr als fünf Tagen und einen zusätzlichen Kurztrip. Auch das organisatorische Prozedere bei der Planung ist eingefahren: Wohin? Wann? Wie lange? Wie teuer? Wo (Hotel, Ferienwohnung ...)?

Der Einstieg erfolgt über eine Einzelarbeit (**Arbeitsblatt 1**, S. 28):

- *Beantworten Sie möglichst spontan die auf dem Fragebogen zusammengestellten Fragen.*

- *Was bedeutet das Reisen ganz allgemein für Sie?*
- *Wohin ging Ihre letzte Reise?*
- *Warum haben Sie dieses Ziel ausgewählt?*
- *Gibt es Orte, an denen Sie noch nicht waren, die Sie aber unbedingt einmal bereisen wollen? Begründen Sie.*
- *Welche Farben assoziieren Sie, wenn Sie an „Reisen" denken? Begründen Sie.*
- *Welche Musik haben Sie im Ohr, wenn Sie an das Thema „Reisen" denken? Begründen Sie.*
- *Welche kritischen Fragen stellen Sie sich, wenn Sie an „Reisen" denken? Was ist in diesem Zusammenhang für Sie besonders wichtig?*

Die Besprechung der Schülerantworten sollte zunächst in Partnerarbeit erfolgen, um dann ausgewählte Fragen im Plenum zu diskutieren.
Der nächste Arbeitsschritt richtet sich auf die unterschiedlichen Motive für das Reisen:

■ *Was bewegt Menschen, auf Reisen zu gehen? Denken Sie dabei auch an Ihre eigenen Motive.*

Die Schülerinnen und Schüler bearbeiten diese Aufgabenstellung in Vierergruppen und erstellen einen Ideenstern.

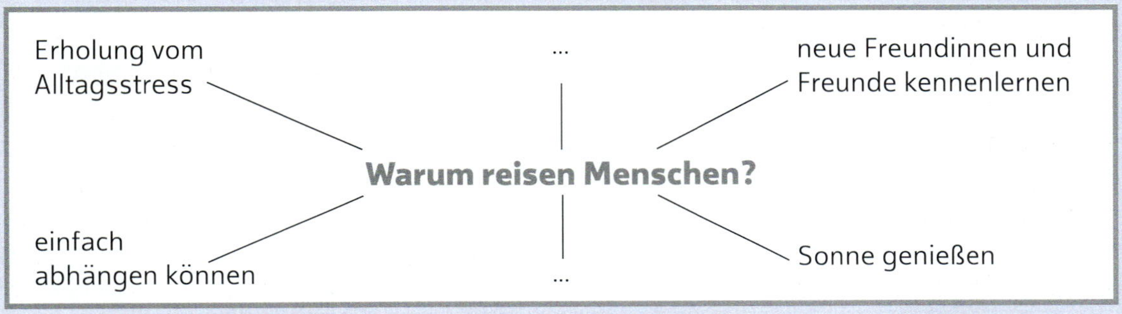

In einem zweiten kurzen Gesprächsgang kann folgende Frage aufgeworfen werden:

■ *Wie würden Sie die verschiedenen Motive gewichten?*

Daraus ergibt sich ein Ranking, z. B.:
1. neue Freundinnen und Freunde kennenlernen
2. Erholung vom Alltagsstress
3. ...

In einem 2008 geführten Interview (**Arbeitsblatt 2**, S. 29 ff.) äußert sich der Reiseforscher Alain de Botton, Autor von „Kunst des Reisens" (2002), zu den Reisemotiven von Menschen. Seine zentralen Aussagen gehen auf die Unterschiede zwischen unserem Alltagsleben und den erhofften, z. T. auch erlebten Erfahrungen beim Reisen ein. Viele Menschen haben das Gefühl, dass ihr Leben von langweiligen Gewohnheiten geprägt ist; die täglichen Routinen und Regeln lassen den Wunsch nach Überraschungen und Geheimnissen entstehen, die heimische Welt erscheint klein und langweilig. Vor allem aus diesem als defizitär erfahrenen Zustand speist sich der Wunsch, auf Reisen zu gehen, um aufregende Anders-Welten zu entdecken. Damit ist auch die Hoffnung verbunden, mehr über sich selbst zu erfahren, wie das Beispiel von Goethes Italienreise zeigt. Der Autor weist auch darauf hin, dass das Reiseglück nicht so einfach zu haben ist: Nicht selten stimmen die hohen Erwartungen und die tatsächlichen Reiseerfahrungen nicht überein. Auch ist es schwer, gerade die positiven Reiseerlebnisse zu „konservieren".

Der Interviewtext wird von den Schülerinnen und Schülern in Partner- oder Gruppenarbeit untersucht.

- *Lesen Sie das Interview mit dem Autor Alain de Botton aufmerksam durch.*
- *Tragen Sie die Merkmale des Alltagslebens und des Reisens in eine zweispaltige Tabelle so ein, wie sie A. de Botton einander gegenüberstellt.*

In einem Auswertungsgespräch werden die Arbeitsergebnisse vorgestellt, verglichen, wenn nötig ergänzt und korrigiert.

Das folgende Tafelbild fasst die wichtigsten Aspekte der Gegenüberstellung zusammen:

Alain de Botton: Warum reisen Menschen?

Alltag	Reisen
• Macht der Gewohnheit, klare Regeln und Strukturen, automatisierte Abläufe • keine Sonne, keine freie Verfügung über unsere Zeit • keine Gedanken an die Endlichkeit • Routine statt Veränderungspotenziale • Ausschluss von Neuem, Besonderem, Ungewöhnlichem, Großem • überwiegend durch den Arbeitsplatz geprägte soziale Beziehungen	• Überraschungen, Erinnerungen an das Außergewöhnliche • Chancen von Suchbewegungen, Entdeckung von Unbekanntem, Sehnsüchte • Konfrontation mit Sterben und Tod an Katastrophenorten im Urlaub • Entdecken von Veränderungspotenzialen, aber keine Garantie für die Umsetzung • Bildungschancen • neue und manchmal unerwartete Kontakte

In einem abschließenden freien Unterrichtsgespräch werden folgende Fragestellungen diskutiert:

- *Wie erklären Sie sich (gegebenenfalls) die Unterschiede zwischen Ihren spontanen Äußerungen und den Ausführungen des Autors?*
- *Welche seiner Thesen überzeugt Sie besonders? Begründen Sie Ihre Entscheidung.*

In der Regel denken Menschen nicht besonders intensiv darüber nach, warum sie eigentlich auf Reisen gehen; sie tun es einfach, weil sie aus dem Alltag herauswollen und Spaß und Freude erwarten. Es macht aber Sinn, über das Reisen nachzudenken, z. B. über die Frage, ob der Medienkonsum während des Reisens eingeschränkt werden kann.

Alain de Botton formuliert durchaus provozierende Thesen. Es bietet sich an, den Schülerinnen und Schülern folgenden Schreibauftrag (z. B. als Hausaufgabe) zu geben:

- *Wählen Sie eine Textstelle aus und formulieren Sie eine persönliche Stellungnahme dazu. Es kann sich auch um einen fiktiven Brief an den Autor handeln.*

1.2 Von San Francisco zum Jakobsweg

Die folgenden drei Themen sollen zeitparallel in Gruppen erarbeitet werden. Als Zeitbudget sollten maximal zwei Doppelstunden einschließlich der selbst zu organisierenden Hausaufgaben ausreichen. Die Arbeitsaufträge für die Gruppen sind auf **Arbeitsblatt 3**, S. 32f. zusammenfassend aufgeführt.
Die Ergebnisse werden dem Plenum vorgestellt.

1.2.1 Traumstadt San Francisco

San Francisco und Kalifornien gehören zu den Sehnsuchtsorten, vor allem von jungen Leuten. Die Arbeitsgruppe hat den Auftrag, Bilder von San Francisco aus dem Netz zu sammeln und diese mit passenden Informationen zu einem Kurzporträt der Stadt zusammenzustellen. Die Schülerinnen und Schüler sollen auf diesem Weg ein Gespür dafür erhalten, durch welche Elemente ein Ort zu einem Sehnsuchtsort werden kann – und damit zu einem Reiseziel.
Folgende Arbeitsaufträge sollen die Recherche unterstützen und strukturieren:

- *S. F. gilt als eine besonders schöne Stadt; finden Sie Fotos, die diese Schönheit dokumentieren.*
- *S. F. ist weltoffen und tolerant; versuchen Sie, durch Bilder von Straßenszenen oder Äußerungen von Menschen diese Auffassung zu verdeutlichen.*
- *Gerade auf junge Leute übt S. F. eine große Anziehungskraft aus, in dieser Stadt herrscht eine kreative, entspannte Stimmung. Suchen Sie interessante Beispiele für Kunst im öffentlichen Raum (Street Art) und Fotos von Jugendlichen im Stadtbild.*
- *Jede Metropole hat auch Schattenseiten – Welche ließen sich von S. F. zeigen?*

Es gibt einen ausführlichen Artikel bei Wikipedia über San Francisco, der bereits eindrucksvolle Fotos enthält, außerdem finden sich unter den Weblinks weitere Informationsquellen. In dem Kurzporträt geht es nicht um die Geschichte der Stadt.
Die Präsentation der Arbeitsergebnisse sollte in einer einfachen Abfolge von Bildern erfolgen, die von den Mitgliedern der Gruppe unter dem Stichwort „Sehnsuchtsort" kommentiert werden.
Eine Einspielung des Songklassikers (Scott McKenzie: „If you're going to San Francisco [...]") der Flowerpower-Bewegung, die von San Francisco ausging, kann das Porträt akustisch ergänzen.

Die Gruppe sollte nach ihrer Präsentation ein Gespräch mit ihren Mitschülerinnen und Mitschülern initiieren; mögliche Fragestellungen könnten sein:

- *Welche Aspekte des Porträts von S. F. haben euch besonders angesprochen?*
- *Könnte S. F. für euch ein Sehnsuchtsort werden? Begründet.*
- *Worüber würdet ihr gern noch mehr erfahren?*
- *Was hat euch gefehlt, um euch ein Bild von dieser Stadt zu machen?*
- *Was motiviert euch, eine Reise nach S. F. zu machen, würdet ihr dort leben wollen und warum bzw. warum nicht?*

1.2.2 Die Welt hinter mir und vor mir: Gedichte von Joseph von Eichendorff und Peter Fox

Eine zweite Arbeitsgruppe beschäftigt sich mit zwei lyrischen Texten (**Arbeitsblatt 4**, S. 34 f.), einem romantischen und einem aktuellen. Die Schülerinnen und Schüler sollen zwei methodische Zugänge miteinander verbinden; in einem ersten Schritt geht es darum, die auffällig ähnlichen Motive und Strukturen der Gedichte herauszufinden und in einem Tafel- bzw. Schaubild darzustellen. Die gestalterische Aufgabe besteht darin, die Texte in einer gesprochenen Collage miteinander zu verbinden.
Die Arbeitsgruppe benötigt für ihre Arbeit den Originalsong „Haus am See“ aus dem Album „Stadtaffe“ von Peter Fox; auch von dem Eichendorff-Gedicht „Zwei Gesellen“ gibt es eine Vertonung von Robert Schumann mit dem Titel „Frühlingsfahrt“, die leicht zugänglich ist.
Beide Gedichte beschreiben einen Lebensweg, der markiert ist von einem euphorischen Aufbruch, einer Suche nach dem Glück und einer Heimkehr. Während bei Eichendorff nach einem gemeinsamen Aufbruch der unterschiedliche Weg der beiden „Gesellen“ nachgezeichnet wird, tritt in dem Songtext von Peter Fox ein lyrisches Ich auf, das die langweilig gewordene Welt hinter sich lässt, um in eine neue, aufregend unbekannte aufzubrechen. Eichendorff lässt den Weg der beiden Gesellen ganz unterschiedlich enden: Der eine landet in einer spießigen, familiären und wohlsituierten Idylle, der andere lässt sich von falschen Glücksversprechungen schöner Frauenstimmen verlocken und endet im Abgrund. Mit dem Erwähnen der Sirenen spielt der Autor auf das Abenteuer des Odysseus an.
Im Songtext von Peter Fox geht der Protagonist auf seiner Suche nach dem großen Glück gefährliche Risiken ein, aber er findet den richtigen Zeitpunkt zur Umkehr: „Doch irgendwann werd ich vom Glück verfolgt/Und komm zurück mit beiden Taschen voll Gold.“ So wird die zunächst nur erträumte Idylle Wirklichkeit und das lyrische Ich kehrt als anderer zu seinem Ausgangspunkt zurück.
Vergleicht man die beiden Schlussstrophen miteinander, so ergeben sich interessante Unterschiede, die sich natürlich auch aus den jeweiligen historischen Kontexten erklären lassen. Bei Peter Fox endet die Lebensreise mit der Wunschvorstellung, im Haus am See alt zu werden, der Kreis schließt sich, aus den 20 Kindern werden 100 Enkel. Im Gedicht Eichendorffs wird am Ende ebenfalls an die Situation des Aufbrechens erinnert – wieder machen sich im Frühling „kecke Gesellen“ auf den Weg –, doch dann meldet sich gleichsam von oben das lyrische Ich, dem der tiefgläubige Autor seine Stimme leiht, mit der Hinwendung zu Gott, der **alle** Lebenswege letztendlich liebevoll zu sich führen möge, ein Ausdruck dafür, dass es neben dem schnellen Ankommen in einer vorstrukturierten Welt und dem rastlosen Reisen zumindest für das lyrische Ich einen anderen, dritten Weg gibt.
Die Arbeitsgruppe bekommt folgende Arbeitsaufträge:

- *Lesen Sie beide Gedichttexte aufmerksam durch und hören Sie dazu den Song von Peter Fox.*
- *Untersuchen Sie die Gedichte unter folgenden Fragestellungen:*
  - *Wie wird die Aufbruchssituation jeweils zum Ausdruck gebracht? Wie wird sie von den in die Welt Aufbrechenden erlebt, welches sind die treibenden Motive?*
  - *Wie stellt sich die Gewinn-, wie die Gefahrenseite des Aufbruchs in die Welt dar?*
  - *Wie endet jeweils die Reise?*
- *Versuchen Sie, die Ergebnisse dieser Untersuchung in einem Strukturbild darzustellen, das den Weg in die Welt schematisiert zusammenfasst.*

Die gestalterische Aufgabenstellung an die Arbeitsgruppe lautet:

- *Gestalten Sie eine gesprochene Textcollage, indem Sie die Texte mit verschiedenen Sprechern oder im Chor so vortragen, dass Sie die Strophen aus beiden Gedichten ineinanderfügen, sie dabei wiederholen oder auch die Reihenfolge verändern. Lassen Sie sich dabei davon anregen, wie Peter Fox den Song vorträgt, indem er den Refrain musikalisch hervorhebt.*

Beide Ergebnisse, das Strukturbild und die Rezitation, werden dem Plenum präsentiert:

- *Initiieren und moderieren Sie eine Aussprache mit Ihren Mitschülerinnen und Mitschülern über die Präsentation.*
- *Regen Sie eine Diskussion über mögliche Gründe für die unterschiedlichen Gedichtabschlüsse an.*

Eine schematische Darstellung der Lebenswege im Gedicht „Die zwei Gesellen" könnte etwa so aussehen:

Joseph von Eichendorff: „Die zwei Gesellen" – Der Weg der beiden – ein Strukturbild

1. Strophe	Aufbruch: Frühlingsstimmung – zwei mutige Gesellen machen sich auf den Weg in die weite Welt.	
2. Strophe	**Beide** haben sich hohe Ziele gesetzt und sind bereit, dafür Risiken einzugehen.	
	Die Wege der beiden trennen sich.	
3. Strophe	Der **erste** Geselle ist schnell am Ende seines Weges: Besitz, Frau und Kind, Zufriedenheit mit dem, was er erreicht hat, aber Aufgabe des ursprünglichen Ziels.	
4. Strophe		Der **zweite** Geselle kommt vom rechten Weg ab, weil er sich von verlockenden Frauenstimmen verführen lässt. Er versinkt im Abgrund.
5. Strophe		Als er von dort wieder auftaucht, ist er „müde und alt" – er hat sein Leben verspielt.

Kommentar des lyrischen Ich: Die wahre Lösung für den richtigen Lebensweg ist weder die zufriedenstellende Besitzstandswahrung noch die riskante Verführung zum vermeintlichen Glück, sondern das Vertrauen auf die göttliche Führung durchs Leben zu ihm.

Die Lebensreise in dem Song „Haus am See“ kann grafisch folgendermaßen verdeutlicht werden:

Peter Fox: Haus am See – Der Weg des lyrischen Ich

1. Strophe:
Aufbruchstimmung: „Ich muss mal weg, kenn jede Taube hier beim Namen.“

↓

2. Strophe:
Die Vision: „Und am Ende der Straße steht ein Haus am See.“

↓

3. Strophe:
Das Erleben im neuen Land und die Heimkehrfeier:
„Und wir feiern eine Woche jede Nacht.“

↓

4. und 5. Strophe:
Glücklich im Haus am See und sesshaft:
„Alle komm’n vorbei, ich brauch nie rauszugehen.“

↓

6. Strophe:
Der Blick in die Zukunft – der Kreis schließt sich:
„Hier bin ich gebor’n, hier werd ich begraben.“

Kreisstruktur

1.2.3 „Ich bin dann mal weg“ – Hape Kerkelings spirituelle Reise

Der ausführliche Bericht des bekannten Entertainers Hape Kerkeling über seine Pilgerreise hat in der Öffentlichkeit großes Aufsehen erregt und Interesse geweckt. In der üblichen Vorstellung passt das Bild von einer medienorientierten Person und einem spirituellen Weg nicht so recht zusammen. Gerade dieser Widerspruch reizt dazu, die Motivation und auch das Ergebnis dieses Selbstversuchs kennenzulernen.

Der Arbeitsauftrag an diese Gruppe ist einfach: Die Schülerinnen und Schüler lesen gemeinsam die vorgelegten Textauszüge aus Hape Kerkelings Buch (**Arbeitsblatt 5**, S. 36 ff.) und tauschen sich darüber aus. Folgende Leitfragen können die Auswertung unterstützen:

- *Charakterisieren Sie die innere und äußere Verfassung, in der sich Hape Kerkeling entschließt, eine „Auszeit“ zu nehmen.*
- *Was erhofft sich H. K. von der Pilgerreise?*
- *Welche Beziehung hat H. K. zur Religion, wie hat sich seine Haltung in der Entwicklung von der Kindheit zum Erwachsenen geändert?*
- *Wie ist der Vergleich zwischen dem persönlichen Lebensweg und der Pilgerreise zu verstehen?*
- *Welches Resümee zieht H. K. am Ende der Pilgerreise?*

Als Präsentationsform bietet sich in diesem Fall ein fiktives Interview mit Hape Kerkeling an, das davon ausgeht, dass ein Journalist den bekannten Komiker nach Abschluss seiner Pilgerreise befragt. Auch die Verschriftlichung kann hier sparsam bleiben. Allenfalls können die Fragen aufgeschrieben werden, die Antworten werden von verschiedenen Mitgliedern der Gruppe spontan aufgrund der Materiallektüre gegeben.

Die Präsentation kann angereichert werden durch informative Folien, die z. B. die Wegstrecke des Camino oder Bilder von wichtigen Stationen zeigen.
Ausführliche Informationen, auch mit Fotos, finden sich auf: www.jakobsweg.de (18.06.2018).

Folgende Aspekte sollten inhaltlich in der Präsentation angesprochen werden:

- Voraussetzung für eine Veränderung/Genesung durch eine Pilgerreise ist die Haltung eines religiös Suchenden – wer nichts sucht auf dem Weg, dem wird die Reise nicht wirklich helfen.
- Die Frage nach Gott ist eng verknüpft mit der Frage nach dem eigenen Selbst.
- Der Camino ist für H. K. nur ein möglicher Weg zur Selbstfindung und Gottesnähe. Es gibt viele andere mögliche spirituelle Wege zu diesem Ziel.

Den Abschluss sollte eine gemeinsame Gesprächsphase bilden, in der die Schülerinnen und Schüler die Möglichkeit erhalten, sich dazu zu äußern, ob sie die Motivation von H. K. nachvollziehen können.

■ *Überzeugt es Sie, wie Hape Kerkeling seine Entscheidung für die Pilgerreise begründet? Könnten Sie sich für sich selbst so etwas vorstellen?*

Wer sich über Filme mit der Thematik „Pilgerweg" beschäftigen will, sei auf die drei folgenden Beispiele hingewiesen, die auch den interreligiösen Aspekt berücksichtigen:

„Vaya con Dios" (2002) von Zoltan Spirandelli mit Daniel Brühl und Chiara Schoras; 103 Minuten. (Eine Kombination von Pilgerweg und Roadmovie – drei Ordensmänner bringen ihre Ordensregel aus dem aufgelösten Kloster in Deutschland in das italienische Mutterkloster.)

„Die große Reise" (2004) von Ismael Ferroukhi mit Nicolas Cazalé und Mohamed Majd; 108 Minuten. (Vater-Sohn-Pilgerfahrt mit dem Auto nach Mekka, die die Beziehung zwischen den beiden einschneidend verändert)

„Dein Weg" (2010) von David Alexianian und Emilio Estevez mit Martin Sheen; 121 Minuten. (Vater-Sohn-Geschichte in Verbindung mit dem Camino)

1.3 Aufbruch – Unterwegs sein – Heimkehr: Odysseus, der kleine Tiger und der kleine Bär auf Reisen

Die beiden großen antiken Epen „Ilias" und „Odyssee" gehören zweifellos zur Weltliteratur. Sie werden dem Dichter Homer zugeschrieben, gehen aber vor ihrer Verschriftlichung auf eine mündliche Tradition zurück wie auch andere bekannte Volksepen, etwa die „Kalevala" aus Finnland. Die Verserzählungen greifen auf mythologische Motive zurück und wurden von Sängern vorgetragen, vermutlich durchaus vergleichbar mit aktuellem Sprechgesang wie Rap oder Poetry Slam.
Im vorliegenden thematischen Kontext ist die „Odyssee" von Bedeutung. Sie ist die klassische Heimkehrerzählung. Sie weist einen typischen Verlauf auf: Auf die Trennung eines Paares folgt die Phase der Abenteuer und Irrwege mit einem entsprechenden Spannungsaufbau, um dann mit der Heimkehr und der Wiedervereinigung der Getrennten als Ziel zu enden. „Nach schweren Prüfungen erneuern Odysseus und Penelope am Ende ihre Ehe wieder."[1]

[1] Grethlein, Jonas: Die Odyssee. Homer und die Kunst des Erzählens. Beck: München 2017, S. 20

Dieses Motiv hat ausgehend von der „Odyssee“ eine reiche Rezeptionsgeschichte initiiert.[1] Die antike Erzählung von der Heimkehr des Odysseus zeigt zudem die enge Verknüpfung von Reisen und Religion, hier in der Form der griechischen Mythologie. Dazu führt der Reiseforscher Christoph Hennig aus: „Nun gelten all diese Besonderheiten – und vor allem der Dreischritt von Trennung, Umwandlung, Wiedervereinigung – für das Reisen ebenso wie für die religiöse Erfahrung. Es ist angesichts der Parallelen nicht verwunderlich, dass Reisen und Religion sich immer aufs Engste verschränkt haben. In den archaischen Religionen beispielsweise finden ‚schamanische Reisen‘ statt. Zahlreiche Mythen schildern Ausfahrt, Suche und Heimkehr der Helden.“[2]
Nun ist die „Odyssee“ sehr komplex strukturiert; zwei Erzählstränge – der des Odysseus und der seines Sohnes Telemachos – werden miteinander verbunden, und das auf verschiedenen Ebenen, es gibt Rückblenden, sodass der rote Faden nur schwer zu rekonstruieren ist. Für die hier vorgelegte Textauswahl (**Arbeitsblatt 6**, S. 39ff.) macht das einerseits eine Einschränkung auf die Heimkehr im engeren Sinn nötig sowie einen überleitenden Zwischentext, welcher die Auslassungen überbrückt. Der Textauszug beginnt mit dem 5. Gesang, in dem geschildert wird, wie der Götterrat beschließt, Odysseus nun endlich die Heimfahrt in sein Land Ithaka zu seinem Volk und zu seiner Familie, Ehefrau Penelope, Sohn Telemachos und Vater Laertes, antreten zu lassen. Im Sinne der dreigliedrigen Passagensituation kann es nicht direkt nach Hause gehen, sondern nur über das Beinaheertrinken – herbeigeführt durch Poseidon – und über den Besuch bei den Phaiaken. Auch der Höhe- und Endpunkt der Irrfahrten kann nicht direkt erfolgen, sondern über Stufen der Verwandlung, bis Odysseus endlich von Penelope identifiziert und als der Ehemann anerkannt wird. Der Textauszug endet mit einem Eingreifen der Götter in menschliche Kriegshandlungen; damit wird das große Gesamtepos des Krieges um Troja und der auch von brutaler Gewalt begleiteten Heimkehr des Odysseus mit einer Initiative für Frieden und Versöhnung abgeschlossen. Um den Schülerinnen und Schülern von heute den Zugang zu dem antiken Text nicht unnötig zu erschweren, wurde die Nacherzählung von Walter Jens als Vorlage verwendet. Im Vergleich mit den wissenschaftlichen Ausgaben wird deutlich, dass der Inhalt des Epos genau beachtet wird und die Prosafassung rhythmisch gestaltet ist, was beim lauten Vortragen sehr hilfreich ist.
Dieser schwergewichtige Text wird mit einer leichten und dennoch tiefsinnigen Geschichte („Oh, wie schön ist Panama“) des bekannten Kinderbuchautors Janosch in Beziehung gesetzt werden, die auf ihre Weise der Struktur Aufbruch – Unterwegs sein – Heimkehr folgt.
Der Textauszug aus der „Odyssee“ soll unter zwei Fragestellungen bearbeitet werden; zunächst geht es darum, die Struktur der epischen Handlung zu erfassen, den Inhalt der jeweiligen Abschnitte knapp zusammenzufassen sowie die Akteure zu benennen. Der Arbeitsauftrag wird in Partnerarbeit durchgeführt; die Ergebnisse werden auf einer Folie festgehalten und vorgestellt.

- *Lesen Sie den Text aufmerksam durch und gliedern Sie ihn in sinnvolle Abschnitte.*
- *Fassen Sie die Handlung des jeweiligen Abschnitts mit eigenen Worten zusammen und benennen Sie den dazugehörigen Akteur bzw. die Akteure.*
- *Tragen Sie Ihre Ergebnisse in eine Tabelle ein.*

[1] Vgl.: Dahlheim, Werner: Der Weltenwanderer. Die lange Reise des Odysseus durch die europäische Geschichte. In: www.freunde.tu-berlin.de/v_menue/aktivitaeten/hoellerer_vorlesung (18.06.2018)
[2] Hennig, Christoph: Der Wunsch nach Verwandlung. Die Mythen des Tourismus. Karlsruhe 2001, S. 11

Die tabellarische Gliederung kann folgendermaßen aussehen:

Die Heimkehr des Odysseus in einzelnen Handlungsabschnitten

Abschnitt	Zusammenfassung	Akteur(e)
1. (Z. 1 – 26)	Die schöne Kalypso pflegt Odysseus gesund und versucht, ihn zum Bleiben zu überreden. O. trauert; er fleht die Götter an, ihm die Heimkehr in die Heimat zu ermöglichen – Jahre vergehen.	Nymphe Kalypso Odysseus
2. (Z. 27 – 57)	Die Versammlung der Götter unter dem Vorsitz Zeus' beschließt die Rückkehr des O. Götterbote Hermes teilt der Kalypso diesen Beschluss mit.	Zeus und die Götterversammlung (ohne Poseidon, den Todfeind des O.)
3. (Z. 58 – 114)	Kalypso wagt nicht, sich dem Befehl der Götter zu widersetzen. O. bekennt sich zu seiner (sterblichen) Frau Penelope. Kalypso hilft O. beim Bau eines Floßes zur Fahrt in die Heimat Ithaka.	Hermes Kalypso Odysseus
	Überleitung	
4. (Z. 115 – 151)	Penelope und Odysseus begegnen sich in Anwesenheit des Sohnes Telemachos. P. zweifelt noch, ob es sich bei dem Bettler um ihren Ehemann O. handelt.	Penelope Odysseus Telemachos
5. (Z. 152 – 192)	Aufgrund der „Bettprobe" erkennt P. ihren Mann O.	Penelope Odysseus
6. (Z. 193 – 223)	Zeus und Athene greifen ein, als sich Odysseus/Telemachos und die Rächer der Freier einen blutigen Kampf liefern wollen, sie befehlen Frieden.	Zeus Athene Odysseus Telemachos die Rächer

- *Erläutern Sie anhand der Übersicht den Zusammenhang von menschlichem und göttlichem Agieren im Hinblick auf das Reisen und die Heimkehrsituation des Protagonisten.*

- *Betrachten Sie in diesem Zusammenhang noch einmal die Pilgerreise Hape Kerkelings.*

Aus der Benennung der jeweiligen Akteure wird sehr deutlich, wie die Heimkehr des Odysseus zunächst ganz von den handelnden Göttinnen und Göttern bestimmt ist. Dabei setzt sich sozusagen die Hierarchie durch, Zeus und die Götterversammlung entscheiden über das Schicksal des Odysseus. Dieser Verlauf steht dabei ganz im Gegensatz zu der selbstbestimmten Initiative Hape Kerkelings, wenngleich auch hier deutlich religiöse Implikationen erkennbar sind.

Nach der Verwandlung des Odysseus in einen Bettler durch Athene nimmt dieser dann zunehmend selbst seine Sache in die Hand, und zwar auch mit der Brutalität, die er schon vorher zu seiner Rettung eingesetzt hat. Nun erfolgt eine interessante Verschiebung: Bei der

Wiedergewinnung der Penelope läuft der Aktionismus des Odysseus zunächst ins Leere. Er muss ihr die Initiative überlassen, damit es zur von beiden ersehnten Wiedervereinigung kommen kann. Für Penelope ist dieser glückliche Ausgang auch eine Herauslösung aus der schicksalhaften Bestimmung der menschlichen Lebenswege durch die Götter. Wenn man so will: eine (Wieder-)Gewinnung der menschlichen Autonomie.

An diese Überlegungen schließt die nächste Aufgabenstellung an:

- *Schreiben Sie auf der Grundlage der Gesprächssituation zwischen Penelope und Odysseus (Z. 152 – 187) einen Dialog in heutiger Alltagssprache; versuchen Sie, dabei die unterschiedliche Gefühlslage der beiden Gesprächspartner zu berücksichtigen.*
- *Sprechen und spielen Sie diesen Dialog.*

Der folgende Vorschlag soll den Einstieg in die Schreibaufgabe erleichtern; in der rechten Spalte sind Zitate vermerkt, die für die sprachliche Umsetzung von Bedeutung sind.

Rolle	Schülertext	Text von Walter Jens
Penelope (immer noch zweifelnd):	„Geh, Eurykleia, hol' das Bett aus dem Schlafzimmer und richte es für unseren Gast für die Nacht.“	„Bereitet dem Mann ein Lager ... tragt das Bett aus der Kammer und bedeckt es mit Tüchern und Fellen!“[1]
Odysseus:	„Deine Worte, Penelope, haben mich tief getroffen und verbittert. Ich kann nur sagen: Nur ein Gott wäre in der Lage, dieses Bett zu bewegen; selbst kräftige Männer sind damit überfordert. Ich habe nämlich das Bett um einen Ölbaum herum gebaut und fest mit diesem verankert. Auch das Schlafzimmer selbst ist solide gebaut und gut verschließbar. Auf das Werk habe ich meine ganze Kunstfertigkeit verwandt und viele kostbaren Materialien verbaut. Ich denke, diese Beschreibung sollte dir Beweis genug sein, wer vor dir steht. Ehrlich gesagt, bin ich mir gar nicht mehr so sicher, ob es wirklich noch mein Bett ist! Vielleicht hat bereits einer deiner Liebhaber den Ölbaum brutal abgehauen und sich unser gemeinsames Bett angeeignet?!“	„Weib ... wer hat es gewagt, mir das Bett von der Stelle zu rücken? War es ein Gott?“[2] ...
Penelope:	...	„Zürne mir nicht, sondern verzeih meiner Torheit“[3] ...

1 Ilias und Odysse. Nacherzählt von Walter Jens. Otto Mayer Verlag: Ravensburg 1987, S. 93
2 Ebd.
3 Ebd., S. 94

Die Schülerinnen und Schüler setzen das Gespräch entsprechend fort. Es ist sinnvoll, diesen Schreibauftrag zu zweit durchzuführen, denn so ergibt sich ein Gespräch darüber, wie ein Impulszitat angemessen umgesetzt werden kann.

Am Ende des Dialogs meldet sich der Erzähler mit einem Kommentar zu Wort, der noch einmal gesondert in den Blick genommen werden soll:

> „Wieder und wieder umarmte die Fürstin den heimgekehrten Odysseus, küßte ihm Hände und Stirn, schaute ihn an mit verlangenden Blicken und freute sich, wie sich der Schiffbrüchige freut, wenn er das Ufer erreicht."[1]

- *Erläutern Sie den Vergleich zwischen den geretteten Schiffbrüchigen und der Situation Penelopes.*

Hier liegt ein Rollentausch vor: Penelope, welche die vielen Jahre auf den schiffbrüchigen Odysseus gewartet hat, erlebt sich jetzt in seiner Rolle. Die Wiederbegegnung mit ihm ist wie das Wiedereinlaufen in den Heimathafen.

Die „Odyssee" endet mit der in Z. 204–223 wiedergegebenen Szene und bildet damit auch den Abschluss des Gesamtepos. Kurz bevor es zu dem Kampf zwischen Odysseus und den Rächern der Freier kommt, greifen erneut die Götter ein, ein weiteres Zeichen für die Abhängigkeit menschlichen Handelns von den Göttern, wie es typisch für die griechische Mythologie ist.

- *Lesen Sie noch einmal den Textabschnitt Z. 204–223, mit dem das gesamte Epos von Homer endet. Dabei handelt es sich um einen von den Göttern verordneten Frieden. Wie erklären Sie sich gerade dieses Ende?*

Der Baustein schließt mit dem Kinderbuch „Oh, wie schön ist Panama. Die Geschichte, wie der kleine Tiger und der kleine Bär nach Panama reisen" von Janosch, einem Kinderbuch, an das sich wahrscheinlich die meisten Schülerinnen und Schüler erinnern werden, woraus die folgende Eröffnungsfrage resultiert:

- *Wenn Sie den Kinderbuchtitel „Oh, wie schön ist Panama" hören – Woran können Sie sich noch erinnern?*

Die Antworten werden zusammengetragen und auf diese Weise wird die Geschichte in Grundzügen rekonstruiert. Möglich ist es natürlich auch, den Text – nach Vorbereitung – vorlesen zu lassen.

Die Erzählung von der Reise nach Panama, die der kleine Tiger und der kleine Bär gemeinsam unternehmen, ist eine von den ganz bekannten und passt thematisch gut zu dem Aspekt des Unterwegsseins: Aufbrechen – Reisen – Heimkommen. Allerdings treten hier keine Göttinnen und Götter in Aktion, welche die Reisenden lebensbedrohlichen Gefahren aussetzen. Es meldet sich ein auktorialer Erzähler kommentierend und sich an den Leser bzw. die Leserin wendend zu Wort, der das Geschehen erklärt.

[1] Ilias und Odyssee. Nacherzählt von Walter Jens. A. a. O., S. 94

Folgende Impulse können zu einem Gespräch anregen:

- *Identifizieren Sie zunächst die für den Reiseweg typischen Phasen: Aufbruch – Reise – Heimkommen.*
- *Was motiviert die beiden zum Aufbruch? Erläutern Sie in diesem Zusammenhang die Funktion der Bananenkiste.*
- *Kleiner Tiger und kleiner Bär sind gute Freunde, aber doch sehr unterschiedliche Charaktere. Erläutern Sie diese.*
- *Welche Bedeutungen haben die Begegnungen mit Hase, Igel und mit der Krähe?*
- *Welche Veränderungen nehmen die beiden nach ihrer Rückkehr an Haus und Garten vor und welche Bedeutung haben diese? Beziehen Sie dabei auch die Schlusssätze mit ein.*

„Du meinst, dann hätten sie doch gleich zu Hause bleiben können? Du meinst, dann hätten sie sich den weiten Weg gespart? O nein, denn sie hätten den Fuchs nicht getroffen und die Krähe nicht. Und sie hätten den Hasen und den Igel nicht getroffen und sie hätten nie erfahren, wie gemütlich so ein schönes, weiches Sofa aus Plüsch ist.“[1]

Mit diesen letzten Äußerungen, die ein zweites Mal vorgelesen werden können, legt der Erzähler den Leserinnen und Lesern die Frage nach Sinn und Zweck der Reise in den Mund und deutet zwei Antworten an. Im Unterschied zur „Odyssee“ waren die beiden Freunde ja nicht getrennt; sie haben vielmehr die mit der Reise verbundenen Erfahrungen gemeinsam gemacht. Die folgende Übersicht zeigt, was die beiden, und nicht nur sie, durch das Fortgehen von zu Hause gewonnen haben.

- Sie haben sich vom Duft der Bananenkiste zum Land ihrer Träume inspirieren lassen und auch den Mut aufgebracht, die vertraute Umgebung zu verlassen, um in die ferne Fremde aufzubrechen.
- Sie treffen Hase und Igel und genießen deren Gastfreundschaft, insbesondere das schöne Sofa; außerdem stecken sie ihre sesshaften Gastgeber dazu an, auch von Panama zu träumen.
- Sie profitieren von der klugen Krähe, die ihnen ihre schöne Heimat aus einer neuen, ungewohnten Perspektive zeigt, nämlich von oben. So erscheint ihnen das Vertraute wie das erträumte Panama.
- Durch die längere Abwesenheit sind Haus und Garten vernachlässigt; voller Eifer gehen die beiden ans Werk und machen alles viel schöner als zuvor. Als Krönung wird das Sofa gekauft, das sie immer an die Reise und den Besuch bei Hase und Igel erinnert.

Der Reiseweg vom kleinen Tiger und vom kleinen Bären hat also nicht einen Kreis beschrieben, der sich am Ende mit der Rückkehr wieder geschlossen hat. Das Aufbrechen und das gemeinsame Unterwegssein haben die beiden Freunde verwandelt und reicher an Erfahrungen gemacht. Ihre Freundschaft hat sich auch auf der Reise bewährt. Auch Haus und Garten, die vertraute Umgebung, werden in die Veränderung einbezogen und so erneuert, dass sie den Träumen der beiden entsprechen. Der Erfolg der Erzählung dürfte vor allem auch auf die kindliche Neugier, die (eigene) Welt immer wieder neu zu entdecken, zurückgeführt werden können.

[1] Janosch: Oh, wie schön ist Panama. Beltz & Gelberg: Weinheim und Basel 1978, S. 48

- *Janosch' Erzählung gehört zu den erfolgreichsten Kinderbüchern der letzten 40 Jahre. Wie erklären Sie sich das?*

Die Erzählung „Oh, wie schön ist Panama" gibt auch Anlass, eigene Reiseerfahrungen zu bedenken; so ist es naheliegend, sich im Plenum über zwei Aspekte auszutauschen:

- *Hat es Erlebnisse gegeben, die ein starkes Bedürfnis, auf Reisen zu gehen, bei Ihnen ausgelöst haben? Oder: Können Sie sich vorstellen, dass bestimmte Erlebnisse ein solches Bedürfnis auslösen?*
- *Wie ergeht es Ihnen, wenn Sie von einer Reise mit intensiven Eindrücken nach Hause zurückkommen?*

Notizen

Ein Fragebogen

Beantworten Sie möglichst spontan folgende Fragen. Tauschen Sie sich anschließend darüber mit Ihrem Sitznachbarn oder Ihrer Sitznachbarin aus.

- Was bedeutet das Reisen ganz allgemein für Sie?
- Wohin ging Ihre letzte Reise?
- Warum haben Sie dieses Ziel ausgewählt?
- Gibt es Orte, an denen Sie noch nicht waren, die Sie aber unbedingt einmal bereisen wollen? Begründen Sie.
- Welche Farben assoziieren Sie, wenn Sie an „Reisen“ denken? Begründen Sie.
- Welche Musik haben Sie im Ohr, wenn Sie an das Thema „Reisen“ denken? Begründen Sie.
- Welche kritischen Fragen stellen Sie sich, wenn Sie an „Reisen“ denken? Was ist in diesem Zusammenhang für Sie besonders wichtig?

Warum reisen Menschen? – Ein Gespräch mit Alain de Botton

- *Lesen Sie das Interview mit dem Autor Alain de Botton aufmerksam durch.*
- *Tragen Sie die Merkmale des Alltagslebens und des Reisens in eine zweispaltige Tabelle so ein, wie sie A. de Botton einander gegenüberstellt.*

Der Philosoph und Schriftsteller Alain de Botton über Erwartungsdruck, das Nord-Süd-Gefälle und Enttäuschungen am Grand Canyon. Ein Gespräch.

Herr de Botton, warum reisen Menschen?

Menschen reisen, um sich in Erinnerung zu rufen, dass sie nicht alles wissen und dass die Welt größer, geheimnisvoller und aufregender ist, als es scheinen mag, wenn man den ganzen Tag zu Hause sitzt. Das Reisen ist eine ständige Erinnerung an all die Dinge auf der Welt, über die wir staunen.

Haben wir im täglichen Leben vergessen, dass das Leben staunenswert ist?

Ja. Das ist die ständige Gefahr dessen, was wir Alltag nennen. Durch die Macht der Gewohnheit gewöhnen wir uns an die außergewöhnlichsten Dinge. Wenn man zum Beispiel das erste Mal selbst ein Auto fährt, ist man beeindruckt und denkt, wie erstaunlich das ist. Aber nach zehn Jahren denkt man überhaupt nicht mehr darüber nach. Wer zum ersten Mal ein Kind bekommt, denkt: Mein Gott, ist das fantastisch, Kinder zu haben. Aber im Laufe der Zeit gewöhnt man sich daran. Alle außergewöhnlichen Ereignisse werden im Alltag gewöhnlich. In dieser Situation bietet uns das Reisen die Gelegenheit, uns relativ leicht daran zu erinnern, wie außergewöhnlich viele Dinge sind.

Die meisten von uns verbinden Reisen mit Glück. Woran liegt das?

Das ist eine relativ moderne Assoziation. In den entwickelten Volkswirtschaften haben die Menschen heutzutage das nötige Geld, um sich angenehme Reisen leisten zu können. Sie reisen, um sich ein schöneres Leben zu machen, als sie es zu Hause hätten. Das ist es, worum es im Tourismus geht: um vergnügliches Reisen. Oft wird das Reisen auch mit der Entdeckung spannender, besserer und schönerer Orte verbunden. Wenn man aus einem Land im Norden stammt, verbindet man Reisen häufig mit Sonne; wenn man aus einem sehr heißen Land stammt, verbindet man es eher mit gemäßigterem Klima. Wir suchen beim Reisen Dinge, von denen wir im alltäglichen Leben nicht genug haben, und darum finden wir es angenehm.

ddp images GmbH/Basso Cannarsa/Opale/Leemage

Verändern uns diese schönen Erfahrungen?

Sie garantieren keine Veränderung. Manchmal ist es erstaunlich, Menschen zu treffen, die durch die ganze Welt gereist sind. Man fragt sie, wie es war, und sehr oft hat es den Anschein, als seien die Erfahrungen an ihnen abgeprallt. Ich erinnere mich daran, das Buch eines Astronauten gelesen zu haben, der ganz langweilig beschrieb, wie es war, ins Weltall zu reisen. Reisen garantiert keine innere Wandlung, und ich denke, das ist eins der Paradoxe des Reisens. Mitunter trifft man Menschen, die nicht viel gereist sind. Aber was sie dabei gesehen haben, hat sie sehr verändert. Im Gegensatz dazu gibt es auch weit gereiste Menschen, die in ihren Beobachtungen fremder Orte und Menschen völlig banal sind. […]

Was verrät das gewählte Reiseziel über eine Person?

Es sagt uns etwas darüber, was einer Person fehlt, was ein Mensch am dringendsten innerlich braucht. Eine der großen Reisen der abendländischen Kultur war Goethes Italienreise. Da ist ein Mann, dem gewisse Dinge in seinem Temperament fehlen, der nach Italien reist und die fehlenden Seiten in sich entdeckt. Schematisch ausgedrückt, erhascht er einen eher sensorischen Einblick in seine Seele. Er kommt aus einem christlichen Land aus dem Norden, und er entdeckt plötzlich den Süden, die Welt der Heiden und die Sinnlichkeit. Goethes Reise zeigt auf höchst dramatische Weise, was uns auf Reisen passieren kann – Dinge zu entdecken, die uns in unserem normalen Leben fehlen.

Goethes Italienreise war auch eine große Bildungsreise. Bildet Reisen heutzutage noch?

Bei vielen Menschen ist das nicht mehr so. Aber genau das sollte und könnte Reisen tun. Bildung ist ein ziemlich trockenes Wort, das an etwas Mühsames denken lässt. Bildung könnte aber oft eher eine Art Entdeckung sein, die weniger schmerzhafte Konnotationen hat. Ich finde, die Idee, dass wir bereichert von einem Ort zurückkehren, ist die beste Betrachtungsweise des Reisens. [...]

Warum gibt es einen so großen Unterschied zwischen dem, was wir uns vor der Reise über das Ziel vorstellen, und dem, was wir in der Wirklichkeit vorfinden?

Das große Traumbild besteht darin, dass wir meinen, wir kämen komplett verändert von einer Reise zurück. Man fährt für eine Woche irgendwo hin, kommt zurück und alles ist anders. Das ist der Trugschluss. Auch daraus ergibt sich ein Aspekt, den man vom Reisen lernen kann: Die menschliche Persönlichkeit weist einfach große Kontinuität auf. Wir verändern uns nicht so leicht, wir entwickeln uns langsam, nicht durch plötzliche Erkenntnismomente. Natürlich gibt es sie, aber im Großen und Ganzen ist es eher eine Evolution als eine Revolution.

Geht es auch darum, sich zu vergewissern, in welcher wunderbaren Welt man zu Hause lebt, was man mag, wer man ist?

Ja, ich denke schon. Weil Reisen manchmal auch beängstigend ist, beruhigt uns die Vorstellung vom Nachhausekommen. Mit der Freude auf die Rückkehr kann man einem schlechten Urlaub noch etwas Positives abgewinnen.

Was sind die enttäuschendsten Aspekte des Reisens?

Eine der größten Herausforderungen des Reisens ist es, wie man eine Erfahrung dauerhaft erhält. Manchmal erleben wir woanders etwas, das uns wichtig und wertvoll erscheint, und wir möchten das gerne festhalten. Wir machen viele Fotos, kaufen ein Souvenir. Wir wollen, dass etwas bleibt nach unserer Heimkehr, und das ist oft sehr schwierig. Die für mich beste Art, eine Erinnerung zu bewahren, ist die, sie vernünftig zu verdauen. Also richtig hinzuschauen, genauer, als vielleicht nur ein Foto zu machen.

Was war Ihre enttäuschendste Erfahrung beim Reisen?

Ich habe oft die Angst, etwas vermeintlich Wunderbares nicht so wunderbar zu finden. Ich glaube, viele Menschen kennen dieses Gefühl: Man steht am Grand Canyon oder vor dem Kolosseum in Rom und soll nun etwas Wunderbares verspüren, und es passiert einfach nichts.

Man befindet sich also in Vorfreude auf eine besondere Stimmung, aber sie tritt nicht ein.

Ja. Vielleicht merkt man auch erst drei Wochen später, dass es eigentlich etwas Besonderes war. Aber der Erwartungsdruck ist so groß, dass er eine spontane Reaktion erdrückt und verhindert.

Reisen wir zu viel mit Reiseführern? Bereiten wir uns zu sehr vor?

Reisen erfordert eine gewisse Spannung zwischen dem Nicht-alles-Wissen und dem Nicht-nichts-Wissen. Wer zum Beispiel keine Ahnung von Geschichte hat, kann nicht wirklich wissen, wohin er reist und was er dort alles sehen könnte. Wenn man aber zu sehr informiert ist, zu genau weiß, was man alles sehen und fühlen müsste, kann das auch hemmend sein. Ein Problem des modernen Reisens ist, dass der Gedanke an eine spontane Entdeckung stark gefährdet ist, weil man alles auf einer Webcam oder in einer Broschüre sehen kann, bevor man überhaupt dort hinfährt.

Wie ist der Massentourismus in unsere Gesellschaft gekommen?

Menschen sind schon immer gereist. Erste Erscheinungen im Sinne von Massentourismus setzten im 18. Jahrhundert ein. Damals gab es in der englischen Aristokratie eine Form von Massentourismus: Sie machten alle ihre große Reise nach Italien, das war Tradition. Die Zahlen waren nicht übermäßig, aber sie waren innerhalb dieser bestimmten sozialen Gruppe bedeutend. Und dann begann im England des frühen 19. Jahrhunderts der Massentourismus, als die Seebäder aufkamen. Dem folgten andere Länder wie Deutschland, Holland und Frankreich. Das 19. Jahrhundert war also die Zeit, in der Menschen in signifikanter Zahl zu reisen begannen. Allerdings waren das oft Reisen innerhalb eines Landes und nicht so sehr in andere Länder. Der Beginn dessen, was wir heute als Massentourismus bezeichnen, kam erst Mitte des 20. Jahrhunderts in der Nachkriegszeit auf. [...]

Wie verändert sich heute das Reisen? Wie beeinflussen etwa Umweltprobleme unsere Reisen?

Die Menschen erkennen, dass Reisen einen falschen Preis gehabt hat, der nicht die Auswirkungen auf die Natur, die wahren Kosten, widerspiegelt. Ich denke, es wird eine Art Neujustierung der Kosten geben. Das Fliegen etwa wird vielleicht durch Umweltsteuern wieder teurer werden. Historisch gesehen leben wir in einer für das Reisen sehr günstigen Zeit, da es von nun an künftig teurer werden wird. Menschen werden nicht mehr so viel reisen, vielleicht kommt es

Best.-Nr. 022726

dadurch zu einer Rückbesinnung auf näher liegende Reiseziele. Ich glaube nicht, dass die Menschen jemals aufhören werden, zu reisen. Aber vielleicht wird es sozial weniger akzeptabel werden, für ein Wochenende nach New York zu fliegen.

Manche Menschen besichtigen Orte wie Ground Zero oder die Tsunami-Gebiete. Was ist der Grund für solche Reisen?

Ich glaube, es ist eine Erinnerung daran, dass wir alle sterben müssen. Um diese Aufgabe kümmerten sich früher die organisierten Religionen. Wo diese an Wichtigkeit verloren haben – zumindest im europäischen Bewusstsein –, brauchen wir Erinnerungen an unsere Sterblichkeit und die Trivialität der meisten unserer Interessen. Was könnte es da Besseres geben, als einen Friedhof zu besichtigen, ein Massengrab oder ein Katastrophengebiet, das, besonders in Kombination mit ein bisschen Shopping oder einem netten Hotel, uns perfekt an die Vergnügungen des Lebens erinnert und an die ständige Nähe des Todes und der Zerstörung all dessen, was uns lieb und wichtig ist. [...]

Warum haben so viele Menschen dieselben Traumziele?

Es scheint, als gäbe es von Land zu Land verschiedene Lieblingsziele. Häufig hat das mit dem Verlangen zu tun, etwas ins Gleichgewicht zu bringen, wobei es hier Unterschiede zwischen Nord und Süd gibt. Briten und Deutsche lieben Italien, während Italiener besonders gern nach Schweden reisen. Weltweit versuchen Menschen durch Reisen, etwas psychologisch zu kompensieren,

Betrifft das nicht vor allem Menschen in der westlichen Welt? Weshalb gehen Menschen in anderen Teilen der Welt auf Reisen?

Ich würde die Welt nicht so sehr in West und Ost, sondern eher in entwickelt und unentwickelt einteilen. Sobald ein Land eine gewisse wirtschaftliche Entwicklung erreicht, sind die Motive zu reisen sehr ähnlich. In Japan oder Südkorea gibt es viele derselben Gedanken und Impulse, was das Reisen betrifft, wie bei uns. In sehr unterentwickelten Ländern gibt eine völlig andere Sicht des Reisens. Dort gibt es keinen Tourismus, die Menschen reisen, um Familienmitglieder zu besuchen, oder sie machen eine Pilgerfahrt. Aber man findet dort nicht das, was wir Tourismus nennen würden.

Viele Länder sind gastfreundlicher als zum Beispiel Deutschland oder Großbritannien. Verreisen wir auch deshalb, um das Gefühl zu haben, an einem anderen Ort willkommen zu sein?

Ja. Natürlich ist es immer schön, willkommen geheißen zu werden. Die scheinbar gastfreundlichsten Menschen leben in den Wüsten. Wenn diese Menschen dann doch mal jemanden treffen, ist das Anlass zum Feiern und ruft den Wunsch hervor, zu teilen. Im Gegensatz dazu sind Stadtbewohner die auf den ersten Blick am wenigsten gastfreundlichen Menschen. Somit erscheint mir Gastfreundschaft als eine Konsequenz dessen, wo man lebt. Wenn Menschen reisen, suchen sie nach Freundschaft und emotionaler Bindung, wie sonst auch. Aber es wäre töricht, heute irgendwo hinzureisen, um Freunde zu finden, denn es ist höchst unwahrscheinlich, dass das eintritt.

Haben Sie ein Traumziel?

Ja, aber ich möchte nicht dort hinreisen. Für viele Menschen ist das Traumziel ein Ort, an den sie wirklich gerne reisen würden, aber ihnen fehlt das Geld oder die Zeit. Ich habe einige Traumziele, an die ich nicht wirklich reisen will, ich möchte nur von ihnen träumen.

Verraten Sie uns trotzdem, wo sie liegen?

Ich träume gerne davon, wie es wäre, im Winter in den hohen Norden Kanadas zu reisen. Diese Trostlosigkeit und Öde und Weite scheinen mir wunderbar, aber ich glaube nicht, dass ich jemals dort hinfahren werde.

Worin liegt für Sie das Glück beim Reisen?

Zum Beispiel in der Ankunft in einer neuen Stadt. Wenn man bedenkt, wie erstaunlich es ist, dass all das an diesem Ort schon immer stattfand und ich nie wusste, dass es diese besondere Straßenseite, diesen Basar oder dieses Café gab. Dass all diese Menschen leben und ich nie von ihnen wusste, und da sind sie plötzlich. Das ist eine Erfahrung, die einem die Augen öffnet.

Das Interview führten Jenny Friedrich-Freksa und Falk Hartig, Goethe-Institut e. V., Fikrun wa Fann, September 2008, www.goethe.de/ges/phi/prj/ffs/the/rkt/de4371166.htm (18.06.2018)

Alain de Botton wurde 1969 in der Schweiz geboren. Er hat in Cambridge Geschichte und Philosophie studiert und lebt in London. 2002 erschien sein Buch „Kunst des Reisens" im Fischer Taschenbuch Verlag.

Best.-Nr. 022726

Aufträge für die Gruppenarbeit

1.2.1 Traumstadt San Francisco

- *S. F. gilt als eine besonders schöne Stadt; finden Sie Fotos, die diese Schönheit dokumentieren.*
- *S. F. ist weltoffen und tolerant; versuchen Sie, durch Bilder von Straßenszenen oder Äußerungen von Menschen diese Auffassung zu verdeutlichen.*
- *Gerade auf junge Leute übt S. F. eine große Anziehungskraft aus, in dieser Stadt herrscht eine kreative, entspannte Stimmung. Suchen Sie interessante Beispiele für Kunst im öffentlichen Raum (Street Art) und Fotos von Jugendlichen im Stadtbild.*
- *Jede Metropole hat auch Schattenseiten – Welche ließen sich von S. F. zeigen?*

Für die Aussprache im Plenum nach der Vorstellung der Gruppenarbeitsergebnisse dienen folgende Fragen zur Anregung:

- *Welche Aspekte des Porträts von S. F. haben euch besonders angesprochen?*
- *Könnte S. F. für euch ein Sehnsuchtsort werden? Begründet.*
- *Worüber würdet ihr gern noch mehr erfahren?*
- *Was hat euch gefehlt, um euch ein Bild von dieser Stadt zu machen?*
- *Was motiviert euch, eine Reise nach S. F. zu machen, würdet ihr dort leben wollen und warum/warum nicht?*

1.2.2 Die Welt hinter mir und vor mir: Gedichte von Joseph von Eichendorff und Peter Fox

- *Lesen Sie beide Gedichttexte aufmerksam durch und hören Sie dazu den Song von Peter Fox.*
- *Untersuchen Sie die Gedichte unter folgenden Fragestellungen:*
  - *Wie wird die Aufbruchssituation jeweils zum Ausdruck gebracht? Wie wird sie von den in die Welt Aufbrechenden erlebt, welches sind die treibenden Motive?*
  - *Wie stellt sich die Gewinn-, wie die Gefahrenseite des Aufbruchs in die Welt dar?*
  - *Wie endet jeweils die Reise?*
- *Versuchen Sie, die Ergebnisse dieser Untersuchung in einem Strukturbild darzustellen, das den Weg in die Welt schematisiert zusammenfasst.*

Die gestalterische Aufgabenstellung an die Arbeitsgruppe lautet:

- *Gestalten Sie eine gesprochene Textcollage, indem Sie die Texte mit verschiedenen Sprechern oder im Chor so vortragen, dass Sie die Strophen aus beiden Gedichten ineinanderfügen, sie dabei wiederholen oder auch die Reihenfolge verändern. Lassen Sie sich dabei davon anregen, wie Peter Fox den Song vorträgt, indem er den Refrain musikalisch hervorhebt.*

Beide Ergebnisse, das Strukturbild und die Rezitation, werden dem Plenum präsentiert:

- *Initiieren und moderieren Sie eine Aussprache mit Ihren Mitschülerinnen und Mitschülern über die Präsentation.*
- *Regen Sie eine Diskussion über mögliche Gründe für die unterschiedlichen Gedichtabschlüsse an.*

1.2.3 „Ich bin dann mal weg" – Hape Kerkelings spirituelle Reise

- *Charakterisieren Sie die innere und äußere Verfassung, in der sich Hape Kerkeling entschließt, eine „Auszeit" zu nehmen.*
- *Was erhofft sich H. K. von der Pilgerreise?*
- *Welche Beziehung hat H. K. zur Religion, wie hat sich seine Haltung in der Entwicklung von der Kindheit zum Erwachsenen geändert?*
- *Wie ist der Vergleich zwischen dem persönlichen Lebensweg und der Pilgerreise zu verstehen?*
- *Welches Resümee zieht H. K. am Ende der Pilgerreise?*

Vorschlag: Als Präsentationsform bietet sich ein fiktives Interview mit Hape Kerkeling an.

Best.-Nr. 022726

Die Welt ist hinter mir und vor mir

Joseph von Eichendorff (1788 – 1857)
Die zwei Gesellen

Es zogen zwei rüst'ge Gesellen
Zum erstenmal von Haus,
So jubelnd recht in die hellen,
Klingenden, singenden Wellen
Des vollen Frühlings hinaus.

Die strebten nach hohen Dingen,
Die wollten, trotz Lust und Schmerz,
Was Rechts in der Welt vollbringen,
Und wem sie vorübergingen,
Dem lachten Sinnen und Herz. –

Der erste, der fand ein Liebchen,
Die Schwieger[1] kauft' Hof und Haus;
Der wiegte gar bald ein Bübchen,
Und sah aus heimlichem Stübchen
Behaglich ins Feld hinaus.

Dem zweiten sangen und logen
Die tausend Stimmen im Grund,
Verlockend' Sirenen, und zogen
Ihn in der buhlenden Wogen
Farbig klingenden Schlund.

Und wie er auftaucht' vom Schlunde,
Da war er müde und alt,
Sein Schifflein das lag im Grunde,
So still war's rings in die Runde,
Und über die Wasser weht's kalt.

Es singen und klingen die Wellen
Des Frühlings wohl über mir;
Und seh ich so kecke Gesellen,
Die Tränen im Auge mir schwellen –
Ach Gott, führ uns liebreich zu dir!

(e. 1818)

Wawrzyn, Lienhard: 99 romantische Gedichte.
Wagenbach: Berlin 1983, S. 156 f.

---

[1] **Schwieger** = Schwiegermutter

- *Lesen Sie das Gedicht aufmerksam durch und untersuchen Sie es unter folgenden Fragestellungen:*
  - *Wie wird die Aufbruchssituation zum Ausdruck gebracht? Wie wird sie von dem in die Welt Aufbrechenden erlebt, welches sind die treibenden Motive?*
  - *Wie stellt sich die Gewinn –, wie die Gefahrenseite des Aufbruchs in die Welt dar?*
  - *Wie endet die Reise?*
- *Versuchen Sie, die Ergebnisse dieser Untersuchung in einem Strukturbild darzustellen, das den Weg in die Welt schematisiert zusammenfasst.*

Best.-Nr. 022726

Die Welt ist hinter mir und vor mir

Peter Fox (geb. 1971)
Haus am See

Hier bin ich gebor'n und laufe durch die Straßen,
Kenn' die Gesichter, jedes Haus und jeden Laden.
Ich muss mal weg, kenn jede Taube hier beim Namen.
Daumen raus, ich warte auf 'ne schicke Frau mit schnellem Wagen.
Die Sonne blendet, alles fliegt vorbei.
Und die Welt hinter mir wird langsam klein.
Doch die Welt vor mir ist für mich gemacht!
Ich weiß, sie wartet und ich hol sie ab!
Ich hab den Tag auf meiner Seite, ich hab Rückenwind!
Ein Frauenchor am Straßenrand, der für mich singt!
Ich lehne mich zurück und guck ins tiefe Blau,
schließ' die Augen und lauf einfach geradeaus.

Und am Ende der Straße steht ein Haus am See.
Orangenbaumblätter liegen auf dem Weg.
Ich hab 20 Kinder, meine Frau ist schön.
Alle komm'n vorbei, ich brauch nie rauszugehen.

Ich suche neues Land mit unbekannten Straßen
Fremde Gesichter und keiner kennt mein'n Namen!
Alles gewinnen beim Spiel mit gezinkten Karten.
Alles verlieren, Gott hat einen harten linken Haken.

Ich grabe Schätze aus im Schnee und Sand
Und Frauen rauben mir jeden Verstand!
Doch irgendwann werd ich vom Glück verfolgt
Und komm zurück mit beiden Taschen voll Gold.
Ich lad' die alten Vögel und Verwandten ein.
Und alle fang'n vor Freude an zu wein'n.
Wir grillen, die Mamas kochen und wir saufen Schnaps.
Und feiern eine Woche jede Nacht.

Und der Mond scheint hell auf mein Haus am See.
Orangenbaumblätter liegen auf dem Weg.
Ich hab 20 Kinder, meine Frau ist schön.
Alle komm'n vorbei, ich brauch nie rauszugehen.

Und am Ende der Straße steht ein Haus am See.
Orangen-braune Blätter liegen auf dem Weg.
Ich hab 20 Kinder, meine Frau ist schön.
Alle komm'n vorbei, ich brauch nie rauszugehen.

Hier bin ich gebor'n, hier werd ich begraben.
Hab taube Ohr'n, 'nen weißen Bart und sitz im Garten.
Meine 100 Enkel spielen Cricket auf'm Rasen.
Wenn ich so daran denke, kann ich's eigentlich kaum erwarten.

(2008)

Haus am See, Text: Ruth-Maria Renner/Pierre Baigorry/David Conen/Graf Vincent von Schippenbach, © Fixx & Foxy Publ. Pierre Krajewski bei BMG Rights Management GmbH; Hanseatic Musikverlag GmbH & Co. KG, Hamburg; BMG Rights Management GmbH, Berlin; www.songtexte.com/songtext/peter-fox/haus-am-see-1bcc913c.html (18.06.2018)

- *Lesen Sie den Songtext aufmerksam durch und untersuchen Sie ihn unter folgenden Fragestellungen:*
  - *Wie wird die Aufbruchssituation zum Ausdruck gebracht? Wie wird sie von dem in die Welt Aufbrechenden erlebt, welches sind die treibenden Motive?*
  - *Wie stellt sich die Gewinn-, wie die Gefahrenseite des Aufbruchs in die Welt dar?*
  - *Wie endet die Reise?*
- *Versuchen Sie, die Ergebnisse dieser Untersuchung in einem Strukturbild darzustellen, das den Weg in die Welt schematisiert zusammenfasst.*

„Ich bin dann mal weg“ – Hape Kerkelings spirituelle Reise

Hape Kerkeling: Ich bin dann mal weg © 2006 Piper Verlag GmbH, München

Da ich gerade einen Hörsturz und die Entfernung meiner Gallenblase hinter mir habe, zwei Krankheiten, die meiner Einschätzung nach großartig zu einem Komiker passen, ist es für mich allerhöchste Zeit zum Umdenken – Zeit für eine Pilgerreise.

Über Monate nicht auf die innere Stimme zu hören, die einem das Wort „PAUSE!“ förmlich in den Leib brüllt, sondern vermeintlich diszipliniert weiterzuarbeiten, rächt sich halt – indem man einfach gar nichts mehr hört. Eine gespenstische Erfahrung! Der Frust und die Wut über die eigene Unvernunft lassen dann auch noch die Galle überkochen und man findet sich in der Notaufnahme eines Krankenhauses mit Verdacht auf Herzinfarkt wieder.

Wütend darüber, dass ich es so weit habe kommen lassen, bin ich immer noch! Aber ich habe auch endlich wieder meiner inneren Stimme Beachtung geschenkt und siehe da: Ich beschließe, während der diesjährigen Sommermonate keinerlei vertragliche Verpflichtungen einzugehen und mir eine Auszeit zu spendieren.

Bald finde ich mich in der Reiselektüreabteilung einer gut sortierten Düsseldorfer Buchhandlung wieder und suche frei nach dem Motto: Ich will mal weg! – nach einem passenden Reiseziel.

Das erste Buch, das mir mehr oder weniger vor die Füße fällt, trägt den Titel *Jakobsweg der Freude*.

Was für eine Frechheit, einen Weg so zu nennen!, denke ich noch entrüstet. Schokolade macht nur bedingt froh und Whiskey wirklich nur in Ausnahmesituationen und jetzt soll also ein *Weg* Freude bringen? Dennoch packe ich das anmaßende Buch ein. Und verschlinge es in einer Nacht.

Der Jakobsweg nach Santiago de Compostela gehört, neben der Via Francigena von Canterbury nach Rom und der Pilgerfahrt nach Jerusalem, zu den drei großen Pilgerwegen der Christenheit.

Der Legende nach gilt der Pfad bereits den Kelten in vorchristlicher Zeit als Initiationsweg. Kraftadern in der Erde und Energiebahnen, die sogenannten Leylinien, ziehen sich angeblich über die gesamte Strecke parallel zur Milchstraße bis nach Santiago de Compostela (Sternenfeld); und sogar darüber hinaus bis nach Finisterre (Weltende) an der spanischen Atlantikküste, dem damaligen Ende der bekannten Welt. Bisher war ich immer davon ausgegangen, unser gesamter Planet befände sich irgendwie parallel zur Milchstraße. Aber bitte, man ist ja auch im Alter noch lernfähig!

Wer nach Santiago pilgert, dem vergibt die katholische Kirche freundlicherweise alle Sünden. Das ist für mich nun weniger Ansporn als die Verheißung, durch die Pilgerschaft zu Gott und damit auch zu mir zu finden. Das ist doch einen Versuch wert!

Wie hypnotisiert schaue ich mir in den folgenden Tagen dabei zu, wie ich fix die Reiseroute ausbaldowere und Rucksack, Schlafsack, Isomatte und Pilgerpass besorge, um auf dem Flug nach Bordeaux wieder zu mir zu kommen und mich laut sagen zu hören: „Bin ich eigentlich noch ganz dicht?“

Um einen Pilgerpass, diese entscheidendste Requisite der Pilgerschaft, zu bekommen, muss man natürlich nicht zwingend katholisch sein. Ich würde mich selbst zum Beispiel als eine Art Buddhist mit christlichem Überbau bezeichnen! Klingt theoretisch komplizierter, als es in der Praxis ist!

Es ist ausreichend, auf der spirituellen Suche zu sein. Und das bin ich.

Als Wiedergutmachung für die gestrige Nacht in Bordeaux hab ich mich hier im „Hotel des Pyrenees“ einquartiert. *Die* Adresse in der Stadt! Manchmal merk ich schon, dass ich aus Düsseldorf bin!

Die örtliche Pilgerherberge war mir für die erste Nacht dann doch etwas zu – na ja, sagen wir – gesellig.

Während ich hier in dem Bistro an meinem *café au lait* nuckele, frage ich mich, was ich mir von dieser Pilgerschaft denn eigentlich verspreche oder erwarte. Ich könnte losziehen mit der Frage im Kopf: Gibt es Gott? Oder Jahwe, Shiva, Ganesha, Brahma, Zeus, Ram, Vishnu, Wotan, Manitu, Buddha, Allah, Krishna, Jehowa? Da ließen sich noch viele Namen nennen …

Seit meiner frühesten Kindheit beschäftigt mich die Frage nach dem großen unbekannten Wesen. Als Achtjähriger habe ich es wirklich genossen, in den Kommunionsunterricht zu gehen, und ich erinnere mich bis heute noch genau an das, was dort gelehrt wurde. Ähnlich ging es mir später im Beicht-, Religions- und Firmunterricht. Mich musste niemand dorthin zerren; was im Übrigen auch keiner getan hätte, da ich keiner streng katholischen Familie entstamme. Mein Interesse an allen religiösen Themen war bis zu meinem Abitur ziemlich groß.

Während andere Kinder zähneknirschend in die Messe trotteten, hatte ich meine helle Freude daran, die ich natürlich tunlichst verbarg, um nicht als total uncool zu gelten. Klar, die Predigten unseres Gemeindepfarrers hauten mich natürlich auch nicht vom Hocker, aber sie konnten doch nicht verhindern, dass mein lebendiges Interesse bestehen blieb. Keine spirituelle Ausrichtung war vor mir sicher, alle Weltanschauungen faszinierten mich. Eine Zeit lang spielte ich ernsthaft mit dem Gedanken zu konvertieren, um evangelischer Pfarrer oder wenigstens Religionswissenschaftler zu werden. Als Kind hatte ich nie den leisesten Zweifel an der Existenz Gottes, aber als vermeintlich aufgeklärter Erwachsener stelle ich mir heute durchaus die Frage: Gibt es Gott wirklich?

Was aber, wenn dann am Ende dieser Reise die Antwort lautet: Nein, tut mir sehr leid. Der existiert nicht. Da gibt es NICHTS. Glauben Sie mir, Monsieur!

Könnte ich damit umgehen? Mit Nichts? Wäre dann nicht das gesamte Leben auf dieser ulkigen kleinen Kugel vollkommen sinnlos? Natürlich will jeder, mutmaße ich, Gott finden ... oder zumindest wissen, ob er denn nun da ist ... oder war ... oder noch kommt ... oder was?

Vielleicht wäre die Frage besser: Wer ist Gott?

Oder wo oder wie?

In der Wissenschaft wird das doch auch so ähnlich gemacht.

Also stelle ich die Hypothese auf: Es gibt Gott!

Es wäre doch sinnlos, meine wertvolle begrenzte Zeit damit zu verplempern, nach etwas zu suchen, was am Ende vielleicht gar nicht da ist.

Also sage ich, es ist da! Ich weiß nur nicht wo. Und für den Fall, dass es einen Schöpfer gibt, wird er restlos begeistert davon sein, dass ich nie an ihm-ihr-es gezweifelt habe.

Im schlimmsten Fall würde dann die Antwort lauten: „Es gibt Gott und gleichzeitig gibt es ihn nicht, das verstehen Sie zwar nicht, aber tut mir wieder leid, so sind nun mal die Tatsachen, Monsieur!“

Damit könnte ich leben: denn das wäre eine Art Kompromiss! Einige Hindus vertreten übrigens diesen scheinbar absurden Standpunkt.

Nur: Wer sucht denn hier eigentlich nach Gott?

Ich! Hans Peter Wilhelm Kerkeling, 36 Jahre, Sternzeichen Schütze, Aszendent Stier, Deutscher, Europäer, Adoptiv-Rheinländer, Westfale, Künstler, Raucher, Drachen im chinesischen Sternkreis, Schwimmer, Autofahrer, GEZ-Gebührenzahler, Zuschauer, Komiker, Radfahrer, Autor, Kunde, Wähler, Mitbürger, Leser, Hörer und Monsieur.

Anscheinend weiß ich ja nicht mal so genau, wer ich selbst bin. Wie soll ich da herausfinden, wer Gott ist?

Meine Frage muss also erst mal ganz bescheiden lauten: Wer bin ich?

Damit wollte ich mich ursprünglich zwar nicht beschäftigen, aber da ich ständig von Werbeplakaten dazu aufgefordert werde, bleibt mir wohl nichts anderes übrig. Also gut – als Erstes suche ich nach mir; dann sehe ich weiter. Vielleicht habe ich Glück und Gott wohnt gar nicht so weit weg von mir. Sollte er jedoch in Wattenscheid leben, wäre ich hier allerdings ganz falsch!

Mein Pilgerweg lässt sich nun wie eine Parabel meines Lebensweges deuten. Es war eine schwierige Geburt, was bei mir tatsächlich zutrifft. Am Anfang des Weges und in meiner Kindheit finde ich schwer zu meinem Tempo. Bis zur Mitte des Lebensweges begleiten mich, bei aller dazugewonnenen positiven Erfahrung, Irrungen und Wirrungen, und ich gerate ab und zu aus dem Tritt. Aber etwa ab der Hälfte des Weges marschiere ich frohgemut dem Ziel entgegen. Fast scheint es so, als würde der Camino mir gnädigerweise sogar einen vorsichtigen Blick in meine Zukunft gewähren. Heitere Gelassenheit könnte doch ein echtes Ziel sein!

Jeder einzelne Wandertag war ebenso strukturiert wie der gesamte Camino. Das Detail ist das Abbild des Ganzen. Eins ist in Allem und Alles ist in Einem. Morgens komme ich schwer in die Puschen, mittags finde ich dann mein Lauftempo und gegen Abend marschiere ich müde, aber gelassen und entschlossenen Schrittes dem Ziel entgegen und habe auch noch an Kraft gewonnen.

In unserer nahezu entspiritualisierten westlichen Welt mangelt es leider an geeigneten Initiationsritualen, die für jeden Menschen eigentlich überlebenswichtig sind. Der Camino bietet eine echte, fast vergessene Möglichkeit, sich zu stellen. Jeder Mensch sucht nach Halt. Dabei liegt der einzige Halt im Loslassen.

Dieser Weg ist hart und wundervoll. Er ist eine Herausforderung und eine Einladung, Er macht dich kaputt und leer. Restlos. Und er baut dich wieder auf. Gründlich.

Er nimmt dir alle Kraft und gibt sie dir dreifach zurück. Du musst ihn allein gehen, sonst gibt er seine Geheimnisse nicht preis.

Ich muss vor allem an die denken, die diesen Weg nicht gehen können, und ihnen sei versichert: Dieser Weg ist nur eine von unendlichen Möglichkeiten. Der Camino ist nicht ein, sondern tausend Wege, aber jedem stellt er nur eine Frage:

„Wer bist du?“

Kerkeling, Hape: Ich bin dann mal weg. Meine Reise auf dem Jakobsweg. Piper: München/Zürich 2009, S. 14f., S. 2ff., S. 34f.

Best.-Nr. 022726

- *Charakterisieren Sie die innere und äußere Verfassung, in der sich Harpe Kerkeling entschließt, eine „Auszeit“ zu nehmen.*
- *Was erhofft sich H. K. von der Pilgerreise?*
- *Welche Beziehung hat H. K. zur Religion, wie hat sich seine Haltung in der Entwicklung von der Kindheit zum Erwachsenen geändert?*
- *Wie ist der Vergleich zwischen dem persönlichen Lebensweg und der Pilgerreise zu verstehen?*
- *Welches Resümee zieht H. K. am Ende der Pilgerreise?*

Best.-Nr. 022726

Aufbruch – Unterwegs sein – Heimkehr: Odysseus auf Reisen

Homer
Aus der Odyssee

Vermutlich hat der Dichter Homer im 8. Jahrhundert v. Chr. gelebt, doch ist dies ebenso umstritten wie die ihm zugeschriebene Autorschaft der Epen *Ilias* und *Odyssee*. Schon seit Langem diskutieren Historiker und Literaturwissenschaftler diese „Homerische Frage". Doch wie dem auch sei – *Ilias* und *Odyssee* zählen zu den ältesten Werken der griechischen Antike. Ihre Bedeutung für die abendländische Kultur liegt in der Überlieferung zahlreicher Motive der griechischen Mythologie. Während die *Ilias* vom Trojanischen Krieg (Ilion = Troja) erzählt, ist das zweite Epos ein Reisebuch besonderer Art: Die *Odyssee* berichtet von den Irrfahrten des **Odysseus**.

akg-images/Lessing, Erich

Die Nymphe[1] Kalypso war eine freundliche Frau. Sie hatte langes blondes Haar und eine weißlich schimmernde Haut. Ihre Stimme klang silbern und zart, sie sang wie eine Göttin; lieblich tönten ihre Lieder durch den Zedernwald, in dem ihr Haus verborgen lag. Auch Erlen, Zypressen und Pappeln spendeten dem Palast reichlichen Schatten. In den Zweigen wohnten die Meerkrähen, Falken und Eulen. Weinreben rankten an Grotten empor, kristallene Quellen entströmten dem Boden, und auf den Wiesen wuchsen Veilchen.

Hier pflegte Kalypso die Wunden des armen Odysseus, bewirtete ihn mit Speise und Trank und gab ihm ein Lager. Sie liebte ihn innig und hoffte im Stillen, er würde bei ihr bleiben bis zum Ende der Tage. Eifersüchtig bewachte sie all seine Schritte, und es betrübte sie sehr, dass der Sohn des Laertes in ihrem Palast nur ein Gefängnis sah. Oft saß er einsam am Strande, sehnte sich nach der Heimat und flüsterte leise Penelopes Namen. Trauernd erhob er die Hände zum Himmel, flehte die Götter um Gnade und durchsuchte die Wellen des Meers nach einem leuchtenden Segel. Aber die Tage vergingen, Wochen wurden Monate, Monate türmten sich langsam zu Jahren, die Zeit verstrich und das Alter kam näher, ohne dass sich ein Schiff vor Ogygia zeigte.

Doch endlich beschlossen die Götter, Odysseus' Leiden ein Ende zu machen – nur Poseidon[2] zeigte sich unversöhnlich im Herzen, denn er konnte die Blendung Polyphems[3], des Zyklopen, noch nicht vergessen. Deshalb warteten die Himmlischen ab, bis der Meergott zu den Aethiopiern reiste. Dann aber schickten sie Hermes[4] sogleich auf die Erde, damit er Kalypso befehle, Odysseus wieder nach Hause zu senden.

Während Athene[5] und Telemach[6] sich am Strande von Ithaka miteinander besprachen, schritt Hermes über die Wellen des Meers, um Kalypso den Ratschlag des himmlischen Zeus zu verkünden.

Die Nymphe saß in der Grotte, webte mit goldenem Kamme und lächelte lieblich, als der Gott in der Tür stand: denn die Unsterblichen erkennen einander sogleich, mögen auch Himmel und Erde sie trennen. Freundlich begrüßte Kalypso den Boten, mischte ihm rötlichen Nektar und versprach ihm Erfüllung all seiner Wünsche. „Zeus selber, der Vater, hat mich geschickt", sagte der strahlende Hermes, „ich folgte ihm zögernd, denn niemand geht gern über die Weiten des salzigen Meers, wo die Menschen nicht wohnen und kein Opfer die Götter erfreut. Doch wer könnte Zeus' Gebot widerstehen? Hör also seine Befehle. Ein Mann wohnt bei dir, Odysseus mit Namen, der schlimmere Leiden erlitt als irgendein Mensch: verlor er doch all seine Freunde, wurde schiffbrüchig und kam als Flüchtling zu dir. Jetzt aber schick ihn nach Hause. […] Das Schicksal hat ihm bestimmt, die Heimat wiederzusehen."

Als Kalypso die Worte des himmlischen Boten vernahm, ergriff sie ein Schaudern; denn sie hatte noch immer gehofft, es werde ihr einmal erlaubt sein, Odysseus ewige Jugend zu geben und ihn zum Mann zu erwählen. Aber sie kannte den Neid der unsterbli-

1 **Nymphe** = Seegöttin
2 **Poseidon** = Gott des Meeres
3 **Polyphem** = Sohn des Poseidon, den Odysseus geblendet hat
4 **Hermes** = Schutzgott der Reisenden, der Kaufleute und Hirten
5 **Athene** = Göttin der Weisheit
6 **Telemach** = Sohn des Odysseus und der Penelope

chen Götter und wusste: sie vernichteten jeden, der ihnen trotzte. Deshalb fügte sie sich, verließ ihre Grotte und ging hinunter zum Strand. Dort fand sie Odysseus weinend am Meer. „Klage nicht“, sagte sie leise, „die Götter bedenken dein Wohl. Ich aber will dich freundlich entlassen. Auf nun, geh in den Wald und fälle die Bäume, hoble die Bohlen zurecht und vertäue die Balken mit mächtigen Riemen. Kein Schiff liegt ja an Ogygias Strande, doch ein Floß wird dich retten!“

Aber Odysseus erschrak, er fürchtete Trug und glaubte, die Göttin, über sein Trauern erzürnt, wolle ihn töten. Erst als sie feierlich schwor, ihm kein Unheil zu senden, wurde er ruhig und folgte ihr willig ins Haus. Dort setzte er sich auf den goldenen Sessel des göttlichen Boten, aß von den himmlischen Speisen und hörte die Worte Kalypsos. „Viele Leiden sind dir bestimmt, armer Mann. Denn Poseidon will dich vernichten. Besser wäre es wahrlich, du bliebest bei mir und vergäßest das Heimweh. Sehr schön bin ich ja, und es ziemt keiner sterblichen Frau, sich mit mir zu messen.“

„Viel schöner als Penelope bist du, Kalypso“, sagte Odysseus, „denn sie ist sterblich und das Alter gräbt seine Spuren in ihr Antlitz; nicht kennt sie die ewige Jugend der Götter. Dennoch liebe ich sie, und ihr Bild weicht mir nie aus der Seele. Ich weiß ja, sie wartet auf mich, und die Tage werden ihr lang. Denn zwanzig Jahre sind schon vergangen, seitdem ich die Heimat verließ. Wenn aber ein Gott mich auf dunklen Meeren vernichtet, werde ich auch das zu tragen verstehn. Denn an Leiden bin ich gewöhnt.“

So sprach er, und der sterbliche Mann und die Göttin plauderten miteinander die Nacht hindurch bis zum Morgen. Als aber die Dämmerung graute, gab Kalypso dem klugen Odysseus eine erzene Axt und ein geglättetes Beil und führte ihn bis zum Urwald am Rande der Insel. Dort schlug er Tannen, Erlen und Pappeln, fällte die Stämme, verklammerte alle mit Haken und Nieten, zimmerte Mastbaum und Ruder und zog das Floß mit Hebeln zum Meer. Kalypso brachte ihm Leinen und Taue für Segel und Rahen, schenkte ihm Wein und wärmende Kleider, vernähte die Speisen in ledernen Säcken und entließ ihn am fünften Tag in der Frühe. Mit sanften Winden glitt das Floß hinaus auf die offene See, die Göttin winkte am Ufer, und Odysseus schaute nach Osten, wo Ithaka lag. Selbst nachts saß er wachend am Steuer, sprach mit den Sternen, dem Wagen und den Plejaden, und achtete auf den Orion[1] … solange der zu seiner Linken stand, hielt der Sohn des Laertes[2] den richtigen Kurs.

Kaum ist Odysseus mit seinem Floß auf offener See, da wird er vom Meeresgott Poseidon entdeckt; dieser schickt einen schweren Sturm, der das Floß zerstört. Odysseus droht zu ertrinken. Lieber wäre er vor Troja im Kampf gefallen. Da kommen ihm die Göttinnen Leukothea und Athene zur Hilfe. Mit letzter Kraft rettet sich Odysseus an den Strand im Land der Phäaken. Hier wird er freundlich aufgenommen, gibt sich zu erkennen und berichtet von seinen Irrfahrten. Der König lässt ein Schiff ausrüsten, das Odysseus endlich in die Heimat bringen soll. Schlafend wird er an der Küste seines Königreiches abgesetzt. Wiederum taucht die hilfreiche Göttin Athene auf und macht Odysseus als Bettler unkenntlich. Er begibt sich, inzwischen mit seinem Sohn Telemach verbunden, an seinen Hof, wo die Freier Penelope immer mehr unter Druck setzen, einen von ihnen zu heiraten. Nachdem keiner von ihnen die von Penelope erdachte Probe bestanden hat bis auf den fremden Bettler, organisieren Vater und Sohn die Vernichtung der Freier. Alle werden getötet, ebenso die untreuen Knechte und Mägde. Nach der blutigen Nacht begegnen sich Penelope und Odysseus; trotz einiger Hinweise auf die Identität ihres Ehemanns hat Penelope weiterhin Zweifel, was ihren Sohn Telemachos ärgert.

Eilig erhob sich die kluge Penelope von ihrem Lager, wählte ein kostbares Kleid und schritt die Treppen hinunter. Aber den Bettler erkannte sie nicht, sondern schwankte noch immer, ob sie ihn nun durch listige Fragen erproben oder sein Haupt mit zärtlichem Streicheln berühren sollte. Endlich setzte sie sich in weiter Entfernung an die andere Wand und beschaute Odysseus beim Scheine des Feuers. Er aber senkte die Augen zu Boden und wartete schweigend, dass ihn ein Wort Penelopes träfe. Doch sie saß wie versteint, denn ihr Herz war verwirrt und verwundert: bald glaubte sie, den Gemahl zu erkennen, bald schien er ihr fremd, ein Bettler in Fetzen und Lumpen.

Telemach aber ertrug das Schweigen nicht länger, sondern schalt seine Mutter gefühllos und roh: „Setze dich zu ihm und sprich endlich ein Wort! Keine andere Frau vermöchte es ja, mit steinernem Herzen ihrem Mann gegenüberzusitzen, der nach zwanzig Jahren zurückkehrt!“

Doch Penelope verwies ihrem Sohne den Tadel: „Schilt mich nicht kalt und herzlos, mein Kind. Ich bin nur verwundert; mein Sinn ist betäubt, und ich wage weder zu sprechen noch ihm ins Antlitz zu schauen. Doch ist er es wirklich – Odysseus, mein Mann –, dann werden wir auch einander erkennen, denn wir haben ja Zeichen, um die kein anderer weiß.“

Als Odysseus Penelopes Worte vernahm, musste er lächeln: „Ganz recht hat sie, Telemach“, sagte er

[1] **Plejaden/Orion** = Sternbilder zur Orientierung
[2] **Sohn des Laertes** = Odysseus

Best.-Nr. 022726

sanft, „wenn wir allein sind, mag sie mich prüfen. Du aber gehe hinaus und verkündige allen, wir hielten hier Hochzeit; denn niemand soll wissen, dass ich die Freier erschlug, bevor wir nicht in Sicherheit auf unserm Landgut sind – hoch in den Bergen, wo Laertes wohnt. Dort allein können wir dem Ansturm der Rächer in Ruhe begegnen."

So sprach der König und sandte den Sohn in die Stadt. Er selbst aber ließ sich salben und baden, seine Haut wurde jung, und an Wuchs und Gestalt glich er nun den Göttern im Himmel. Penelope senkte ihr Haupt; denn der Glanz aus Silber und Gold hatte ihr Auge geblendet. „Bereitet dem Mann ein stattliches Lager", sagte sie schnell, um den Gatten zu prüfen, und winkte Eurykleia[1] herbei, „tragt das Bett aus der Kammer und bedeckt es mit Tüchern und Fellen!"

Zornerfüllt sprang da Odysseus empor: „Weib", rief er wütend, „wer hat es gewagt, mir das Bett von der Stelle zu rücken? War es ein Gott? Denn ein Mensch vermöchte wohl nicht, an meinem Lager zu rütteln. Ich selber habe es ja aus einem mächtigen Stamme gezimmert, dem Holz eines Ölbaums, um den herum ich vor Jahren mein Wohnhaus erbaute. Erst als das Dach schon fertig war, hieb ich dem Baum die Krone herunter, glättete seinen Stamm mit kunstreichem Hobel und schnitzte daraus die Pfosten und Leisten des Betts. So baute ich unser gemeinsames Lager, verzierte es noch mit Elfenbein, Silber und Gold und spannte die purpurnen Gurte aus biegsamer Rindshaut darüber. Wenn aber einer mein Bett jetzt verstellte, hat er zuvor den Baum von der Wurzel getrennt!"

So sprach er, da erkannte Penelope endlich das Zeichen. Weinend stürzte sie ihrem Manne entgegen, umarmte ihn zärtlich und sagte: „Zürne mir nicht, sondern verzeih meiner Torheit. Ich hatte nur Angst, es könnte mich einmal ein Fremder mit listigen Worten betrügen; die Menschen kennen ja mancherlei Ränke, und die Einsamkeit hat mich hilflos gemacht: woran soll ich die Lüge bemerken? Seitdem du davongingst, ist alle Freude dahin. Ach, die Götter ließen nicht zu, dass wir uns gemeinsam der Jugend erfreuten, um dann auch gemeinsam zu altern."

Wieder und wieder umarmte die Fürstin den heimgekehrten Odysseus, küsste ihm Hände und Stirn, schaute ihn an mit verlangenden Blicken und freute sich, wie sich der Schiffbrüchige freut, wenn er das Ufer erreicht.

Weinend standen sie beide und hielten einander umschlungen ... der Tag verging und die Nacht kam herauf, die Sterne verblassten, und die Morgenröte wäre erschienen, hätte nicht Athene die rosige Eos an den Meergrund gebunden und den Sonnengott gehindert, seine geflügelten Rosse zu schirren!

Die Zeit stand still, und die Liebenden plauderten weiter, Penelope sprach von den Freiern und Odysseus erzählte von Troja und den Abenteuern der Irrfahrt. Dann endlich schliefen sie ein, und die unsterblichen Götter bewachten den Schlaf.

Das Ende: Die Götter gebieten Frieden.

Odysseus erwartete sie vor dem Tor, Telemach, die Diener und sogar der alte Laertes standen bei ihm, um die Rächer zu töten. Da aber schleuderte Zeus einen flammenden Blitzstrahl hinunter vom Himmel, und Athene trat zwischen die Kämpfer und mahnte zum Frieden. Als sie die Göttin gewahrten, erschraken die sterblichen Männer, beugten sich alle dem himmlischen Willen und versöhnten sich dankbar. Von nun an war Friede; Liebe und Eintracht verband alle Menschen, und blühender Wohlstand beherrschte das Land. Odysseus war wieder zu Hause. Die Leiden hatten ein Ende. „So schließt die Geschichte vom Sohn des Laertes", sagte der Sänger, „die Homer als Erster erzählte. Auch andere haben nach ihm das Lied von der Heimkehr des Manns und der Treue der Frau in herrlichen Worten gesungen. Doch niemand sang schöner als jener Homer, der in Wahrheit nur der Mund der Musen war; die Musen aber, Kinder der Erinnerung und des himmlischen Vaters, sind unsterbliche Götter."

Ilias und Odyssee. Nacherzählt von Walter Jens. Otto Maier Verlag: Ravensburg 1987, S. 71 ff.

[1] **Eurykleia** = die alte Amme des Odysseus

- *Lesen Sie den Text aufmerksam durch und gliedern Sie ihn in sinnvolle Abschnitte.*
- *Fassen Sie die Handlung des jeweiligen Abschnitts mit eigenen Worten zusammen und benennen Sie den dazugehörigen Akteur bzw. die Akteure.*
- *Tragen Sie Ihre Ergebnisse in eine Tabelle ein.*

Best.-Nr. 022726

Baustein 2

Lyrisch unterwegs sein – Reisegedichte vom Barock bis zur Gegenwart

In diesem Baustein werden knapp zwanzig Gedichte über das Reisen zur Bearbeitung vorgestellt. Die Anordnung ist in diesem Fall im Wesentlichen diachronisch auf vier Arbeitsschritte verteilt. Beginnend mit drei Beispielen aus der Barockzeit (2.1), folgen Klassik und Romantik (2.2). Mit seiner Novelle „Aus dem Leben eines Taugenichts“ (1826) hat Joseph von Eichendorff das Reisemotiv als Aufbruch und Ausbruch aus der bequemen, aber als eng und langweilig erlebten Umgebung beispielgebend literarisch zum Ausdruck gebracht.[1] Bei Eichendorff und bei vielen seiner späteren Nachahmern hat das Reisen in die Natur und in die Geschichte viel zu tun mit einer Flucht aus der bedrückenden politischen Realität der Restaurationszeit. Sein Beispiel macht auch deutlich, dass die Reise gar nicht tatsächlich stattfinden muss. Damit ist auch ein Untersuchungsaspekt für die Betrachtung der folgenden Reisegedichte benannt: Geht es um die lyrische Gestaltung einer tatsächlichen Reiseerfahrung und/oder um einen Reisewunsch? In 2.3 finden sich epochenübergreifend Reisegedichte von Friedrich Hebbel bis Ringelnatz; auch hier kann es sich nur um eine sehr begrenzte exemplarische Auswahl handeln. Den Abschluss (2.4) bilden einige Gedichte von 1945 bis zur Gegenwart, die auch die Erfahrung des Exils (Mascha Kaléko) und der Migration (Molla Demirel) aufnehmen. Dabei spielt der Gesichtspunkt einer intensiven Erfahrung der Fremde eine Rolle.
Drei Klausurvorschläge mit Bewertungsbögen beziehen sich auf diesen Baustein (s. **Zusatzmaterial 1**, S. 180ff.).

2.1 Reisegedichte des Barock: Paul Fleming, Sibylla Schwarz und Andreas Gryphius

Paul Fleming: „An Deutschland“ (1646 e.)

„Mein Schall floh überweit. Kein Landsmann sang mir gleich.“ Mit diesen Worten auf seinem Grabstein in Hamburg hat sich Paul Fleming (1609–1640) treffend und selbstbewusst charakterisiert als Dichter und Weitgereister. Er deutet mit diesem Gedicht an, dass er mit seinen Reisen über viele Jahre vielleicht den Lebensbogen überspannt hat. In Reval wartete seine Verlobte auf ihn und eine bürgerliche Sesshaftigkeit hätte sein Leben vielleicht anders verlaufen lassen. Diese beiden ganz unterschiedlichen Lebenskonzepte, die ruhige Wohlsituiertheit daheim und das riskante Aufbrechen in die verlockende Fremde, wurden bereits am Beispiel von „Die beiden Gesellen“ als zentrales Motiv der Reisedichte angesprochen (s. Baustein 1.2.2, S. 18f.).
Zugleich wird in diesem Gedicht ganz deutlich, wie Fleming sich selbst und sein Leben rückschauend bewertet: Er sieht sich, wie aus dem Grabspruch hervorgeht, als einen unverwechselbaren und einzigartigen Dichter unter den Deutschen. Das ist bemerkenswert in einer Zeit, die durch Krieg und Chaos und eine umfassende Orientierungslosigkeit, insbesondere in religiös-weltanschaulicher Hinsicht, geprägt war.
Inhaltlich geht es in dem Gedicht „An Deutschland“ um ein lyrisches Ich, welches aus der

[1] Vgl. Lill, Klaus: Joseph von Eichendorff, Aus dem Leben eines Taugenichts. Paderborn: Schöningh 2000. Im Anhang dieser Ausgabe sind Reisegedichte von Eichendorff bis Wondratschek zusammengestellt.

Ferne an seine Mutter – gemeint ist Deutschland – schreibt und sich für die lange Abwesenheit entschuldigt, diese aber auch mit dem für die Barockzeit typischen Verweis darauf rechtfertigt, dass es seine Tugend unterwegs und in der Ferne nicht verloren habe, sondern diese eine stete Konstante seiner Person – an welchem Ort auch immer – bleibe. Der biografische Kontext des Gedichts legt eine große Nähe zwischen lyrischem Ich und Autor nahe, wie die Informationen auf dem **Arbeitsblatt 7** (S. 86) verdeutlichen.
Die Sprache des 17. Jahrhunderts ist Schülerinnen und Schülern heute fremd, deshalb ist eine erste Annäherung an das Sonett „An Deutschland“ (**Arbeitsblatt 7**, S. 86) über das laute Vorlesen sinnvoll; nach einem Lehrervortrag tragen einige Schülerinnen und Schüler das Gedicht ebenfalls mehrmals laut vor und versuchen, über eine korrekte Artikulation hinaus, den Rhythmus aufzunehmen und durch Betonungen eine erste Sinnerschließung vorzubereiten:

- *Lesen Sie das Gedicht mehrmals vor und versuchen Sie, den Sprechrhythmus hervorzuheben und die wichtigen Aussagen durch Betonungen und kurze Sprechpausen zu verdeutlichen.*
- *Beschreiben Sie den inhaltlichen Aufbau des Sonetts. Was steht jeweils im Zentrum der einzelnen Strophen und welche Struktur wird dadurch erkennbar?*

Je nach Vorwissen der Schülerinnen und Schüler kann an dieser Stelle auch die formale Gestalt des Gedichts mithilfe des Informationskastens auf dem Arbeitsblatt bestimmt werden.

Folgender Aufbau kann an der Tafel festgehalten werden:

Paul Fleming: „An Deutschland“ – Gedichtaufbau

1. Quartett **Selbstkritik**	• direkte Anrede, die auf die erwarteten Vorwürfe der Mutter reagiert • Eingeständnis einer verfehlten Jugendzeit • Bruch der Versprechen gegenüber der Mutter (Deutschland) • Zugeständnis der allzu langen Abwesenheit von zu Hause
2. Quartett **Reue**	• Bitte um Vergebung für Übermut und Verblendung • Reue über die tatsächliche Entfernung von der trostspendenden Heimat • Aber: Trotz Reue ist nichts an diesem Zustand zu ändern.
1. Terzett **erste Rechtfertigung im Hinblick auf äußere Gegebenheiten**	• Eingeständnis der eigenen Schwachheit, dies alles zu ändern, im Sinne einer Rechtfertigung
2. Terzett **letzte Rechtfertigung im Hinblick auf moralische Qualität des lyr. Ich (Schlusspointe)**	• Aber: 1. Zusicherung des ständigen Andenkens an die Mutter • 2. Zusicherung, dass das tugendhafte Leben nicht an den Ort gebunden ist, sondern eng mit der Person beständiger Teil der Persönlichkeit bleibt

Gerade der letzte Gedanke über die unverbrüchliche Beziehung von Tugend und Person zeigt die neuzeitliche Modernität Paul Flemings:

> „Die eigene Person als der göttliche Atomkern ist [...] die einzige Beständigkeit in einer haltlosen und unbeständigen Welt."[1] (Walter Hinderer)

Resümierend kann dieses Zitat des Literaturwissenschaftlers Walter Hinderer als stummer Impuls an die Tafel geschrieben werden und von den Schülerinnen und Schülern kommentiert werden. Deutlich werden sollte dabei, dass es den Menschen der Barockzeit vielfach nur möglich war, ihre moralische Qualität angesichts der konkreten Verhältnisse (vgl. z. B. den Dreißigjährigen Krieg mit all seinen Folgen) zu bewahren, um auf ein Leben nach dem Tod zu hoffen.

- *Erläutern Sie den Zusammenhang zwischen dem Zitat eines Literaturwissenschaftlers und dem Gedicht Flemings.*
- *Was meint er damit, wenn er von einer „haltlosen und unbeständigen Welt" spricht?*

Die Barockdichtung zeichnet sich durch eine eindrucksvolle Bildlichkeit aus, die in der Folge exemplarisch anhand von Vers 9 herausgearbeitet werden soll.

- *Erklären und erläutern Sie das Bild vom kleinen Boot und dem großen Schiff. Welche Intention verfolgt der Autor mit dieser Metapher?*

Das „große Schiff" (V. 9) verweist auf den herzoglichen Auftraggeber, dem sich das lyrische Ich als „schwaches Both" (V. 9) unterzuordnen hat. Die Metapher hebt in besonderer Weise die Ohnmacht des Menschen gegenüber den politischen Verhältnissen hervor. Das Individuum kann dem (nur) seine „Tugend" entgegensetzen (vgl. V. 14).

Eine produktive Sicherung der bisherigen Ergebnisse kann mithilfe des folgenden Auftrags erreicht werden:

- *Im Gedicht wendet sich das lyrische Ich an Deutschland, das als Mutter angesprochen wird. Schreiben Sie in Abwandlung der literarischen Form einen persönlichen Brief an Mutter Deutschland aus der Ferne, in dem Sie versuchen, die wesentlichen Aussagen sowie die Gefühlslage des lyrischen Ich zum Ausdruck zu bringen.*

Die auf diese Weise entstandenen Briefe werden vorgelesen und im Hinblick auf Vollständigkeit der Aussagen und vor allem in Bezug auf die Tonlage des Briefschreibers miteinander verglichen.

In einem anderen Sonett mit dem Titel „An sich", in dem Paul Fleming eine Art Selbstgespräch führt, um sich Mut zu machen, spielt der Dichter ebenfalls auf seine Weltreise an; die beiden letzten Verse lauten:

[1] Hinderer, Walter: Unromantischer Weg nach innen. In: Reich-Ranicki, Marcel (Hg): 1000 deutsche Gedichte und ihre Interpretation. Bd. 1, Insel: Frankfurt/M. 1995, S. 121

„Wer sein selbst Meister ist und sich beherrschen kan
dem ist die weite Welt und alles unterthan.“[1]

■ *Erläutern Sie diese beiden Gedichtverse, indem Sie eine Verbindung zum Gedicht „An Deutschland“ herstellen.*

Walter Hinderer fasst die Lage im Mitteleuropa des 17. Jahrhunderts so zusammen: „Als sie (die Verse Flemings) geschrieben wurden, war in der von Religionskrieg, Pestilenz und Terror verunsicherten Welt des siebzehnten Jahrhunderts in Deutschland der Optimismus der Renaissance fast erloschen; es herrschten vielmehr neben- und gegeneinander: allgemeine Verzweiflung und Unsicherheit, hektische Lebensfreude und religiöse Weltangst und Weltflucht.“[2]
Mit Sicherheit hat für Paul Fleming diese Erfahrung auch dazu beigetragen, dass er sich um des reinen Überlebens willen der Expedition nach Russland und Persien angeschlossen hat. Was vor allem von seinen Gedichten bleibt, ist die Zuversicht, dass eine innere Festigkeit und eine klare ethische Orientierung den besten Schutz in Zeiten allgemeiner Gewalt und Verwirrung darstellen, auch wenn diese Orientierung an den realen Verhältnissen nichts ändern konnte.

Sibylla Schwarz: „Auff die, so durch Reisen wollen berühmet werden“ (1650 e.)

Eine andere Antwort formuliert die jugendliche Dichterin Sibylla Schwarz (1621 – 1638), die mit siebzehn Jahren an einer Ruhrepidemie in ihrer Heimatstadt Greifswald starb, nachdem sie mehrmals vergeblich den verheerenden Kriegszügen zu entkommen versuchte. Ihr kurzes sechszeiliges Gedicht liest sich wie eine direkte Antwort auf Paul Fleming: „Auff die, so durch Reisen wollen berühmet werden“ (**Arbeitsblatt 8**, S. 87).

■ *Notieren Sie spontan, welche Botschaften für Sie im Titel stecken.*

Folgende Antworten sind zu erwarten:
- direkte Anrede an bestimmte Leute, die die Heimat verlassen
- Diese Leute sind egoistisch, ruhmbesessen, wollen mit ihrer Weltläufigkeit angeben.
- Ihr Selbstwertgefühl hängt ganz mit der Anerkennung von außen durch andere ab.
- Damit ist indirekt gesagt, dass für diese Leute wahre, innere, religiöse Werte nicht zählen; es handelt sich letztlich um Genussmenschen.

Aus der Biografie ist bekannt, dass die Dichterin stark religiös geprägt war; deshalb überraschen ihre Empfehlungen an die Reisewilligen nicht. Um sich der fremden Sprache zu nähern, sollen die Schülerinnen und Schüler die ersten vier Verse im Sinne moralischer Appelle in die Gegenwartssprache übertragen.

■ *Formulieren Sie die ersten vier Verse des Gedichts in eindringliche moralisch-religiöse Appelle um.*

[1] Echtermeyer: Deutsche Gedichte – Von den Anfängen bis zur Gegenwart, Auswahl für Schulen, herausgegeben von Elisabeth K. Paefgen und Peter Geist. Cornelsen: Berlin 2005, S. 86 f.
[2] Hinderer, Walter: Unromantischer Weg, a.a.O., S. 120

Im Folgenden geht es um die Metapher „freyen Pas“. Mit ihr wird im Sinne der Geisteshaltung des Barock bildhaft zum Ausdruck gebracht, dass der, der sich an die „Heilige Schrift“ hält, gewissermaßen einen „Freifahrtschein“ zu Gott und zum ewigen Leben nach dem Tod erhält.

- *Formulieren Sie, was aus der Befolgung dieser Empfehlungen resultiert; bemühen Sie sich dabei um eine treffende „Übersetzung“ der Aussage „der hat ein freyen Pas“.*

Es ist naheliegend, dass die tief religiöse Sibylla Schwarz bei ihrer Kritik an den arroganten Reisenden vor allem junge Männer aus adeligen Familien im Auge hatte, die in Begleitung eines gebildeten bürgerlichen Hauslehrers, sogenannte Kavalierstouren, vor allem nach Frankreich und Italien, machten. Dass es dabei auch um reine Vergnügungsreisen im Sinne des Carpe-Diem-Gedankens ging, kann vermutet werden. Deshalb bietet es sich an, Informationen zur Epoche des Barock einzubeziehen:

- *Stellen Sie das in den Gedichten vorherrschende Lebensgefühl in den Kontext der Epoche des Barock. Lesen Sie dazu den Informationstext auf dem Arbeitsblatt 8.*

Andreas Gryphius: „Als er aus Rom geschidn“ (e. 1646)

In dem Sonett „Als Er aus Rom geschidn“ (**Arbeitsblatt 9**, S. 88) von Andreas Gryphius (1616–1664) wird die Thematik der Kavalierstouren angesprochen. Dieses Reiseformat, eine Kombination aus Gelehrtenreise und adliger Kavalierstour, war im 17. und 18. Jahrhundert sehr verbreitet; in einem Reiseführer von 1718 heißt es dazu: „Gelehrte machen sich in der Frembde mit Gelehrten bekandt/besuchen fleißig die Klöster und Bibliothequen/frequentieren die Zusammenkünffte der Acadmien und gelehrten Sociaeteten/und was dergleichen zu ihrem propos dienet. *Politici* lassen sich oft bei Hofe sehen/bemühen sich um die Bekanntschafft mit Staats-Leuten und Ministern/versäumen keine publique Solemnitaeten/betrachten die Verfassung dieses oder jenen Staats/observiren die daselbst gebräuchliche maximen/und andere dergleichen Sachen.“[1] Schwerpunkte der zweijährigen Reise waren Paris und Rom. Das Gedicht ist eine Art Abschiedslied auf Rom.
In einer ersten Annäherung geht es um diese Situation des Abschieds von einem Ort, an dem man eine schöne Urlaubszeit verbracht hat. In einer Vierergruppe wird ein Ideenstern erstellt, der Eindrücke festhält, von denen man sich nun leider verabschieden muss.

- *Halten Sie in kurzen Formulierungen fest, wovon Sie sich beim Abschied von einem Urlaubsort trennen mussten.*

[1] Bausinger, Hermann u. a. (Hg.): Reisekultur. Von der Pilgerfahrt zum modernen Tourismus. Beck: München 1991, S. 47 f.

So könnte der Anfang des Ideensterns aussehen:

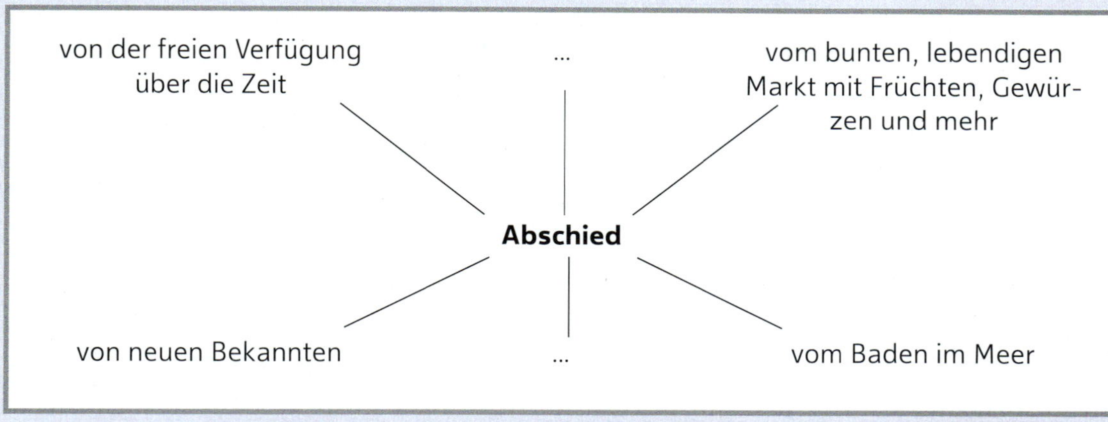

Die Ergebnisse der Gruppenarbeit werden im Plenum vorgestellt, so entsteht ein Eindruck von dem, was am Urlaubsort zurückbleibt und im Alltag zu Hause vermisst wird. Ganz anders ergeht es dem lyrischen Ich in Gryphius' Gedicht. Ähnlich wie bei Fleming liegt eine große Nähe zwischen Autor und lyrischem Ich vor.

- *Tragen Sie das Gedicht mehrmals laut vor und betonen Sie dabei, dass die Stadt Rom und ihre „Wunder“ persönlich angesprochen werden.*
- *Untersuchen Sie zunächst die beiden Terzette und notieren Sie, was genau der Dichter an Rom so geschätzt hat und was er nun beim Abschied zurücklassen muss.*

Gryphius zeichnet ein Bild Roms, welches geprägt ist von der christlich orientierten Barockkunst als Spiegel göttlicher Pracht, die zu erfassen dem Menschen nicht möglich ist. In diesem Sinne kann der Schlussvers „Man kann euch nicht satt mit zwey Augen schauen.“ in zweifacher Hinsicht gedeutet werden: Der Sprecher des Gedichts kann sich einerseits nicht sattsehen, andererseits reicht seine begrenzte menschliche Auffassung nicht aus, um die überdauernde Pracht Gottes (vgl. auch das zweite Terzett) aufzunehmen – auch das ein typisches Element der Barockzeit.

- *Sprechen Sie über die unterschiedlichen Gefühlslagen, die mit solchen Abschiedssituationen verbunden sind, und über mögliche Gründe dafür.*
- *Wie charakterisiert Gryphius die Stadt Rom? Formulieren Sie für die zwei Quartette je eine passende Überschrift.*
- *Wie erklären Sie sich die Superlative, mit denen Rom ausgezeichnet wird (z. B. „Stadt der nichts gleich gewesen“, V. 1)?*

Das zweite, auf den ersten Blick schwer zugängliche Quartett spielt auf die wechselvolle Geschichte Roms an. Sinngemäß kann die Strophe folgendermaßen übersetzt werden:

Du, deren Asche/Reste/Ruinen man nicht ohne Weiteres mit einem Besen
Auf einen Haufen kehren kann, in dem man sich bemüht,
die schlechten Zeiten zu finden (weicht, trübe Jahre! Weicht)
Du bist nach dem Verfall (wieder) erhöht worden, nach langem Daniederliegen genesen.

Daraus ergibt sich ein weiterführender Arbeitsauftrag:

- *Was genau sind die „trüben Jahre" Roms, von denen Gryphius spricht, von denen sich die Stadt aber wieder erholt hat?*
- *Warum ist es dem Sprecher möglicherweise so wichtig, darauf hinzuweisen?*

Im Mittelalter war aus der Hauptstadt des Römischen Weltreiches mit ca. 1,5 Millionen Einwohnern eine unbedeutende Provinzstadt mit knapp 30000 Menschen geworden.[1] Der erneute Aufstieg wird in Vers 4 des zweiten Quartetts angesprochen. Auch hier ist wieder die typisch religiöse Implikation der Barockzeit erkennbar. Die Zerstörungskraft des Menschen kann dem christlich-katholischen Zentrum („Du herrlichs Vatican", V. 11) auf Dauer nichts anhaben.
Bemerkenswert ist diese Aussage auch deshalb, weil Gryphius protestantischen Glaubens war. Vielleicht ist es ein Ausdruck einer insgesamt toleranten, an gemeinsamen christlichen Ideen orientierten Grundhaltung.

2.2 „Lustig in die Welt hinein ..." – Reisegedichte aus Klassik und Romantik

Das Reisemotiv ist in der Literatur der Romantik prominent vertreten, man denke nur an die von Franz Schubert vertonten Liederzyklen „Die schöne Müllerin" und die „Winterreise" von Wilhelm Müller. Sein Lied „Das Wandern ist des Müllers Lust" mit der Melodie von Carl Friedrich Zöllner ist auch heute noch bekannt. Aber auch die Klassiker, Goethe zumal, haben Reisegedichte geschrieben. In der hier vorgelegten Auswahl ist Goethe mit dem bekannten Gedicht „Auf dem See" (**Arbeitsblätter 10–11**, S. 89f.) in der späten Fassung von 1789 vertreten. Aus der Vielzahl möglicher und geeigneter Beispiele aus der Epoche der Romantik wurden – auch wegen der motivbezogenen Vergleichsmöglichkeiten – folgende Texte ausgewählt: „Der Luftschiffer" von Karoline von Günderode (**Arbeitsblatt 12**, S. 91), „Zuversicht" von Ludwig Tieck (**Arbeitsblatt 13**, S. 92), „Mut" von Wilhelm Müller (**Arbeitsblatt 14**, S. 93) „Frische Fahrt" von Joseph von Eichendorff (**Arbeitsblatt 16**, S. 95). In den Vorschlägen für Klausuraufgaben findet sich ein weiteres romantisches Gedicht (**Zusatzmaterial 2**, S. 184). Eingeschoben ist ein Epochenprofil zur Romantik (**Arbeitsblatt 15**, S. 94).
An den romantischen Gestaltungsformen des Reisemotivs zeigt sich exemplarisch die Ambivalenz des Reisens bis in die gegenwärtige Tourismusdebatte: Reisen kann einerseits (gedankliche) Flucht aus dem als problematisch oder auch nur unangenehm empfundenen Hier und Jetzt sein (Eskapismus), zugleich aber auch der mutige Versuch, der Welt, so wie sie ist, eine Gegen-Welt zu präsentieren, die aufscheinen lässt, wie sie sein könnte. Die Überzeugungskraft dieser romantischen Gesellschaftskritik liegt nicht zuletzt darin, dass sie sich teilweise auf tatsächliche Erfahrungen des Reisens und Wanderns beruft und nicht nur theoretisch vorgetragen wird. Sie ist eine Einladung an alle, die bereit sind, sich auf einen Weg zu machen, dessen Zweck und Ziel nicht garantiert ist. Die Titel der genannten Gedichte formulieren diese Einladung mit einem gewissen Pathos: Nur Mut!

Johann Wolfgang von Goethe: „Auf dem See" (1775/89)

Das früheste Gedicht in dieser Zusammenstellung „Auf dem See" (**Arbeitsblatt 11**, S. 90) schrieb Goethe (1749–1832) in einer ersten Fassung 1775. Es ist auf einer Reise mit Freunden in die Schweiz entstanden, die man als Flucht aus einer Liebesbeziehung sehen kann. Er hatte seine Verlobung mit der Frankfurter Bankierstochter Lili Schönemann aufgelöst, weil

[1] Vgl. dazu folgenden kurzen Überblick zur Stadtgeschichte: www.lettre.de/beitrag/deramo-marco_das-wahre-rom (19.06.2018).

deren Eltern damit nicht einverstanden waren, und sich mit den beiden Grafen Stolberg und dem Grafen Haugwitz in die Schweiz begeben.
Am 15. Juni 1775 unternahm er mit weiteren Freunden eine Bootsfahrt auf dem Zürichsee. Goethe suchte die äußere Distanz, um diese menschliche, ihn emotional bedrängende Krise innerlich zu verarbeiten.
Die hier vorgelegte Fassung des Gedichts ist Produkt einer Überarbeitung und erschien 1789. Die erste Fassung ist unmittelbar nach der Bootsfahrt entstanden und besitzt als Teil von Goethes Tagebuch keinen Titel.
Der irritierte Dichter schlüpft bei dem Gedicht in ein lyrisches Ich und versucht, im Kontakt mit der Natur wieder in eine harmonische innere Balance zu kommen. Das Gedicht bildet diesen Prozess ab.
Ein Foto von einem Ausschnitt des Zürichsees (**Arbeitsblatt 10**, S. 89) soll einen ersten Zugang zum Gedichttext eröffnen:

- *Sehen Sie sich das Foto vom Zürichsee an – Welche Formen von Natur können Sie erkennen?*
- *Wie würden Sie die Stimmung oder Atmosphäre bezeichnen, die von der fotografierten Natur ausgeht?*

Die Schülerinnen und Schüler sollen sich in der Folge das Gedicht (**Arbeitsblatt 11**, S. 90) in Gruppen lesend erschließen; dabei sollten sie mit verschiedenen Tempi und Lautstärken experimentieren; eine Orientierungshilfe geben dabei die Ruf- und Fragezeichen. Ohne eine weitergehende inhaltliche Begründung wird man sich in einem Austausch über die Vortragsvarianten darauf verständigen, dass die zweite Strophe eine Sonderstellung einnimmt und auch innerhalb der ersten Strophe Unterschiede gemacht werden sollten.

- *Tauschen Sie sich in Ihrer Gruppe nach einem stillen Lesedurchgang zunächst über den Text aus.*
- *Überlegen Sie anschließend gemeinsam, wie das Gedicht anschaulich vorgetragen werden kann, um die Grundstimmung in den einzelnen Strophen zu verdeutlichen.*
- *Präsentieren Sie Ihren Vorschlag dem Plenum und kommen Sie darüber ins Gespräch.*

In einem nächsten Erarbeitungsschritt geht es um den Gedichtaufbau. Dabei spielen zwei Aspekte eine besondere Rolle: die Beziehung zwischen dem lyrischen Ich und der Natur und der zeitliche Prozess, in dem das Geschehen auf dem See geschildert wird. Anders formuliert: die sich verändernde Wechselbeziehung von Innen (lyrisches Ich) und Außen (Natur/Situation auf dem See).

- *Versuchen Sie, den inhaltlichen Aufbau des Gedichts zu beschreiben. Beachten Sie dabei die jeweilige Beziehung des lyrischen Ich zur natürlichen Umgebung. Die Sinnabschnitte fallen nicht notwendig mit den Strophengrenzen zusammen.*
- *Ordnen Sie den identifizierten Abschnitten zusammenfassende Inhaltsaussagen zu.*
- *Klären Sie, welche Rolle jeweils das lyrische Ich und die Natur spielt.*

Ein mögliches Ergebnis dieses Arbeitsauftrages kann in Tabellenform so dargestellt werden (Tafelbild):

Johann Wolfgang von Goethe: „Auf dem See" – Der inhaltliche Aufbau		
Textabschnitt	**Inhaltsaussage**	**Rolle von Mensch und Natur**
Strophe 1: Verse 1 – 4	Das lyrische Ich genießt das Gefühl der Freiheit, es schöpft aktiv neue Kraft. Es dankt Mutter Natur, bei der es sich im engen Körperkontakt geborgen fühlt.	Das lyrische Ich steht im Vordergrund. Aktivität und Gefühl des Aufgehobenseins gleichermaßen
Strophe 1: Verse 5 – 8	Das Boot wird im Takt vom Wasser bewegt; die Berge kommen auf das Boot zu.	Parallele Aktion von Natur (Welle und Berge) und Mensch („Rudertakt", V. 6)
Strophe 2: Verse 9 – 12	Unterbrechung des äußeren Geschehens: Abwendung vom Außen – Hinwendung zum Inneren, wo Träume aufkommen. Versuch des lyrischen Ich, diese zu vertreiben und sich dem realen Ort zu öffnen	Aktion des lyrische Ich nach innen („Träume", V. 10f.) und wieder nach außen („Hier", V. 12)
Strophe 3: Verse 13 – 18	Das lyrische Ich lässt sich im Boot treiben. Die Zeit schreitet fort, Übergang von der Nacht (Sterne) zum frühen Morgen (Nebel und Wind)	Ein harmonisches Bild vom frühen Morgen auf dem See: Es ist ruhig, der See liegt weitgehend glatt.
Strophe 3: Verse 19 – 20	Die glatte Seeoberfläche lässt das Bild einer „reifende(n) Frucht" (V. 20) erkennen.	Das lyrische Ich erkennt sich im Spiegel der Seeoberfläche auf dem Weg der Reifung. Die Konfrontation mit der Natur provoziert einen Entwicklungsprozess: Wiederherstellung der persönlichen Balance nach der Krise.

Auffällig an diesem Gedicht ist neben der Inhaltsstruktur die formale Gestaltung, die parallel zum Aufbau verläuft und das Erleben des lyrischen Ich in besonderer Weise mit Merkmalen eines Gedichts zum Ausdruck bringt. Diese gilt es, in der Folge fachsprachlich zu benennen und zu funktionalisieren. Sollten die Schülerinnen und Schüler Probleme damit haben, können sie das **Zusatzmaterial 3**, S. 190 ff. zurate ziehen.

- *Beschreiben Sie die lyrische Form des Textes und beziehen Sie diese in eine entsprechende Deutung mit ein.*

Die lyrische Form des dreistrophigen Gedichts und deren Bedeutung

Strophe	Formelemente	Bedeutung
1	• acht Verse • überwiegend Zeilensprünge (Enjambements) • Wechsel von vierhebigen und dreihebigen Jamben • ausschließlich stumpfe Kadenzen bzw. männliche Reime • zwei Kreuzreime	• Verdeutlichung der Ruderbewegung • Dynamik • Verbundenheit von Mensch und Natur
2	• vier Verse • ausschließlich Zeilenstil • vierhebiger Trochäus • paarweise klingende und stumpfe Kadenzen • Paarreim, nachfolgend weiblich und männlich • zwei betonte Silben zu Beginn des letzten Verses	• Erschrecken des lyrischen Ich • Antithese aus Traum und Hier und Jetzt • Betonung der besonderen Bedeutung des „Hier" (V. 12)
3	• acht Verse • unregelmäßiges Metrum • Zeilensprünge • zwei Kreuzreime (ein unreiner Reim) • überwiegend klingende Kadenzen und weibliche Reime	• entspanntes Schaukeln im Boot • Anpassung an den unregelmäßigen Wellengang • Akzentuierung des letzten Wortes im letzten Vers

Exemplarisch kann an dieser Stelle auch die sprachliche Gestaltung in den Blick genommen werden, weil diese in besonderer Weise die Gedichtaussage unterstützt.

- *Beschreiben Sie zentrale sprachliche Auffälligkeiten (rhetorische Figuren) der ersten Strophe.*
- *Tauschen Sie sich im Detail darüber aus, welche Funktion diese haben.*

Folgende rhetorische Figuren können z. B. identifiziert werden:

Vers 1	Alliteration „Nahrung, neues"; Symbol („neues Blut")
Vers 1 und 2	Metapher „Saug ich […]", „frische" – „freier"
Vers 3 und 4	Interjektion (Ausruf); Personifikation („Natur […] hält")
Vers 5	Alliteration und Personifikation „Welle wieget"
Vers 7 und 8	Personifikation („Berge […] Begegnen")

Die Ergebnisse der Form-und Sprachanalyse des Gedichts werden im Plenum besprochen und es wird eine möglichst vollständige und korrekte Übersicht für alle sichergestellt.
Es empfiehlt sich, das Gedicht jetzt noch einmal vorzutragen unter Berücksichtigung der inhaltsbezogenen Interpretation und der formalen Analyse, um zu fragen, in welcher Weise die Form des Gedichts die inhaltlichen Aussagen stützt. Dazu ist Folgendes festzuhalten:

- Auffälligstes sprachliches Merkmal ist die Personifikation; sie signalisiert: Die Natur begegnet dem lyrischen Ich als personales Gegenüber.
- Der Ausruf deutet einen emotionalen Erregungszustand des lyrischen Ich an.
- Reim und Metrum unterstreichen in ihrer Regelmäßigkeit eine harmonische, schwingende Grundstimmung.

Eine entsprechende Untersuchung der Strophen 2 und 3 kann nach diesem Beispiel durchgeführt werden. Hier wird man Abweichungen gegenüber der ersten Strophe feststellen und darlegen, auf welche inhaltlichen Bedeutungsverschiebungen sie hinweisen.

In der Folge sollen noch einmal einige inhaltliche Details des Gedichts in den Blick genommen werden.
Die dritte Spalte der Tabelle auf S. 51. und die erarbeiteten Formelemente zeigen ein Hin und Her, ein sich abwechselndes in Aktion-Treten von lyrischem Ich und der natürlichen Umgebung. Die zweite Strophe bildet dabei eine Art Scharnier, hier tritt die äußere Umgebung ganz zurück, erkennbar daran, dass das lyrische Ich zunächst gar keine Außenwahrnehmung mehr hat, vielmehr ausschließlich auf sein Inneres gerichtet ist. Diese wiegende Bewegung entspricht dem sanften Wellengang auf dem See.
Einige Stellen im Gedichttext sind deutungsoffen, ja rätselhaft. So ist nicht klar, was in Vers 2 mit „aus freier Welt" gemeint sein könnte. Es geht um die Natur und nicht um Welt. Bei freier Welt denkt man an eine Form zwischenmenschlicher Beziehungen im politischen Kontext. Vor allem dann in der zweiten Strophe die Verse 10 bis 12:

„Goldne Träume, kommt ihr wieder?
Weg, du Traum, so Gold du bist;
Hier auch Lieb' und Leben ist."

Um dies zu erarbeiten, können folgende Impulse formuliert werden:

- *Lesen Sie noch einmal die zweite Strophe. Woher könnten die erwähnten Träume kommen?*
- *Haben Sie eine Erklärung dafür, warum sie vertrieben werden sollen, wenn sie doch aus Gold sind?*
- *Was könnte mit der trotzig wirkenden Antwort gemeint sein?*
- *Wie bewerten Sie die Grundhaltung des lyrischen Ich? Finden Sie aktuelle Bezüge für diese Grundhaltung.*

Die Schülerinnen und Schüler werden in diesem Zusammenhang darauf verweisen, dass die Träume als Illusionswelt verstanden werden können und sich auf ein Erleben beziehen, welches keine reale Grundlage hat. Es geht um eine Flucht vor und aus der Wirklichkeit, die verlockend sein kann, aber auch gefährlich.

Im Hinblick auf die Deutungsoffenheit gilt Ähnliches für die beiden letzten Verse: Handelndes Subjekt ist die „reifende Frucht", die sich im See „bespiegelt". Die Vermutung, dass es sich um wirkliche Früchte handelt, die über dem Wasser hängen, ist nicht naheliegend. Versteht sich das lyrische Ich als eine Person, die sich mit sich selbst konfrontiert und in dieser Verdoppelung/Spiegelung mehr über sich erfahren hat und in dieser Erfahrung reifer wird? In dieser Weise kann die Reise, das Unterwegssein für den modernen Menschen eine Chance eröffnen, im Spiegel der Begegnung mit dem anderen bzw. der fremden Umgebung sich zu entwickeln oder wieder zu sich selbst zu finden.

- *Lesen Sie noch einmal die beiden letzten Verse. Wie deuten Sie das darin enthaltene Spiegelmotiv und „die reifende Frucht“ (V. 20)?*
- *Stellen Sie einen Zusammenhang her mit dem Thema „Reisen“.*

Es dürfte sich darüber hinaus in jedem Fall lohnen, mit den Schülerinnen und Schülern im Anschluss an diese Verse darüber ins Gespräch zu kommen, an welche durchaus krisenhaften Situationen sie sich erinnern, die Anlass dafür gaben, die Frage nach dem eigenen Standort in der Welt und im Verhältnis zu sich selbst zu stellen. Wie und wo vollzog sich dieser Prozess? Wie bei Goethe, in einer schönen, harmonischen Natur in angemessener Entfernung vom Zuhause, oder ganz anders?

- *Haben Sie schon einmal Ähnliches erlebt, wie das lyrische Ich in Goethes Gedicht, z. B. eine unangenehme und krisenhafte Situation zu durchleben und anschließend zu sich selbst zurückzufinden? Spielte dabei möglicherweise auch das Reisen eine Rolle? Tauschen Sie sich mit Ihrem Sitznachbarn oder Ihrer Sitznachbarin darüber aus.*

Vielleicht spüren einige auch den Impuls, solche Erlebnisse in irgendeiner Form festzuhalten, ihnen Ausdruck zu verleihen. Goethe hat ein Gedicht geschrieben, aber es könnte auch anders gehen.

- *Schreiben Sie ausgewählte Erfahrungen, über die Sie sich ausgetauscht haben, in literarischer Form (Gedicht, Fabel, Kurzgeschichte ...) auf und präsentieren Sie Ihren Text – wenn Sie es wollen – dem Plenum oder aber auch nur Ihrem Sitznachbarn oder Ihrer Sitznachbarin.*

Anfangs wurde Goethes biografische Situation angesprochen, die als Hintergrund, vielleicht als Auslöser für das Reisegedicht zu sehen ist. Als Abschluss der inhaltlichen Beschäftigung mit dem Gedicht „Auf dem See“ könnte im Plenum diskutiert werden, ob man den lyrischen Text ohne diese Information, ohne jedes Vorwissen anders interpretieren würde.

- *Diskutieren Sie darüber, ob Sie das Gedicht anders verstanden hätten, wenn Ihnen der biografische Hintergrund nicht bekannt gewesen wäre.*

Abschließend bietet es sich an, einen entsprechenden Epochenbezug herzustellen, was im konkreten Fall vor allem deshalb interessant ist, weil das Gedicht sowohl Merkmale des Sturm und Drang als auch der Klassik enthält.
Zum einen erinnert der kraftvolle, gefühlsbetonte Gedichtanfang an das Lebensgefühl des Sturm und Drang, zum anderen zeigt das Ende mit dem Bild der „reifende[n] Frucht“ (V. 20) und des harmonischen Erlebens Elemente der Klassik.

- *Lesen Sie die beiden Informationstexte zu den Epochen Sturm und Drang und Klassik auf dem Arbeitsblatt 11 und stellen Sie Bezüge zum Gedicht her.*

Karoline von Günderode: „Der Luftschiffer“ (1802/04)

Das Gedicht „Der Luftschiffer“ (s. **Arbeitsblatt 12**, S. 91) von Karoline von Günderode (1780–1806) ist inspiriert durch den Traum vom Fliegen. Seit der Geschichte von Dädalus und Ikarus aus der griechischen Mythologie ist dieses Motiv verbunden mit dem tödlichen Absturz aus der Höhe als Strafe für die menschliche Überheblichkeit.
Um 1800 hatte die Luftschifffahrt einen ganz konkreten Hintergrund. Die Brüder Montgolfier hatten den Heißluftballon entwickelt; nach ersten Versuchen mit Tieren an Bord des Luft-

schiffes hoben am 21. November 1783 zwei Männer mit dem Ballon ab und überlebten einen knapp 30-minütigen Aufenthalt in den Lüften. In einem zeitgenössischen Bericht von 1786 heißt es: „Wetteifernd setzten die Erfinder ihre Versuche fort. Sie fügten ihrem Ball ein Schifchen hinzu und luden solches mit lebendigen Geschöpfen. Die Maschine hob sich ans Firmament, kam wieder, und brachte die Thiere – die ersten Luftschiffer – wohlbehalten zurück. Nun wagten es die Menschen. Pilatre ist jener Held, der die erste Luftreise unternahm, und durch die Erfahrung bewies, dass die Luft wie das Wasser schifbar sey. [...]“[1] Karoline von Günderode muss von diesen ersten Experimenten mit Heißluftballons gehört haben, vielleicht hat sie sogar selbst einen aufsteigen sehen. Die ersten 12 Verse ihres Gedichts schildern die Eindrücke des lyrischen Ich, die geprägt sind von Faszination und Ehrfurcht bei der Fahrt durch die Lüfte. Diese Reaktionen liegen begründet in der Fähigkeit, sich von den physikalischen Gesetzmäßigkeiten zu befreien und den Sternen näher zu kommen.
Eine Zäsur wird nach dem Vers 12 deutlich. Die Interjektion „Aber ach!“ (V. 13) signalisiert die Rückkehr auf den Boden der Tatsachen, was dem lyrischen Ich seine Begrenzung (vgl. V. 15) vor Augen führt. Diese Rückkehr ist dabei kein willentlicher Akt, sondern schließlich ist es der Himmel, der es zurückweist (vgl. V. 16). Damit bleibt das Übersteigen der irdischen Gesetzmäßigkeiten eine Traumvorstellung, die darauf hindeutet, dass sich die Autorin, die mit Sicherheit eine große Nähe zum lyrischen Ich aufweist, aus ihrem realen Leben wegsehnt und dafür das Bild des „Luftschiffer[s]“ verwendet. Wie in vielen romantischen Gedichten geht es also auch hier darum, in der Wirklichkeit erfahrene Begrenzungen in einer fiktiven Welt aufzuheben und damit im wahrsten Sinne des Wortes Entgrenzungen zu ermöglichen.

Vorgeschlagen wird, dass sich jeweils zwei Schülerinnen oder Schüler den Text lesend erschließen und einen entsprechenden Vortrag erarbeiten. Möglich ist es z. B., den Text im Sinne einer Rede und Gegenrede (vgl. die beiden Textabschnitte) zu inszenieren, sich im Raum dabei zu bewegen, das den Sprechrhythmus beeinflussende Metrum (vgl. die immer wiederkehrenden Daktylen) im Vortrag aufzugreifen oder mit körpersprachlichen Mitteln zu arbeiten (Blick in die Ferne, auf den Boden ...).

- *Bereiten Sie zu zweit einen anschaulichen Vortrag des Gedichts vor. Agieren Sie dabei mit wechselnden Sprechern, mit Bewegungen im Raum, mit besonderen Stimmfarben, mit körpersprachlichen Elementen usw.*

Folgende Impulse können den sich anschließenden Erarbeitungsprozess leiten:

- *Beschreiben Sie den inhaltlichen Aufbau des Gedichts.*
- *Zählen Sie auf, welche konkreten und welche fantasierten Erscheinungsformen am Himmel das lyrische Ich bei seiner Fahrt durch die Lüfte erlebt und welche Emotionen diese in ihm auslösen.*

[1] In: Wawrzyn, Lienhard: 99 romantische Gedichte. Wagenbach: Berlin 1983, S. 118

Wahrnehmungen des lyrischen Ich bei seiner Fahrt in die Lüfte

Wahrnehmungen	Reaktionen/Emotionen
• „blauliche[r] Ozean[…]“	• Gefühl der Weite und Unendlichkeit
• „leuchtende[…] Sterne“	• Staunen und Versinken
• „ewige[r] Äther“	• Gefühl des Aufgehens im Universum
• „die Schriften der Sterne“	• Bewusstsein, zu verstehen
• „heilige[r] Rhythmus“	• Erfahren der ewigen Weltharmonie
• „Klang“	• akustische Wahrnehmung der ewigen Gesetzmäßigkeiten

„Habe dem Irdischen ganz mich entwandt“
Versuch des lyrischen Ich, den Zwängen des Alltags zu entfliehen

- *Die Verse 8–12 spielen auf die sogenannte Sphärenmusik an, eine Vorstellung aus der griechischen Antike; informieren Sie sich, was genau damit gemeint ist, und erklären Sie vor diesem Hintergrund die Gedichtzeilen.*[1]
- *Der Vers 7 fasst die Erfahrungen des lyrischen Ich während der Luftreise zusammen. Versuchen Sie, diese Bilanz mit Ihren Worten auszudrücken; tauschen Sie sich im Plenum über Ihre Deutungsversuche aus und verständigen Sie sich auf eine verbindliche Formulierung.*

Entsprechend kann das Tafelbild oben ergänzt werden.

- *Untersuchen Sie jetzt den 2. Teil des Gedichts (Verse 13–20): Wie erlebt das lyrische Ich die Rückkehr von dieser fantasierten Reise?*
- *Sehen Sie in der Aussage dieses Gedichts eine Relevanz für die heutige Zeit?*

Entscheidend ist, dass die Rückkehr schmerzlich erlebt wird, weil dem lyrischen Ich deutlich seine Grenzen aufgezeigt werden. „Das Gesetz der Schwere“ (V. 17) ist mehr als ein physikalischer Sachverhalt, es ist metaphorisch ein Zeichen für die Begrenztheit der menschlichen Existenz insgesamt, der sich keiner entziehen „darf“ (V. 19).

Das Gedicht „Der Luftschiffer“ wirft weiterhin die Frage nach der Beziehung von Traum (Tagtraum/Wunschtraum) und der Wirklichkeit im Leben der Autorin und grundsätzlich auf. Dabei geht es vor allem um die Frage nach der Legitimität von Träumen in einer Welt, die extreme Begrenzungen verlangt.

- *Lesen Sie die Kurzbiografie Karoline von Günderodes und suchen Sie hier mögliche Erklärungen für den Widerspruch von Traum und Wirklichkeit.*[2]
- *„Wer sich in Tagträumen verliert, verliert die Kraft, seine Welt zu verändern.“ „Wer ohne Träume ist, hat keine Vorstellung davon, wie es anders sein könnte.“ Nehmen Sie zu diesen konträren Positionen Stellung.*

1 https://de.wikipedia.org/wiki/Sphärenharmonie (20.06.2018)
2 https://de.wikipedia.org/wiki/Karoline_von_Günderrode (20.06.2018): Hier finden sich weitere Hinweise auf ausführlichere Biografien.

Sowohl das lyrische Ich in Goethes Gedicht als auch der Luftschiffer sind mit einem Kahn oder Ruderboot, mal auf dem See, mal in der Luft unterwegs; in beiden Gedichten geht es um das Verhältnis von Traum und Wirklichkeit. Im wirklichen Leben wie auch in den beiden Gedichten erweist sich das Ich bei Goethe als eines, das letztlich der Realität gerecht wird und sich in der Auseinandersetzung mit ihr entwickelt, während dem Ich in „Der Luftschiffer" die irdische Begrenztheit klar wird, aus der es kein Entkommen gibt.

- *Vergleichen Sie abschließend die in den beiden Gedichten zum Ausdruck kommenden Lebensentwürfe. Berücksichtigen Sie dabei auch das Motiv des „Reisens" und dessen unterschiedliche Ausgestaltung. Wählen Sie weitere relevante Vergleichskriterien.*

Möglich ist es, zunächst im Unterrichtsgespräch diese Vergleichskriterien zu benennen, die einen Vergleich strukturieren. Die Ergebnisse können in einer Tabelle festgehalten und entsprechend präsentiert werden:

Vergleichskriterium	„Auf dem See"	„Der Luftschiffer"
Aufbruchsmotiv	Wiedergewinn der Freiheit	Flucht aus der Wirklichkeit
Ort der Reise	See	Lüfte
Art der Reise	Bootsfahrt	fantasierte Ballonfahrt
besondere Erlebnisse	Kraftgewinn durch die Natur, Geborgenheit, Gefühl des Getragenseins	Faszination, Erkennen der himmlischen Ordnung, Abgehobensein
Ergebnis der Reise	Entwicklung und Festigung der Persönlichkeit	Erfahrung der Begrenztheit, Rückkehr auf den Boden der Tatsachen

Aus diesem Erarbeitungsschritt kann die schriftliche Aufgabe resultieren, die beiden Gedichte in einem strukturierten Text miteinander zu vergleichen. Hilfen dazu finden sich im **Zusatzmaterial 3**, S. 190ff.

- *Vergleichen Sie die beiden Gedichte. Führen Sie den Leser oder die Leserin Ihrer Arbeit kurz in beide Texte ein und wählen Sie anschließend relevante Vergleichskriterien und führen diese differenziert aus.*

Folgende produktive Aufgabe schließt den Erarbeitungsprozess ab:

- *Stellen Sie sich vor, die beiden lyrischen Ichs würden zusammentreffen und in ein Gespräch verwickelt. Schreiben Sie zu zweit dieses Gespräch auf und sprechen und spielen Sie es.*

Ludwig Tieck: „Zuversicht" (1798) und Wilhelm Müller: „Mut!" (1821/22)

„Zuversicht" und „Mut!" (**Arbeitsblatt 13**, S. 92 und **Arbeitsblatt 14**, S. 93) lauten die beiden Titel der romantischen Reisegedichte von Ludwig Tieck (1773–1853) und Wilhelm Müller (1794–1827). Es geht – in jeweils einem Wort prägnant zusammengefasst – um menschliche Haltungen oder Einstellungen der Welt gegenüber auf der Grundlage des Reisemotivs.

Es sind jeweils an die Person gebundene Qualitäten, die einen Grundoptimismus ausstrahlen. Neben diesen Gemeinsamkeiten hört man zugleich Unterschiede heraus, vor allem in Bezug auf die Intensität der zugrunde liegenden Gefühle: Mut – bei Wilhelm Müller noch durch das Ausrufezeichen verstärkt – ist das deutlich kräftigere Gefühl mit einer Art Schubkraft, Dinge zu bewegen, während Zuversicht eher in sich ruht. Bei der Zuversicht geht es um einen Bezugspunkt außerhalb seiner selbst; aus einer zuverlässigen (religiösen) Beziehung erwächst diese Haltung. Mut dagegen ist vor allem selbstbezüglich, ich spreche mir selbst Mut zu und ermutige andere, es auch zu tun. Der genauere Blick auf die beiden Gedichttexte wird die Gemeinsamkeiten und Unterschiede aufzeigen.

Zunächst sollen die Schülerinnen und Schüler in Einzelarbeit ihre Assoziationen zu den Begriffen „Zuversicht“ und „Mut“ notieren:

- *Was sind für Sie „Zuversicht“ und „Mut“ als persönliche Haltungen bzw. Einstellungen? Denken Sie an Beispiele menschlichen Verhaltens, in denen sich diese Haltungen zeigen.*
- *Halten Sie Ihre Überlegungen in Notizen schriftlich fest; werten Sie die Stoffsammlung aus, indem Sie Gemeinsames und Unterschiede der mit den Begriffen verbundenen Grundhaltungen feststellen.*
- *Tauschen Sie sich anschließend in einer Gruppe über Ihre Ergebnisse aus.*

Die Ergebnisse können folgendermaßen im Unterrichtsgespräch an der Tafel skizziert werden.

Zuversicht	**Mut**
• optimistische Haltung	• optimistische Haltung
• gebunden an eine positive Erfahrung	• Kraft zur Veränderung
• Vertrauen auf etwas außerhalb der Person • …	• selbstbezogen, individuell … • …

Ludwig Tieck: „Zuversicht“ (1798)

Für das Verständnis des Gedichts „Zuversicht“ (**Arbeitsblatt 13**, S. 92), welches zunächst erschlossen werden soll, spielt der Aufbau des Textes eine wichtige Rolle; zwei der sieben Strophen haben einen beschreibenden und fünf einen appellierenden Charakter.
Auf diesen Aspekt richtet sich der erste textbezogene Arbeitsauftrag:

- *Finden Sie heraus, wie das Gedicht aufgebaut ist. Sehen Sie sich die Abfolge der sieben Strophen an und unterscheiden Sie appellierende und beschreibende Abschnitte/Strophen.*
- *Halten Sie die Arbeitsergebnisse in einer Tabelle fest.*

Der Aufbauplan des Gedichts „Zuversicht“ kann folgendermaßen dargestellt werden:

Ludwig Tieck: „Zuversicht“ – Textaufbau

Strophe	Inhaltliche Aussage/Funktion	Appell oder Beschreibung
1.	einleitender Appell an alle Menschen	„Wohlauf!“, „Geht munter [...] Und wandelt“
2. und 3.	Vorbild Natur: Sie ist immer in Bewegung.	Strom, Wind, Mond, Sonne
4.	erneuter Appell an den Menschen	„wandle durch den Hain/Und sieh die Fremde gern“
5.	verstärkter Appell	Das Glück wartet nicht.
6.	letzte Appelle	„Lass Sorgen sein und Bangigkeit!/[...] Dem Glücke nur vertrau’.“
7.	Zusage für das Gelingen des Aufbruchs ins Leben	„Und jedes Herz wird glücklich sein/Und finden, was es sucht.“

- *Lesen Sie jetzt das Gedicht laut vor und heben Sie durch variierende Lautstärken und Geschwindigkeiten im Vortrag den Gedichtaufbau und den Wechsel von beschreibenden und appellierenden Phasen hervor.*
- *Woraus resultiert die vom Sprecher des Gedichts eingeforderte Zuversicht? Berücksichtigen Sie dabei auch das Verhältnis von Mensch und Natur.*

Der Dichter Ludwig Tieck gibt in seinem Gedicht offene und indirekte Hinweise darauf, worauf die Zuversicht sich letztlich gründet:

- vor allem und sichtbar auf die Naturerscheinungen; sie sind immer in Bewegung und kennen keinen Stillstand,
- auf die allgemeine Lebenserfahrung, die zeigt: „Es wechselt Freude stets mit Leid“ (V. 23),
- auf die Zusage an den Menschen, dass er vom „Himmel“ eingeschlossen, d.h. geschützt ist und wie die Natur Teil der Gesamtschöpfung ist, ein zentraler Gedanke der romantischen Weltsicht.

Handelt es sich bei Ludwig Tiecks Gedicht „Zuversicht“ um ein typisches Beispiel romantischer Literatur? Zu dieser Frage erhalten die Schülerinnen und Schüler das **Arbeitsblatt 15** (S. 94) mit folgenden Aufträgen:

- *Erschließen Sie sich zu zweit die Darstellung, indem Sie für Ihren Sitznachbarn bzw. Ihre Sitznachbarin fünf bis zehn Fragen formulieren, auf die der Text eine Antwort gibt. Tauschen Sie die Fragen entsprechend aus und beantworten Sie diese.*
- *Fassen Sie anschließend die im Text genannten Merkmale der Romantik stichwortartig zusammen.*

■ *Begründen Sie, in welcher Weise das Gedicht „Zuversicht" als ein typisch romantisches bezeichnet werden kann.*

Entscheidende Merkmale der Epoche, die auch weitgehend in dem Gedicht sichtbar sind, sind:

- die ursprüngliche Einheit von Mensch und Natur,
- der gemeinsame Ursprung von Mensch und Natur in der göttlichen Schöpfung,
- Möglichkeit eines entsprechenden Grundvertrauens, sich aufzumachen und zu „reisen",
- Realisierung in Dichtung und Fantasie,
- Rückgewinnung des „Goldenen Zeitalters",
- ...

■ *„Und sieh' die Fremde gern." (V. 16) Erläutern Sie abschließend diesen Vers auf der Grundlage der Epochenmerkmale.*

Der Gedanke von der Einheit von Mensch und Natur schafft das Gefühl der Zuversicht, sich positiv denkend und handelnd auf alles einzulassen, was auf den ersten Blick fremd und vielleicht sogar bedrohlich erscheint.

■ *Wie beurteilen Sie eine solche Grundhaltung? Worin sehen Sie ihre aktuelle Bedeutung?*

Wilhelm Müller: „Mut!" (1821/22)

Die Gedichte Wilhelm Müllers (1794–1827) sind vor allem durch ihre Vertonungen durch Franz Schubert bekannt geworden. Das Gedicht „Mut!" (**Arbeitsblatt 14**, S. 93) ist die Nummer 22 in dem Liederzyklus „Die Winterreise". Es gibt zahlreiche Interpreten dieser Lieder.[1] Zur Einstimmung der Textuntersuchung wird eine dieser Einspielungen vorgestellt, z. B. die von Thomas Quasthoff.

■ *Welche Stimmung geht von der Musik aus? Welche musikalischen Mittel werden eingesetzt (Tempo, Lautstärke, Tonart ...), um welche Wirkungen zu erzeugen?*

■ *Welcher Typ Mensch verbirgt sich Ihrer Meinung nach hinter dem lyrischen Ich?*

■ *In welchen im Text beschriebenen Handlungen kommt dieser Menschentyp zum Ausdruck?*

Das Gedicht handelt von einem lyrischen Ich, das energisch, kraftvoll, aktiv und optimistisch seiner Welt begegnet. Selbst oder gerade wenn innere Ängste (vgl. V. 3) oder „Klagen" (V. 8) aufkommen, reagiert das lyrische Ich nicht mit einem Rückzug, sondern aktiv – „Sing ich hell und munter." (V. 4) – oder diesen Seelenzustand ignorierend: „Höre nicht [...] Fühle nicht" (V. 5 ff.).
Der zentrale Appell des Gedichts findet sich im Vers 9: „Lustig in die Welt hinein". Bezug nehmend auf den Titel kann man ergänzen: „Sei mutig und dann lustig ..."

■ *„Sei mutig und dann lustig ..." – So könnte man den Gedichttitel umschreiben. Verdeutlichen Sie in einem Plenumsgespräch, was diese sehr allgemein gefasste Aufforderung konkret bedeuten könnte. Dabei ist zu beachten, dass*

1 Vgl. den Eintrag „Die Winterreise" bei Wikipedia: https://de.wikipedia.org/wiki/Winterreise (20.06.2018).

der Dichter nicht zu einem Aufbruch in die Natur motivieren will, sondern den Begriff „Welt" verwendet. Beziehen Sie in diesem Zusammenhang auch die letzten beiden Verse mit ein.

- *Wie beurteilen Sie so eine Sicht auf die Welt und den Menschen?*

Anders als in dem Gedicht „Zuversicht", in dem das lyrische Ich zurückgreifen kann auf eine religiöse Bindung, erwächst in dem Gedicht von Müller dem lyrischen Ich der Mut gewissermaßen aus ihm selbst, ein Gedanke, der aus der religiös geprägten Romantik hinausführt – hin in eine säkulare, existenzialistische Betrachtungsweise des Menschen. Dort, wo kein göttliches Schöpfungsprinzip erkennbar ist, „[s]ind wir selber Götter" (V. 12).

Den meisten Raum im Gedicht nimmt die Aufzählung der Widerstände ein, die das lyrische Ich und den Menschen davon abhalten könnten, in die Welt aufzubrechen, sowie die eindringlichen Ratschläge, wie man mit diesen Widerständen umgehen sollte.

- *Untersuchen Sie die ersten beiden Strophen und stellen Sie fest, welche Art von Hindernissen das lyrische Ich davon abhalten könnten, in die Welt aufzubrechen. Benennen Sie die Strategien des lyrischen Ich, mit diesen Herausforderungen umzugehen.*
- *Halten Sie die Ergebnisse in übersichtlicher Form fest.*
- *Wie beurteilen Sie die Wirksamkeit der Strategien?*

Entscheidend ist, dass Müller von einem Menschenbild ausgeht, das geprägt ist vom Zutrauen des Menschen in sich selbst und in andere.

Vers	Widerstände	Strategien
1 und 2	Schneetreiben trübt die Sicht (nach vorn).	einfach abschütteln
3 und 4	Im Herzen regen sich bange Gefühle.	Sie werden durch lauten Gesang zum Verstummen gebracht.
5–8	Die Sorgen und Ängste des Herzens klagen.	Die Ohren werden verschlossen, die Gefühle „abgestellt".

Für die Gesamtdeutung des Gedichts ist auch die Pronomenstruktur wichtig. Geht es zunächst ausschließlich um eine subjektive Haltung (vgl. „mir", „ich", „mein"), ist im Schlussvers von „wir" die Rede. Das Personalpronomen schließt den Leser bzw. die Leserin mit ein und zeigt, dass es hier nicht um den einzelnen Menschen geht, sondern um den Menschen allgemein und um das Zutrauen in seinen Mut, verstärkt durch das Ausrufezeichen im Titel.

- *Schauen Sie sich die Pronomenstruktur (Verwendung der Pronomen) des Gedichts an. Was fällt Ihnen auf? Erläutern Sie, welche Funktion damit verbunden ist.*
- *Verfassen Sie abschließend einen persönlichen Kommentar zur zentralen „Botschaft", die in diesem Gedicht steckt.*

Joseph von Eichendorff: „Frische Fahrt" (1810/15)

Den Abschluss in diesem Abschnitt des Bausteins 2 bildet die Untersuchung des Reisegedichts „Frische Fahrt" (**Arbeitsblatt 16**, S. 95) von Joseph von Eichendorff (1788 – 1857). Der Dichter hat diesen Text selbst als programmatisch verstanden; es stellt das einleitende Motto der Gedichtsammlung „Wanderlieder" dar. Der inhaltliche Schwerpunkt der Interpretation liegt auf der Frage, wie sich in diesem Gedicht „der romantische Geist" (Rüdiger Safranski) in seiner Vielgestaltigkeit und Widersprüchlichkeit ausdrückt. Auch die Frage nach der Beziehung zum Religiösen und zum Unbewussten wird eine Rolle spielen. Als Annäherung an die sprachliche Gestaltung des Gedichts dient folgende Schreibaufgabe, die in Einzelarbeit durchgeführt wird:

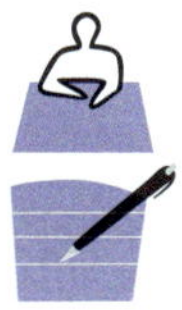

- *Schreiben Sie ein Gedicht mit dem Titel* ***„Fahren"*** *und verwenden Sie dabei u. a. folgende Wörter:*
  Verben: schießen/geschossen, fließen/geflossen, locken, treiben, fahren, flammend;
  Adjektive: bunt, wild, magisch, mutig, blind;
  Nomen/Substantive: Frühling, Fluss, Wind, Glanz.
  Die Verse müssen sich nicht reimen, es ist auch kein bestimmtes Metrum vorgegeben; achten Sie auf einen in Bezug auf das Wortmaterial geeigneten Rhythmus.

Das Eichendorff-Gedicht wird in einem nächsten Schritt über das Hören aufgenommen. Der bekannte Rezitator Lutz Görner hat „Frische Fahrt" zum Vortrag gebracht.[1] Die Schülerinnen und Schüler hören sich diese Rezitation an; anschließend werden einige der selbst geschriebenen Texte vorgelesen. Daran schließt sich eine Gesprächsrunde im Plenum an:

- *Äußern Sie sich zur Art des professionellen Vortrags: übertrieben, angemessen? Tauschen Sie sich darüber aus.*
- *Tragen Sie einige Ihrer eigenen Gedichte vor und vergleichen Sie diese mit dem Original: Welche Ähnlichkeiten in der Ausführung, in der thematischen Bearbeitung stellen Sie fest? Welche Unterschiede treten offenkundig zutage?*

Vergleichbar mit dem Gedicht „Auf dem See" eignet sich „Frische Fahrt" für eine Analyse der für die Epoche typischen sprachlichen Merkmale. Im Zentrum soll dabei vor allem die Bildhaftigkeit stehen, mit der die Natur in besonderer Weise poetisch beschrieben wird. Natur wird nicht als wissenschaftlich erfass- und erfahrbar beschrieben, sondern mit menschlichen Eigenschaften ausgestattet wie ein verführerischer Partner bzw. eine verführerische Partnerin. Die Struktur des Gedichts macht deutlich, dass diese Verführung gelingt. Auf die Faszination, die von der Natur ausgeht (vgl. Strophe 1), reagiert das lyrische Ich in der zweiten Strophe, indem es der Verlockung nachgibt.

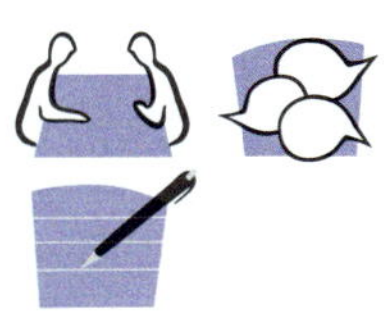

- *Analysieren Sie ausgewählte sprachliche Bilder und weitere rhetorische Figuren aus dem Gedicht „Frische Fahrt" und erläutern Sie deren Wirkung. Berücksichtigen Sie dabei vor allem die Darstellung der Natur. Arbeiten Sie mit einer Tabelle.*

[1] www.youtube.com/watch?v=cikOYLABqG8 (20.06.2018)

Joseph von Eichendorff: „Frische Fahrt" – Die sprachliche Gestaltung

Formulierung	sprachliche Gestaltung/ Besonderheit	Wirkung/Funktion
„Laue Luft [...] blau geflossen" (V. 1)	Assonanz (ähnlich klingende, dunkle Vokale), Alliteration	Verstärkung der harmonisch-idyllischen Naturbewegung
„Frühling, Frühling soll es sein!" (V. 2)	...	...
...	...	...
	↓ **äußerst verdichtete Bildhaftigkeit**	↓ **Darstellung der Faszination**

■ *Im übertragenen Sinne und unter Rückgriff auf die Überschrift könnte man sagen, dass dieses Gedicht zunehmend Fahrt aufnimmt. Weisen Sie dieses Steigerungsprinzip am Inhalt, an der sprachlichen Gestaltung und an der lyrischen Form nach.*

Mögliche Lösung:

- Aus der lauen Luft wird der treibende Wind.
- Die akustischen Signale steigern sich bis zu tausend Stimmen.
- Aus dem lichten Schein wird die Morgenröte (Aurora).
- Der Trochäus erzeugt von Beginn an ein hohes, sich steigerndes Tempo.
- Der Zeilenstil wirkt stakkatohaft und geht im Einzelfall in ein Enjambement über.
- Die distanziert wirkende (Selbst-)Ansprache geht in der zweiten Strophe über in klare Ich-Aussagen.
- ...

In einem nächsten Erarbeitungsschritt wird das lyrische Ich genauer untersucht und in seinen Reaktionen differenzierter interpretiert. Deutlich sollte dabei werden, dass es sich in diesem Fall nicht um eine symmetrische Beziehung handelt. Das lyrische Ich liefert sich beinahe willenlos aus, und zwar mit der Gefahr, unterzugehen bzw. ohne eine Orientierung zu haben.

■ *Markieren Sie die auffälligen Formulierungen im Gedichttext, in denen das lyrische Ich sich artikuliert und zeigt, welche Rolle es gegenüber der Natur spielt. Erstellen Sie eine Übersicht aus zentralen Textzitaten und deren Deutung.*

Textzitat	Bedeutung
„Lockt dich“ (V. 8)	Objektrolle
„Und ich mag mich nicht bewahren!“ (V. 9)	Aufgabe jeglicher Zurückhaltung
„treibt mich“ (V. 10)	Objektrolle
„will ich fahren“ (V. 11)	starker, ichgesteuerter Bewegungsdrang
„selig blind“! (V. 12)	fehlende Selbstreflexion
„ich mag nicht fragen“ (V. 15)	Zurückhaltung
	↓ **Verlust der Ich-Kontrolle**

Ist die „Frische Fahrt“ eine eindringliche Mahnung, es **nicht** zu machen wie das lyrische Ich? Wird das blinde Auflösen aller menschlichen und religiösen Bindungen böse Folgen haben, eine Fahrt in den Abgrund hinunter bewirken?
Egon Schwarz schreibt über „Frische Fahrt“:

> „Das lyrische Ich, seines Willens beraubt (‚treibt mich der Wind‘), kümmert sich nicht mehr um das Ziel seiner Reise, aber der Hörer ahnt Übles.“[1]

Dieser Hinweis legt es nahe, Eichendorffs Gedicht eher als Mahnung und weniger als Ermutigung zum Aufbruch zu verstehen.
Ganz anders interpretiert Lienhard Wawrzyn die beiden letzten Verse des Gedichts:

> „[…] das ist wieder ein Programm, antibürgerlich das Leben nicht von hinten zu denken, von der Pensionierung und vom Grabhügel her, sondern vom Augenblick, von dem, was hier und jetzt wünschbar ist.“[2]

Die beiden Zitate werden entweder vorgelesen oder an die Wand projiziert und im offenen Unterrichtsgespräch kommentiert.

Alternativ ist es auch möglich, die beiden Zitate an sich gegenüberliegenden Wänden aufzuhängen. Die Schülerinnen und Schüler stellen sich dann auf einer gedachten Linien zwischen den Zitaten auf und nehmen eine bestimmte Position auf dieser Linie ein, die deutlich machen soll, welche Meinung sie selbst einnehmen. Anschließend kommen sie mit denjenigen ins Gespräch, die in ihrer Nähe stehen.

- *Führen Sie, ausgehend von den beiden unterschiedlichen Interpretationen, eine abschließende Diskussion über die mögliche Aussage des Gedichts „Frische Fahrt“.*

1 Schwarz, Egon: Vergangenes Lebensgefühl. In: Reich-Ranicki, Marcel (Hg.): 1000 deutsche Gedichte ..., a. a. O., Bd. 3, S. 291
2 Wawrzyn, Lienhard: 99 romantische Gedichte, a. a. O, S. 163

2.3 „Und manchmal schwebst du leicht und wunderbar" – Reisegedichte von Hebbel, Ringelnatz, Trakl und Heine – Das 19. Jahrhundert

Bei der Auswahl der vier Reisegedichte waren vor allem inhaltliche Aspekte ausschlaggebend, d. h. die Frage nach der poetischen Gestaltung eines interessanten Reisemotivs. Die Anordnung folgt keiner strengen Chronologie, zumal nicht immer ganz eindeutig zu klären ist, wann das jeweilige Gedicht entstanden bzw. welches zuerst erschienen ist.

In Friedrich Hebbels (1813 – 1863) Gedicht „Der junge Schiffer" (**Arbeitsblätter 17 – 18**, S. 96 f.) ist der Aufbruch zur Reise mit dem Bild des auslaufenden Segelschiffs verbunden, wie es der Dichter in Holstein oder auch Hamburg sicher vor Augen hatte. Anders als bei Johann Gottfried Herder (s. Baustein 3, S. 123) in Riga geht das lyrische Ich selbst nicht an Bord. Die Reise verbleibt sehnsuchtsvoll im Kopf, obwohl die Umstände verlockend sind.

Das „Reisegeldgedicht" (**Arbeitsblatt 19**, S. 98) von Joachim Ringelnatz (1883 – 1934) spricht schon im Titel ein ganz banales Reisethema an, das nötige Geld. Kein Wunder, denn der Autor musste seine Reisekasse ein Leben lang mühsam mit Einkünften aus diversen, schlecht bezahlten Jobs und Kleinkunstaktivitäten bedienen. Doch er hat in diesem Fall das Glück, dass er seinen Reisekoffer begleiten darf!

Mit Georg Trakl (1887 – 1914) und dem Auszug aus dem Gedicht „Der Spaziergang" (**Arbeitsblatt 20**, S. 99 f.) ist ein bekannter Autor aus dem expressionistischen Jahrzehnt vertreten. In diesem Fall wird auch ein Epochenbezug hergestellt.

Den Abschluss in dieser Zusammenstellung bildet das Gedicht „Wo?" (**Arbeitsblatt 21**, S. 101) von Heinrich Heine (1797 – 1856), der auch in Baustein 3 mit einem Text aus den „Reisebildern" vertreten ist. In diesem Gedicht wird das Motiv der Lebensreise, und zwar vom Ende aus gesehen, thematisiert.

Friedrich Hebbel: „Der junge Schiffer" (1836)

Viele Schülerinnen und Schüler werden schon einmal die Situation erlebt haben, in der ein traditionelles Segelschiff sich anschickt, den Hafen zu verlassen, um aufs offene Meer hinauszufahren. Das ist für viele ein bewegender Moment, der Fernweh auslöst, gerade wenn man zurückbleiben muss. Beim Ablegen der riesigen Kreuzfahrtschiffe wird diese Situation professionell inszeniert: Das Schiffshorn tutet, die glücklichen Schiffsreisenden stehen winkend an der Reling, die Zurückgebliebenen und Schaulustigen winken zurück. Und dazu erklingt aus den Schiffslautsprechern die passende Musik.

Die Schülerinnen und Schüler werden aufgefordert, sich in diese Situation hineinzuversetzen, indem sie ein Bild (s. **Arbeitsblatt 17**, S. 96) und Musik einen Moment auf sich wirken lassen.

- *Schauen Sie sich das Foto des traditionellen Segelschiffs an; welche Gefühle, Gedanken und Wünsche löst es bei Ihnen aus?*
- *Hören Sie sich dazu die Auslaufmusik der Aida an;*[1] *kommen neue Gefühle hinzu, werden bestimmte verstärkt, was verändert sich durch die Kombination von Foto und Musik?*
- *Schreiben Sie ganz spontan Ihre Assoziationen auf. Wenn Sie mögen, bringen Sie die Notizen in eine Gedichtform oder in die Form einer Reisetagebuchnotiz.*

---

[1] www.youtube.com/watch?v=cvGNvWKDa3I (20.06.2018)
Dieser Eintrag ist derzeit ca. 1.100-mal kommentiert worden, u. a. so: „Wenn ich die Auslaufmusik von AIDA höre, bekomme ich immer Gänsehaut! Danke für das Hochladen!"
AIDA Sailaway von Martin Lingnau

- *Vielleicht entspricht die musikalische Untermalung nicht gerade Ihrem Geschmack; machen Sie auf die Situation bezogen eigene Vorschläge, die durchaus auch einen Kontrast darstellen können.*

Die Ergebnisse werden im Plenum vorgestellt und gemeinsam besprochen. In einem nächsten Schritt wird der Gedichttext „Der junge Schiffer“ von Friedrich Hebbel (s. **Arbeitsblatt 18**, S. 97) eingebracht.

- *Lesen Sie sich das Gedicht „Der junge Schiffer“ aufmerksam durch. Erkennen Sie Parallelen zu den von Ihnen verfassten Texten?*

Das Gedicht besitzt eine klare inhaltliche Struktur, die im Folgenden beschrieben werden soll, um einen Textüberblick zu erhalten:

- *Versehen Sie die drei Strophen jeweils mit Überschriften. Was ist das Besondere an diesem inhaltlichen Aufbau? Berücksichtigen Sie dabei auch, welche Erwartungen der Gedichttitel auslöst.*

Diese könnten etwa so lauten und an der Tafel festgehalten werden:

Friedrich Hebbel: „Der junge Schiffer“ – Gedichtaufbau

1. Das **Schiff** wird zum Auslaufen bereit gemacht.
2. Auf See wird es von der **Meeresumgebung** begrüßt
3. Der **junge Seemann** fragt sich, wo sein Platz ist.

Aus dieser Inhaltsübersicht wird die Sonderstellung der 3. Strophe deutlich: Erst hier geht es um den im Titel angekündigten Schiffer, der offensichtlich gar keiner ist, weil er zurückbleibt. Im Zentrum steht die vom jungen Schiffer beobachtete Welt, nicht er selbst.

In der Folge wird zunächst die erste Strophe in den Blick genommen.

- *Untersuchen Sie, in welcher sprachlichen Form die einzelnen Vorbereitungen/Voraussetzungen zum Ausdruck gebracht werden, bevor das Schiff auslaufen kann.*
- *Wie deuten Sie diese Darstellung? Beachten Sie dabei auch die Rolle, die der Mensch in dem Geschehen spielt.*

Friedrich Hebbel: „Der junge Schiffer" – Sprachliche Form

Vers	Formulierung	sprachliche Besonderheit
1	„Dort bläht ein Schiff die Segel,	Subjekt ist das Schiff, Personifikation
2	frisch saust hinein der Wind!	Inversion: das Adverb betont die Aktivität des Windes, verstärkt durch den Ausruf.
3	Der Anker wird gelichtet,	Ein anonym bleibendes Subjekt vollzieht die Handlung.
4	das Steuer flugs gerichtet,	Auch hier entfällt die Nennung des Subjekts (Es muss schnell gehen.). Passivgebrauch
5	nun fliegt's hinaus geschwind."	Das Subjekt wird „unterdrückt", aber es ist klar, dass das Schiff gemeint ist. Metaphorik

↓

subjektfreies Geschehen, alles geschieht wie von Geisterhand

- *Analysieren Sie in ähnlicher Weise die zweite Strophe. Konzentrieren Sie sich dabei auf die Darstellung des Wasservogels und des „Fischlein[s]" (V. 9).*
- *Überlegen Sie, in welcher Weise die besondere Darstellung der Meerestiere die Vorstellung des jungen Fischers, der im Sinne des Titels der Hauptakteur sein sollte, vorbereitet.*

Die zweite Strophe setzt das Prinzip der subjektfreien Strophe fort und steigert dieses noch. „Kühn" ist nicht der Fischer, sondern ein Wasservogel (vgl. V. 6), der Gast ist nicht ein Mensch, sondern das Schiff, das wiederum nicht von Menschen begrüßt wird, sondern von besagtem Wasservogel und Fischen.
Die Tatsache, dass es das Schiff und die Meeresumgebung sind, die Aktivitäten zeigen, deutet voraus auf die Passivität des jungen Schiffers, der zwar alle Voraussetzungen mitbringt, in die Welt zu reisen, letztlich aber an seinem Ort verharrt.

Die Bearbeitung der dritten Strophe kann mit folgendem Schreibauftrag eingeleitet werden:

- *Lesen Sie noch einmal die dritte Strophe und tauschen Sie sich mit Ihrem Sitznachbarn oder Ihrer Sitznachbarin darüber aus, was das Besondere an dem jungen Fischer ist.*
- *Schreiben Sie den lyrischen Text der dritte Strophe in einen inneren Monolog des jungen Fischers um.*

So könnte der Anfang lauten:

> Nun habe ich mich doch im letzten Moment dagegen entschieden, das Schiff zu besteigen! Eigentlich war alles für die Fahrt vorbereitet und ich habe mich schon gefreut. Ich bin ja jung und möchte fremde Länder und Menschen kennenlernen, aber ...

Auf der Grundlage der vorgelesenen inneren Monologe soll nun noch einmal die dritte Strophe differenziert im Hinblick auf die Zeichnung des Schiffers und die sprachliche Umsetzung bearbeitet werden.

- *Weisen Sie an der dritten Strophe nach, um welchen Menschentyp es sich bei dem jungen Schiffer handelt.*

Der junge Schiffer

Eigenschaften	Darstellung/Sprache
• äußert einen Wunsch, setzt diesen aber nicht um • entspricht nicht den Erwartungen eines Schiffers • kennt diese Erwartungen jedoch • bringt vordergründig für einen Aufbruch die nötigen Voraussetzungen mit (Jugend) • hat kein Ziel	• Irrealis, Konj. II • Ellipse • Ausruf • Zeilenstil • Alliteration • Wechsel von Frage und Ausruf • reimloser erster Vers (Waise) • regelmäßiger dreihebiger Jambus
↓	↓
Die Persönlichkeit verhindert den Antritt der Reise, obwohl die Voraussetzungen gegeben sind.	Die Darstellung zeigt die innere Zerrissenheit und Widersprüchlichkeit des jungen Schiffers.

- *Vergleichen Sie abschließend die Grundhaltung des jungen Schiffers mit der des lyrischen Ich in Eichendorffs Gedicht „Frische Fahrt“. Wer ist Ihnen näher? Begründen Sie dies.*

Der zentrale Vergleichspunkt ist die Tatsache, dass im Gedicht Eichendorffs das lyrische Ich sich auf die zur Reise einladende Umgebung (blind) einlässt, während der junge Schiffer – aus nicht klar genannten Gründen – eine Reise nicht antritt, obwohl vieles dafür spricht. In beiden Fällen geht es um eine Grundhaltung dem Reisen und dem Leben gegenüber.

Joachim Ringelnatz: „Reisegeldgedicht“ (1932 e.)

Stefan Zweig verfasste 1926 einen Reiseessay „Reisen oder Gereist – Werden“ und beschrieb darin bereits wichtige Aspekte des heutigen Massentourismus. Die Frage nach dem eigentlichen Subjekt des Reisens stellt sich auch nach der Lektüre von Joachim Ringelnatz’ Gedicht „Reisegeldgedicht“ (**Arbeitsblatt 19**, S. 98).
Der Text wird zunächst in einer stillen Lesephase aufgenommen, um dann einige Male laut vorgetragen zu werden. Wenn man von dem letzten Vers ausgeht, sollte sich das Gedicht „vergnügt“ anhören, so entspricht es jedenfalls der Stimmung des lyrischen Ich. Es preist nicht wie andere in seiner Umgebung das vertraute Zuhause, sondern macht sich vergnügt auf die Reise, begleitet von seinem Reisekoffer, der sein Fernweh artikuliert, und seinem Reisegeld, welches ausgegeben werden will. Vergnügt blickt das lyrische Ich ebenfalls bereits bei der Abfahrt auf die Rückkehr voraus. Der leicht (selbst-)ironische Ton resultiert daraus, dass sich in diesem Gedicht die bekannten Verhältnisse beim Reisen vordergründig umgekehrt haben. Der übliche Protagonist des Reisens, im Gedicht das lyrische Ich, wird

gereist, andere Akteure bzw. die Requisiten bestimmen z. B. über Anfang (Reisekoffer) und Ende der Reise (ausgegebenes Geld). Der Schlüsselsatz lautet: „Ich muß verreisen." (V. 4) Ironisch sind es die Requisiten, die dieses einfordern, jedoch dürfte der eigentliche Antrieb in dem Wunsch zu sehen sein, zu der vertrauten Umgebung auf Distanz zu gehen. Diese erlebte Distanz ermöglicht es dann wiederum, „neu vergnügt nach Hause" (V. 16) zu kommen – ein vielen bekanntes Reisemotiv.

- *Bereiten Sie einen anschaulichen Gedichtvortrag vor. Versuchen Sie, dabei den leicht vergnüglichen Grundton zu treffen.*
- *Handelt es sich beim lyrischen Ich um jemanden, der gern oder nicht gern verreist? Begründen Sie Ihre Auffassung mit dem Text.*
- *Das lyrische Ich bricht zu einer Reise auf und lässt die, die „Heim und Heimat laut […] preisen" (V. 2), zurück. Stellen Sie diese Situation in Form eines Standbildes dar.*

Die Standbilder sollten die vergnügliche Stimmung des lyrischen Ich im Kontrast zu den vielleicht griesgrämigen Zurückbleibenden verdeutlichen.

Die vergnügliche Stimmung des lyrischen Ich spiegelt sich im Text in der insgesamt heiter-ironischen Darstellungsweise, die im Folgenden herausgearbeitet werden soll:

Joachim Ringelnatz: „Reisegeldgedicht" – Ironie

Ironie	Textnachweis
• Darstellung der Zurückbleibenden	• Alliteration „Heim und Heimat" (V. 2), übertrieben feierliche Sprache („preisen", V. 2)
• Verweis auf die Notwendigkeit des Reiseantritts (Distanz zum Umfeld)	• Modalverb „muß" (V. 4)
• Aktivität des Reisekoffers, freundschaftliche Erlaubnis, ihn zu begleiten	• Personifikation (vgl. V. 6 ff.)
• Zurückgebliebene als Adressaten von (recht frohen) Ansichtskarten	• Antithese, Alliteration (vgl. V. 11/12)
• …	• …

- *Markieren Sie im Text solche Stellen, die in besonderer Weise ironisch wirken.*
- *Vergleichen Sie das lyrische Ich aus diesem Gedicht von Ringelnatz mit dem kleinen Tiger und dem kleinen Bär aus der Geschichte von Janosch. Was bringt den Protagonisten die Reise?*
- *Haben Sie selbst schon vergleichbare Erfahrungen gemacht?*

Zentraler Vergleichspunkt ist die in beiden Texten durchscheinende Motivation für das Verreisen. Die Protagonisten kommen jeweils „neu vergnügt nach Hause" (V. 16), was die Frage aufwirft, worin der Gewinn der/einer Reise bestehen kann.

Georg Trakl: „Der Spaziergang“ (1913)

Reisen bedeutet immer auch das Durchschreiten eines Raumes und den Erwerb von Erfahrungen, die durch dieses Durchschreiten gemacht werden. Auf einem Spaziergang wird eine intensive, entschleunigte und verdichtete Raumerfahrung ermöglicht. Auch wenn es auf den ersten Blick etwas konstruiert erscheint, ist dieses Merkmal doch eines, das Trakls Gedicht „Der Spaziergang“ im weiteren Sinne als Reisegedicht auszeichnet.[1]
In den ersten beiden Strophen seines expressionistischen Gedichts (s. **Arbeitsblatt 20**, S. 99 f.), von dem nur die ersten drei Strophen berücksichtigt werden, nimmt Georg Trakl seine Leserinnen und Leser mit auf einen Spaziergang. Man kann den Vorgang recht eindeutig auf einen heißen Nachmittag im Hochsommer verlegen. Der parataktische Satzbau und der dazu passende Zeilenstil tragen dazu bei, dass Vers für Vers ein ganz eigenes Bild im Gehen entsteht. Zunächst werden nur die ersten beiden Strophen langsam und mit einer angemessenen Pause am Ende der jeweiligen Zeile vom Lehrer bzw. von der Lehrerin vorgelesen. Die Schülerinnen und Schüler schließen die Augen, lassen die Worte auf sich wirken und entwickeln innere Bilder zum Gehörten.

- *Hören Sie dem Gedichtvortrag mit geschlossenen Augen zu.*
- *Tauschen Sie sich zu zweit darüber aus, was Sie während des kurzen „Spaziergangs“ gesehen haben.*
- *Gleichen Sie die Ergebnisse mit Ihren Mitschülerinnen und Mitschülern ab.*
- *Lesen Sie jetzt die beiden ersten Strophen. Listen Sie auf, welche Objekte und Orte von dem Sprecher des Gedichts wahrgenommen werden.*
- *Welche Sinne sind dabei aktiv? Setzen Sie die Tabelle fort.*

Georg Trakl: „Der Spaziergang“ – Wahrgenommene Objekte und beteiligte Sinne

Vers	wahrgenommene Objekte	beteiligte Sinne
1	Wald	Hören
2	Kornfeld, Vogelscheuchen	Sehen
3	Holunderbüsche, Weg	Fühlen?
4	Haus	Sehen?
5	Sonnenschein, Gewürz	Riechen
6	Stein (Wegmarkierung?)	Sehen
7	Wiese, Kinder	Sehen
8	Baum	Sehen?

diffuse Aneinanderreihung von Objekten **Vielfalt der Sinneswahrnehmungen**

[1] Vgl. Neubauer, Hans-Joachim: Reim und Reise. Lyrik. Wer nicht mehr sucht, der bleibt zu Hause. Gedichte öffnen den Blick in ein anderes Blau. In: Rheinischer Merkur 2007, Nr. 30, 26.07.2007, S. 7 – 9

Auffällig ist die für den Expressionismus typische, eher zufällige Reihung von Objekten, die während des Spaziergangs über sehr viele Kanäle (Sinne) wahrgenommen werden. Die Welt wird nicht (mehr) als ein geordnetes System erlebt, sondern als diffuse Aneinanderreihung von Objekten, die auf diese Weise vom Sprecher aufgenommen werden.
Mit dem Vers 9 am Anfang der 3. Strophe wird der Spaziergang unterbrochen. Man stellt sich vor, dass der Spaziergänger beim Anblick des Baumes anhält. „Du träumst:“ – Das ist eine klare Ansage, eine Aussage über den Zustand, in dem sich das lyrische Ich befindet. Es spricht zu sich selbst und vergewissert sich: Ich träume jetzt! Um welche Trauminhalte geht es dabei? Drei konkrete Bilder steigen – wiederum in grotesker Weise ohne Zusammenhang – auf:

- die Schwester, die ihr Haar kämmt,
- der Freund, der einen Brief schreibt,
- der Heuschuppen, der abhebt.

Die in den ersten Strophen beschriebene, nur diffuse Wahrnehmung der Wirklichkeit steigert sich in der dritte Strophe im Sinne eines Traumes, der den Realitätsverlust des Sprechers steigert und in besonderer Weise deutlich macht. Während in den Strophen zuvor Wirklichkeit noch einigermaßen nachvollziehbar beschrieben wird, findet sie hier zugunsten einer traumähnlichen Wahrnehmung, derer sich der Sprecher jedoch bewusst ist, nicht mehr statt. Möglicherweise ist die in den ersten beiden Strophen beschriebene diffuse Wahrnehmungsweise ein Resultat des in der dritten Strophe beschriebenen Traumzustands. Vielleicht handelt es sich auch um eine zeitliche Abfolge eines Prozesses während eines Spaziergangs, der einen zunehmenden Realitätsverlust zum Inhalt hat.

■ *Lesen Sie die dritte Strophe und klären Sie, in welchem Verhältnis diese Strophe zu den vorausgehenden steht.*
  - *Handelt es sich um eine Steigerung?*
  - *Erklärt die Strophe etwas, was zuvor auffällig ist?*
  - *Haben die Strophen gar nichts miteinander zu tun?*
  - *...*

Auffällig in der inhaltlichen Gestaltung sind die jeweils letzten Verse der drei Strophen, weil sie durch die inhaltliche und sprachliche Gestaltung das oben angedeutete Prinzip der Steigerung sichtbar machen.
Als Einstieg in die Erarbeitung können die drei Verse nacheinander von drei Schülerinnen und Schülern laut vorgetragen und im Unterrichtsgespräch gedeutet werden.

■ *Vergleichen Sie die Verse 4, 8 und 12 miteinander. Welche Art von Beziehung können Sie dabei feststellen?*

■ *Beschreiben Sie auch die auffällige Sprachgestalt.*

Georg Trakl: „Der Spaziergang“ – Die drei Strophenenden

Zitat	Deutung
„Ein Haus zerflimmert wunderlich und vag.“ (V. 4)	Das Flirren der Sonne lässt die Konturen verschwimmen. Gleichzeitig deutet die Vorsilbe „zer...“ auch destruktiven Verfallsprozess an, die Materie zerfällt. Sprache: Neologismus, Lautmalerei, Alliteration
„Dann hebt ein Baum vor dir zu kreisen an.“ (V. 8)	Der Baum hebt ab, eine Sinnestäuschung. Sprache: Unlogische Syntax, lange Vokale unterstützen die Vorstellung einer Zeitlupenbewegung
„Und manchmal schwebst du leicht und wunderbar.“ (V. 12)	Im traumähnlichen Zustand fühlt sich das Ich von der Welt abgehoben: Realitätsverlust. Sprache: Selbstansprache, positiv konnotierte Adjektive, Erinnerung an romantisches Vokabular

↓

Steigerung des Wirklichkeitsverlustes – von außen nach innen

Auffällig ist – wie bei vielen anderen expressionistischen (und barocken) Gedichten – die Spannung zwischen der insgesamt durchgestalteten lyrischen Form und dem Inhalt, der von Destruktion, Verfall und Wirklichkeitsverlust geprägt ist. Erklärbar ist dies aus dem Bedürfnis heraus, dem Chaos der Zeit eine ästhetisch gestaltete Form, die Halt verleihen soll, entgegenzusetzen.

- *Beschreiben Sie die lyrische Form des Gedichts.*
- *Wie erklären Sie sich diese Form, auch und gerade im Hinblick auf den Inhalt?*

Georg Trakl: Der Spaziergang – Die lyrische Form

Strophenzahl: 3
Versanzahl pro Strophe: 4
Metrum: durchgehend fünfhebiger Jambus
Reim: umarmender, durchgehend männlicher Reim
Kadenz: durchgehend stumpf

} klare äußere Form
↓
Bedürfnis nach Halt

Abschließend kann eine systematische Einordnung des Gedichts in den Epochenzusammenhang mithilfe des Informationstextes auf dem Arbeitsblatt vorgenommen werden.

- *Fassen Sie die im Informationstext genannten Merkmale der Epoche zusammen und stellen Sie noch einmal einen Zusammenhang mit dem Gedicht her.*

Heinrich Heine: „Wo?“ (1828/44)

Das Motiv der Lebensreise ist in der Reiseliteratur seit der Odyssee weitverbreitet. In Heinrich Heines Gedicht „Wo?“ (s. **Arbeitsblatt 21**, S. 101) hat die Frage, wo denn die Reise des Lebens letztlich endet, einen bedrückenden biografischen Hintergrund. Der Dichter hatte

aus politischen Gründen seine Heimat verlassen müssen und verbrachte die letzten Jahre seines Lebens (ab 1831) im Pariser Exil.
Insofern hat die Eingangsfrage in Vers 1 und 2 einen konkreten und ernsten Hintergrund, wenngleich lyrisches Ich und Autor natürlich nicht gleichzusetzen sind, in diesem Fall aber eine große Nähe aufweisen:

„Wo wird einst des Wandermüden
Letzte Ruhestätte sein?" (V. 1 f.)

Der Text wird zunächst still gelesen und die Schülerinnen und Schüler erhalten die Gelegenheit, ihre Eindrücke zu formulieren.
Eine erste Untersuchungsaufgabe bezieht sich auf die Selbstcharakterisierung des lyrischen Ich als „Wandermüden".

- *Lesen Sie das Gedicht Heinrich Heines still und tauschen Sie sich mit Ihrem Sitznachbarn oder Ihrer Sitznachbarin über Ihre Eindrücke aus.*
- *Fassen Sie die wichtigsten Lebensstationen Heinrich Heines mithilfe des Informationstextes zusammen.*
- *Erläutern Sie, wie man vor diesem Hintergrund die Bezeichnung „Wandermüden" (V. 1) verstehen muss.*

Der dem lyrischen Ich und in diesem Fall dem Autor Heinrich Heine zugeschriebene Zustand resultiert vor allem aus den aufgezwungenen Ortswechseln, die einerseits konkrete Reisen nach sich zogen, aber – wie hier beschrieben – am Ende des Lebens eine Müdigkeit bewirkten.

Anschließend werden die im Text erwähnten möglichen letzten Ruhestätten näher untersucht und im Hinblick auf ihre Relevanz bewertet.

- *Lesen Sie noch einmal das Gedicht, markieren Sie die Ortsangaben und tauschen Sie sich darüber aus, welche Relevanz sie für das lyrische Ich haben.*

Die beinahe wahllose und quasi den ganzen Globus umspannende Aufzählung der Orte zeigt, dass diese nur eine sehr geringe Relevanz für die Frage des lyrischen Ich nach seiner letzten Ruhestätte haben.

- *Wie beantwortet das lyrische Ich die Fragen nach der letzten Ruhestätte? Untersuchen Sie in diesem Zusammenhang die dritte Strophe genauer.*

Die letzte Strophe beginnt mit dem Adverb „Immerhin!" (V. 9), welches durch die elliptische Form des Satzbaus und das Ausrufezeichen deutlich den Lesefluss unterbricht. Mit diesem Adverb drückt das lyrische Ich zurückhaltend eine gewisse Hoffnung aus, dass es nach der Lebensreise einen Ort geben könnte, an dem es aufgehoben ist. Zum einen besitzt die Darstellung eine religiöse Implikation, indem auf den es dann umgebenden „Gotteshimmel" (V. 10) verwiesen wird. Zum anderen wird auf die Bedeutung der Natur durch den Sternenhimmel (vgl. V. 11 f.) rekurriert, wobei in beiden Fällen durch die Art der Darstellung eine gewisse, für Heine typische ironische Distanz erkennbar ist. Das lyrische Ich spricht nicht von Gott, sondern von „Gotteshimmel" (V. 10), und die Sterne sind keine faszinierenden Teile des Kosmos, sondern „Totenlampen" (V. 11). „Immerhin!" (V. 9)

Heines Gedicht über die Frage nach der letzten Station der Lebensreise macht im Kontext der Exilerfahrung deutlich, dass die Reise in die Fremde keineswegs immer etwas Anziehend-Exotisches, sondern auch etwas Beängstigendes hat. Bei der Dichterin Mascha Kaléko wird diese Fragestellung in Baustein 2.4, S. 73 ff. noch einmal aufgegriffen.

Heines Frage nach seiner letzten Ruhestätte ist drei Tage nach seinem Tod beantwortet worden: Er wurde auf dem Pariser Friedhof Montmartre bestattet; im Jahr 1901 wurde ein Grabstein errichtet, in den das Gedicht „Wo?“ eingraviert ist.
Als weiterführende Fragestellung für Referate oder Facharbeiten bietet es sich an, Heines Haltung gegenüber der (christlichen) Religion in den verschiedenen Lebensphasen darzustellen.

Heinrich Heine als expliziter Reisedichter wird im Baustein 3.4, S. 122 ff. thematisiert.

2.4 „Ich komm nach Nirgendland.“ – Reisegedichte nach 1945

Mit diesem letzten Teilbaustein der Reisegedichte wird historisch die Literatur der Gegenwart erreicht.
Mascha Kalékos (1907–1975) Text „Kein Kinderlied“ (**Arbeitsblatt 22**, S. 102) hat eine besondere Tonlage. Bereits der Titel kündigt an, dass das lebenslange, meist aufgezwungene Reisen kein Kinderthema bzw. „Kinderspiel“ ist. In ihrem Gedicht schwingt die tiefe Trauer der Exilerfahrungen unüberhörbar mit; sie konterkarieren das unbeschwerte touristische Unterwegssein von heute. Angesichts der gegenwärtigen Fluchterfahrungen besitzt der Text auch heute noch traurige Aktualität.
Vergleichbar im traurigen Ton, jedoch unterschiedlich in der Ausführung ist das Gedicht von Molla Demirel (geb. 1948) mit dem Titel „Trauer der Augen“ (**Arbeitsblatt 23**, S. 103). Es handelt von einer Busreise in die alte Heimat, die sich nach Jahren der Abwesenheit so verändert hat, dass keine heimatlichen Gefühle aufkommen wollen.
Fröhlichkeit klingt auch in dem Reisegedicht „Unterwegs nach El Paso“ (**Arbeitsblatt 26**, S. 106) von Günter Kunert (geb. 1929) nicht an. In der Weite und Leere der texanischen Wüstenlandschaft droht der Reisende, verloren zu gehen.
Das bekannteste Gedicht in dieser Reihe hat Gottfried Benn (1886–1956) geschrieben, ein klassisches Anti-Reisegedicht: „Reisen“ (**Arbeitsblatt 24**, S. 104). Mit Brechts „Der Radwechsel“ (**Arbeitsblatt 27**, S. 107) erhält das Thema Reisen eine deutliche gesellschaftspolitische Konnotation.
Der Lyriker Ulrich Beck (geb. 1964) bringt in seinem Gedicht „Reisetag“ (**Arbeitsblatt 28**, S. 108) das Bedürfnis nach einer kleinen Flucht aus dem Alltag durch eine schnelle Tagestour zum Ausdruck. Eine kurze Unterbrechung nur, denn: „Das Leben zieht weiter.“ (V. 21)

Mascha Kaléko: „Kein Kinderlied“ (1968)

Nach dem Zweiten Weltkrieg wird das Gedicht „Kein Kinderlied“ (**Arbeitsblatt 22**, S. 102) veröffentlicht und legt damit deutlich einen biografischen Hintergrund nahe. Die Autorin blickt zurück auf die eigene Exilerfahrung (s. biografische Notiz auf dem Arbeitsblatt). Im Zentrum stehen der Verlust der Heimat im Zuge eines erzwungenen Reisens und die daraus resultierenden Konsequenzen. Es ist „Kein Kinderlied“, aber in der sprachlichen Schlichtheit mit den vielen Wiederholungen, den parallelen Satzkonstruktionen, der regelmäßigen metrischen Gestaltung und den leicht zugänglichen Bildern erinnert es an Kinderlieder und transportiert so eine elementare Botschaft.

Vorgeschlagen wird, dass die Schülerinnen und Schüler mithilfe eines szenischen Spiels in die Erarbeitung einsteigen:

- *Versetzen Sie sich in folgende Situation: Sie treffen eine Ihnen bekannte Person zufällig in der Bahnhofsvorhalle mit einem Koffer in der Hand und sprechen sie an: „Hallo, du willst verreisen? Wo soll es denn hingehen?" Darauf erhalten Sie die Antwort: „Ich fahr nach Nirgendland." Entwickeln Sie aus dieser Situation eine kleine Szene. Verwenden Sie dafür die Form eines Regiebuchs.*

Rolle	Text	Sprech- und Spielanweisung
Sprecher 1	Hallo, du willst verreisen? Wo soll es denn hingehen?	spricht freundlich, interessiert
Sprecher 2	Ich fahr nach Nirgendland.	antwortet bereitwillig
Sprecher 1	...	...

Alternativ ist auch folgendes, weniger zeitaufwendiges Verfahren möglich:

- *Versetzen Sie sich in folgende Situation: Sie treffen eine Ihnen bekannte Person zufällig in der Bahnhofsvorhalle mit einem Koffer in der Hand und sprechen sie an: „Hallo, du willst verreisen? Wo soll es denn hingehen?" Darauf erhalten Sie die Antwort: „Ich fahr nach Nirgendland." Damit ist das kurze Gespräch beendet. Ihnen geht die merkwürdige Antwort noch eine Weile durch den Kopf und Sie suchen nach Erklärungen. Tauschen Sie sich in der Gruppe darüber aus, welche Verständnismöglichkeiten Ihnen für den Satz „Ich fahr nach Nirgendland" einfallen.*

Folgende Erklärungen können genannt werden:

- Mein Bekannter hat völlig die Orientierung verloren, er weiß nicht mehr, was er tut.
- Er hält es zu Hause nicht mehr aus und will deshalb einfach nur weg.
- Er verreist in Wirklichkeit gar nicht, sondern tut nur so, als ob.
- Er will in Ruhe gelassen werden und hat keine Lust, auf die Frage zu antworten.
- Er hat die Fähigkeit verloren, sich Ziele im Leben zu setzen.
- ...

Anschließend wird der Text gemeinsam gelesen und die Schülerinnen und Schüler stellen Bezüge her zu ihren eigenen Erklärungsversuchen.

Mit folgenden Impulsen wird die eigentliche Texterarbeitung initiiert:

- *Charakterisieren Sie das lyrische Ich anhand seiner Selbstaussagen. Was erfahren Sie über den gegenwärtigen Zustand des lyrischen Ich und seine Vergangenheit?*
- *Welche Funktion haben die unterschiedlichen Tempusformen?*
- *Fassen Sie die Situation des lyrischen Ich resümierend zusammen.*

Mascha Kaléko: „Kein Kinderlied" – Die Situation des lyrischen Ich

gegenwärtige Situation (Präsens)	Vergangenheit (Perfekt, hineinwirkend in die Gegenwart)
• ziellos • voller Sehnsucht • mittellos • einsam • heimatlos	• Zerstörung der Wälder und Häuser • menschlich isoliert • Erleben von Feindseligkeit

↓

völlige Entwurzelung ohne Zukunftsperspektive

- *Lesen Sie den Informationstext zum biografischen Kontext und stellen Sie Bezüge her.*
- *Möglich ist es, die Aussage des Gedichts auf die biografische Situation der Autorin zu beziehen. Für welche weiteren Lebenssituationen besitzt es Ihrer Meinung nach ebenfalls Gültigkeit?*
- *Versetzen Sie sich in die Lage eines Menschen, der Ähnliches erlebt wie das lyrische Ich, und schreiben Sie dessen mögliche Gedanken in Form eines inneren Monologs auf.*

Selbst wenn das Erleben des lyrischen Ich von der Situation der Schülerinnen und Schüler sehr weit entfernt ist, kennen diese aus ihrem Umfeld oder vielleicht aus den Medien Schicksale, in die sie sich hineindenken können.

Der Titel des Gedichts „Kein Kinderlied" soll im Folgenden im Zusammenhang mit der einfachen sprachlichen Gestaltung in den Blick genommen werden. Wie oben beschrieben, erinnert die sprachliche Form in ihrer Schlichtheit an ein Kinderlied, was nicht mit dem Inhalt korrespondiert. Andererseits könnte hinter dem Titel auch die Sorge verborgen sein, dass das Gedicht wie z. B. das bis in die Mitte des letzten Jahrhunderts verbreitete Kinderlied „Maikäfer flieg/Der Vater ist im Krieg/Die Mutter ist im Pommerland/Und Pommerland ist abgebrannt" wie ein verharmlosendes Kinderlied angesehen werden könnte. Beide Deutungen sind möglich.
Die einfache, begrenzte sprachliche Gestaltung korrespondiert dabei mit der Begrenztheit des Raumes, in dem sich das lyrische Ich bewegen kann, und erklärt sich möglicherweise daraus.

- *Wie deuten Sie den Titel „Kein Kinderlied"?*
- *Beschreiben Sie die sprachliche Gestaltung des Textes und deren Wirkung.*
- *Beurteilen Sie diese sprachliche Gestaltung.*

Mascha Kaléko: „Kein Kinderlied" – Die sprachliche Gestaltung und deren Wirkung

- Anaphern (V. 3 und 4, 5 und 6, 9 und 10)
- Wortwiederholungen (V. 11 und 12 ...)
- Satzwiederholungen, Parallelismus (V. 1 und V. 15 ...)
- einfache Vergleiche (V. 5 und 6)
- Satzverkürzungen (Ellipsen) (V. 11 ...)
- Alliteration (V. 2 und 3 ...)
- Zeilenstil
- ...

→ einfache, an Kinderreime erinnernde Sprache
Begrenztheit – korrespondierend mit dem begrenzten Raum des lyrischen Ich

Molla Demirel: „Trauer der Augen" (2001)

Mit dem Gedicht „Trauer der Augen" (**Arbeitsblatt 23**, S. 103) von Molla Demirel wird der Leser bzw. die Leserin in einen Reisebus versetzt, der sich auf gewundenen Straßen auf die (türkische?) Mittelmeerküste zubewegt. Das Gedicht, 2001 erschienen, greift die Situation eines Menschen auf, der aus einem fremden Land, in dem er möglicherweise arbeitet, zurück in seine alte Heimat reist und äußerst zwiespältige Gefühle während der Fahrt entwickelt. Fremd scheinen dem lyrischen Ich die Menschen, die Umgebung mit ihrer negativen Ausstrahlung und die Natur geworden zu sein.

Der Text wird von der Lehrperson oder nach Vorbereitung von einem Schüler bzw. einer Schülerin vorgetragen und mit folgendem Impuls beginnt die Erarbeitung:

■ *Halten Sie stichwortartig fest, welche Bilder beim Hören des Gedichts „Trauer der Augen" in Ihnen entstanden sind.*

- dampfende Teegläser
- Reisetasche im Gepäcknetz
- ein unbewegtes Gesicht
- Blick aus dem Fenster: kurvige Straßen
- schweigende Menschen im Bus
- Blick aus dem Fenster: vor Hitze dampfender Asphalt

■ *Beziehen Sie diese Bilder auf das lyrische Ich. Wer könnte sich dahinter verbergen?*

■ *Charakterisieren Sie das lyrische Ich textnah im Hinblick auf seine Wahrnehmungen.*

■ *Ziehen Sie ein Resümee.*

■ *Erläutern Sie die Bedeutung der Überschrift.*

Der Titel „Trauer der Augen" prägt den gesamten Text, indem immer wieder Begrifflichkeiten, die mit den Augen (und dem Gesicht) in Verbindung stehen, aufgegriffen werden. Augen und Gesicht bieten einen direkten Zugang zur Gefühlslage eines Menschen. Wenn aus den Augen Trauer spricht, ist dies ein Hinweis auf die Seelenlage.

Molla Demirel: „Trauer der Augen" – Das lyrische Ich und seine Wahrnehmungen

- Vertrautes verwandelt sich unvermittelt in Schmerz
- Verlust menschlicher Wärme
- Lachen dringt nicht durch
- Kommunikationslosigkeit
- vergiftete Atmosphäre, Lähmung
- monotone Beschallung
- Gefühl der Heimatlosigkeit
- verstellter Blick auf das Zurück

→ tiefe Verunsicherung, Ausweglosigkeit
Blick in die Seele

Den Abschluss bilden ein Rechercheauftrag und ein Vergleich mit dem Gedicht von Mascha Kaléko:

- *Informieren Sie sich über den deutsch-türkischen Dichter Molla Demirel, z. B. mithilfe seiner Homepage.*[1]
- *Sprechen Sie über die jeweiligen Erfahrungen im Hinblick auf Exil (Mascha Kaléko) und Migration (Molla Demirel). Welche Gemeinsamkeiten und Unterschiede stellen Sie fest?*

Exil bedeutet in vielen Fällen das endgültige Verlassen der Heimat, welches zwangsweise herbeigeführt wird.
Migration ist verbunden mit der Herausforderung, in zwei Welten zu leben, und verknüpft mit der Gefahr, in keiner heimisch zu werden.

Gottfried Benn: „Reisen" (1950)

Das Gedicht „Reisen" (**Arbeitsblatt 24**, S. 104) von Gottfried Benn schlägt einen ungewöhnlichen Ton an. Ein anonymes Gegenüber, vielleicht auch der Leser bzw. die Leserin, wird direkt angesprochen, und zwar als jemand, der mit dem Reisen ganz falsche Vorstellungen verbindet. Dazu werden zwei bekannte Städte und berühmte Straßen beispielhaft als Reiseziele genannt, und der potenzielle Stadtbesucher bzw. die potenzielle Stadtbesucherin wird mit rhetorischen Fragen provoziert. Der Sprecher charakterisiert nicht aus seiner Sicht Zürich und Havanna, sondern er unterstellt Reisenden bestimmte Erwartungen, von denen sie hoffen, dass sie durch einen Besuch erfüllt werden. Aus seiner Sicht ist dieser Versuch zum Scheitern verurteilt. Das Reisen ist es nicht, was dem Menschen Erfüllung bieten kann, sondern es ist die Auseinandersetzung mit dem eigenen Ich, ein zentrales Thema in der Literatur Gottfried Benns.

Möglich ist es, den Text zunächst vorzutragen und in einer Phase des Abrufens der Primärrezeption die Eindrücke der Lernenden zu erfragen. Vorgeschlagen wird ein etwas aufwendigeres Verfahren. Die Schüler arbeiten dabei in Gruppen. Das Gedicht suggeriert, dass es in eine Dialogsituation eingebettet ist. Die rhetorischen Fragen richten sich an ein fiktives

1 www.mollademirel.com (21.06.2018)

Gegenüber und stellen letztlich Reaktionen dar auf berichtete positive – wenn nicht begeisterte – Reiseerlebnisse. Eine solche Dialogsituation sollen die Schüler und Schülerinnen unter Einbeziehung des Gedichttextes erfinden.

- *Erschließen Sie sich zunächst in Ihrer Gruppe den Inhalt des Gedichts. Welche Haltung gegenüber dem Reisen wird hier deutlich?*
- *Klären Sie, in welcher Weise dem Gedicht eine Dialogsituation zugrunde liegt.*
- *Entwickeln Sie einen möglichen Dialog, in den das Gedicht selbst eingebunden ist und in dem die Strophen als Reaktionen auf Reisedarstellungen eines (oder mehrerer) fiktiven Gegenübers fungieren.*
- *Sprechen und spielen Sie Ihre Dialoge. Überlegen Sie, wie Sie die unterschiedlichen Haltungen mithilfe körpersprachlicher Mittel zum Ausdruck bringen können.*
- *Verwenden Sie für die Textfassung die Form eines Regiebuchs.*

Rolle	**Text**	**Sprech- und Spielanweisung**
Reisender 1	*Ich komme gerade aus Zürich, eine faszinierende Stadt.*	*begeisterte Sprechweise*
Reisender 2	*Erzählen Sie doch mal.*	*zeigt sich interessiert*
Reisender 1	*Allein die Lage am See und der Blick auf die Berge, die elegant gekleideten Menschen ...*	*setzt seine euphorische Sprechweise fort, auffällige Gestik*
Sprecher	*„Meinen Sie Zürich zum Beispiel/sei eine tiefere Stadt,/wo man [...]“*	*spricht distanziert, ernüchternd ...*

Die gespielten Szenen sollten vor allem die kritische Haltung des Sprechers und gleichzeitig die Begeisterung der Reisenden zum Ausdruck bringen.

Die textanalytische Arbeit kann folgendermaßen initiiert werden und dabei auf das szenische Spiel zurückgreifen.

- *Untersuchen Sie, wie in den ersten beiden Strophen die Städte Zürich und Havanna beschrieben werden. Welche Bedeutung haben die beschriebenen Eigenschaften und Merkmale? Stellen Sie die Ergebnisse in einer Tabelle dar.*

Gottfried Benn: „Reisen“ – Die Beschreibung der Orte

Ort	**Beschreibung**	**Bedeutung**
Zürich	„eine tiefere Stadt“ (V. 2), die „Wunder und Weihen“ (V. 3) vermittelt	Von dieser Stadt soll angeblich der Besucher bzw. die Besucherin nicht nur Überraschungen, sondern Wunderbares erwarten, etwas Spirituelles, was auf ihn bzw. sie übergehen könnte.
Havanna	anregend farbig, bietet Himmelsnahrung für immer (ewig!)	Hier soll für immer der Hunger nach einer Art Überlebensnahrung gestillt werden.

Der Sprecher im Gedicht formuliert keine nachprüfbaren oder konkreten Aussagen über die Städte, sondern will etwas Uneigentliches oder nur Angenommenes zum Ausdruck bringen. Er verdeutlicht damit, dass die von den Reisenden vorgenommenen, vielleicht überschwänglichen Zuschreibungen reine Konstrukte sind. Offensichtlich suchen nach Meinung des Sprechers die Reisenden in ihren Reisezielen äußerlich etwas auszugleichen, was ihnen innerlich fehlt. Sprachlich wird dies vor allem durch die rhetorischen Fragen, durch das anaphorisch verwendete Verb „Meinen“ (V. 1 und 5), durch die ironisch verwendete Alliteration „Wunder und Weihen“ (V. 3), die dem profanen Objekt Stadt etwas Religiöses zuschreibt, und die Metapher „ewiges Manna“ (V. 7) verdeutlicht.

- *Benennen Sie die sprachlichen Besonderheiten, mit denen der Sprecher im Gedicht seine Aussagen über Zürich und Havanna zum Ausdruck bringt, und beschreiben Sie deren Wirkung.*

Ein Schlüssel für das Verständnis des Gedichts ist das Wort „Wüstennot“ (V. 8). Der Dichterarzt Gottfried Benn diagnostiziert damit bei den von ihm angesprochenen möglichen Stadtbesuchern eine schwere Krankheit, die seiner Meinung nach zu den realitätsfernen Vorstellungen führt, nämlich die „Wüstennot“. Es handelt sich um ein Kunstwort, einen Neologismus, das die Aufmerksamkeit auf sich lenken will. In diesem Wort, in dem Zustand, den es benennt, liegt ein Schlüssel für das Gedichtverständnis. Das Verhalten der Reisenden erklärt sich aus dem inneren Zustand der Leere, des seelischen Verdurstens, der Einsamkeit etc. Erst dieser seelische Zustand führt zu der zum Ausdruck gebrachten Idealisierung der Reiseziele, die als Surrogat für die existenzielle Notlage fungieren.
Die Schülerinnen und Schüler erschließen sich den Begriff, der zu individuellen Deutungen herausfordert, in einem stummen Schreibgespräch in einer Vierergruppe.
Der Begriff wird in die Mitte eines viergeteilten DIN-A3-Blattes geschrieben. Über einen kurzen Zeitraum kommentieren die Lernenden ihn, anschließend wird das Blatt um eine Position weitergedreht und die vorhandenen Kommentierungen werden wiederum aufgegriffen, bis kein Schreibbedarf mehr besteht.

- *Kommentieren Sie in einem stummen Schreibgespräch das Wort „Wüstennot“ (V. 8).*
- *Einigen Sie sich im Anschluss daran auf eine kurze Zusammenfassung Ihrer Schreibergebnisse und präsentieren Sie diese in einem Kurzvortrag.*

Die dritte Strophe schildert, was den Reisenden in den bekannten Straßen und Boulevards dieser Welt begegnet. In der genüsslichen Aufzählung klingen Hohn und Spott an: Die Erwartungen der erlebnishungrigen Besucher müssen gar nicht genannt werden, sie verbinden sich stillschweigend und selbstverständlich mit den Namen der berühmten, über Ländergrenzen hinweg austauschbaren Straßen, vor allem „den Fifth Avenueen“ (V. 11). Und dann inszeniert der Sprecher wieder den Widerspruch zwischen den Erwartungen und der Realität vor Ort: Dort nämlich „fällt Sie die Leere an“ (V. 12). Hierbei handelt es sich um eine besondere Personifikation; aussagekräftig ist vor allem das Verb „anfallen“.

- *Lesen Sie noch einmal die dritte Strophe. Welche Funktion hat Ihrer Meinung nach die Aufzählung der unterschiedlichen Straßen?*
- *Erläutern Sie die besondere Funktion des letzten Verses der Strophe. Berücksichtigen Sie dabei vor allem auch das verwendete Verb und dessen Bedeutung.*

Assoziationen zum Verb „anfallen“ können z. B. sein:

- Bissige Hunde fallen einen an.
- Eine Krankheit fällt einen an.
- Jemand bekommt einen Wut- oder Lachanfall.
- Ein aggressiver Mensch fällt mich an.
- ...

Offensichtlich handelt es sich dabei um einen aggressiven Akt, dem sich jemand an diesen Orten nicht oder nur schwer entziehen kann. Damit wird die beschriebene Funktion des Reisens völlig ins Gegenteil verkehrt.

Die vierte Strophe, die in der Folge bearbeitet wird, wird zunächst noch einmal vorgelesen. Man hört schon den Wechsel im Ton: Statt „Meinen Sie ... (V. 1)“ heißt es „ach, vergeblich das Fahren!“ (V. 13). Das Ausrufezeichen signalisiert hier keinen belehrenden Appell, sondern eher einen Seufzer, aus dem die Lebenserfahrung des Sprechers herauszuhören ist, dem dann die Empfehlung an die Adressaten als Konsequenz folgt, nämlich zu Hause zu bleiben, nicht zu verreisen, sondern sich um das Ich zu kümmern, dieses zu „bewahren“ (V. 15), es mit einer schützenden Grenze abzuschirmen. Für Benn bedeutet das Reisen eine Entäußerung des Ich, eine Flucht vor sich selbst, die keinen Sinn macht.
In diesem Sinne äußert der Sprecher seufzend, weil möglicherweise auch eine persönliche Reiseerfahrung des Autors dahintersteckt: „ach, vergeblich das Fahren“ (V. 13). Dem entgegengesetzt wird sprachspielerisch das Verb „erfahren“ (V. 14) im Sinne einer (Selbst-)Erkenntnis: „bleiben und stille bewahren/das sich umgrenzende Ich.“ (V. 15 f.)

- *Beschreiben und deuten Sie die letzte Strophe. Berücksichtigen Sie dabei folgende Aspekte:*
  - *Welchen Rat gibt der Sprecher? Berücksichtigen Sie dabei die Verben in V. 15.*
  - *Wie unterscheiden sich die Begriffe „Fahren“ (V. 13) und „erfahren“ (V. 14)?*
  - *Wie verstehen Sie den Ausdruck „das sich umgrenzende Ich“ (V. 16)?*

Abschließend kann ein Bezug zu Eichendorffs Gedicht „Frische Fahrt“ hergestellt werden. Die Aussage des lyrischen Ich „Und ich mag mich nicht bewahren!“ (V. 9) steht im Gegensatz zu Benns Empfehlung „stille [nach innen gerichtet, M. H.] bewahren“ (V. 15).

- *Vergleichen Sie auf der Grundlage der Ausdrücke „nicht bewahren“ (Eichendorff) und „stille bewahren“ (Benn) die unterschiedlichen Haltungen.*
- *Welche Haltung entspricht eher Ihrem eigenen Lebensgefühl?*
- *Kommentieren Sie die Haltung Benns in einem fiktiven Brief an den Autor.*

Einen ähnlichen „Brief“ hat der Wissenschaftsredakteur der Wochenzeitschrift „Die Zeit“ verfasst, der sich auf eine wohlwollende, aber auch kritische Art mit dem Gedicht und dem Autor Benn auseinandersetzt. Dieser kann ergänzend zum Abschluss besprochen werden (s. **Arbeitsblatt 25**, S. 105).

- *Lesen Sie den Brief Zimmers und stellen Sie heraus, ob der Wissenschaftsjournalist eher zustimmend oder kritisch auf das Gedicht reagiert.*
- *Mit welchen Erfahrungen und Erlebnissen stimmt er überein, wo hat er anderes erlebt? Gehen Sie dabei von der Aussage aus „Kurz, Ihr Gedicht hat niemanden und auch mich nicht aufgehalten“ (Z. 52 f.), zu reisen.*

Günter Kunert: „Unterwegs nach El Paso" (1978)

„Weite und Leere" sind auch in dem Gedicht „Unterwegs nach El Paso" von Günter Kunert (s. **Arbeitsblatt 26**, S. 106) aus dem Jahr 1978 ein zentrales Thema, ja eine Gefahr für den Reisenden. Das Gedicht bezieht seine besondere Wirkung daraus, dass beim (Vor-)Lesen sehr konkrete Bilder von der Fahrt durch eine texanische Wüstenlandschaft entstehen. Der lyrische Text erzeugt eine Art Filmsequenz, ein kurzes Roadmovie. Der Vorschlag für die Interpretation konzentriert sich auf diesen Aspekt. Die Lerngruppe teilt sich auf in Dreier- oder Vierergruppen; diese beschäftigen sich arbeitsgleich jeweils mit einem Auftrag, der zu unterschiedlichen Ergebnissen führen wird. Diese werden in einer mediengestützten Präsentation vorgestellt und im Plenum gemeinsam kommentiert.

- *Teilen Sie den Text von „Unterwegs nach El Paso" von Günter Kunert nach unterscheidbaren Bildsequenzen ein. Stellen Sie sich zu diesem Zweck vor, Sie sollten das beschriebene Geschehen verfilmen. Tauschen Sie sich darüber aus, welche Einzelbilder Ihnen wichtig wären. Dabei muss es sich nicht zwangsläufig um eine Illustration des Textes handeln, das Material kann auch symbolischen Charakter haben.*
- *Suchen Sie in Zeitschriften oder im Internet nach entsprechendem Bildmaterial und erstellen Sie eine Text-Bild-Collage.*
- *Überlegen Sie sich in Ihrer Gruppe eine geeignete Form der Präsentation.*

Die Präsentationen bieten Gesprächsanlässe für die Funktion der Text-Bild-Zusammenstellung. Thematisiert werden sollte vor allem auch das lyrische Ich, das sich der Gefahr bewusst ist, sich in der „Weite" und „Leere" (V. 1, 15) zu verlieren. Das verweist einerseits auf eine vermutete unmittelbare Gefahr, die von dem Ort ausgeht, andererseits ist damit auch eine existenzielle Aussage über den „reisenden" und suchenden Menschen verbunden. Dem lyrischen Ich bietet der durchfahrene Raum mit all seinen Objekten keinen Orientierungsrahmen, weil er sich diesen nur selbst geben kann. Die Option, anzuhalten und über Sinn und Zweck der Reise nachzudenken, wird vordergründig ausgeschlossen. Es bleibt dem Leser bzw. der Leserin überlassen, nach Alternativen zu suchen. Vielleicht sind sie darin zu sehen, den getöteten Tieren eine Bedeutung zu geben und ihren Verlust als „Zeichen" (V. 9) zu entziffern (vgl. V. 10) und dem unreflektierten Weiterfahren etwas entgegenzusetzen.

- *Konkretisieren Sie die Situation des Sprechers des Gedichts. Beziehen Sie dabei auch die literarische Gestaltung des Ortes mit ein.*
- *Wie verstehen Sie die Verse 12 bis 16? Von was für einer Gefahr ist hier die Rede und wie beurteilen Sie die im Gedicht enthaltene Option, dieser Gefahr aus dem Weg zu gehen?*
- *Diskutieren Sie mögliche Alternativen. Was könnte es bedeuten, das Wagnis einzugehen, anzuhalten?*
- *Welche Möglichkeiten, das Reisen als Bild zu verstehen, sehen Sie?*
- *Verfassen Sie ein eigenes Gedicht – durchaus mit einem positiven Grundtenor – mit dem Titel „Unterwegs nach ...". Orientieren Sie sich bei der formalen Gestaltung an dem Gedicht von Günter Kunert.*

Im Baustein 3 geht es u. a. um die Straßen der Stadt und die Leere der Wüste. Aber es lohnt sich, schon an dieser Stelle im Vergleich der beiden Gedichte von Kunert und Benn über die Erfahrung „Leere" ins Gespräch zu kommen. Nicht notwendigerweise wird sowohl die Leere in der Stadt als auch in der Wüste als etwas Negatives oder Bedrohliches erfahren.

■ *Diskutieren Sie darüber, ob die Erfahrungen von „Weite“ und „Leere“ eher einer Wüstenlandschaft vorbehalten sind oder sich auch auf städtische Räume beziehen lassen.*

Bertolt Brecht: „Der Radwechsel“ (1953)

Anders als in dem Gedicht von Günter Kunert thematisiert Bertolt Brecht in seinem Gedicht „Der Radwechsel (s. **Arbeitsblatt 27**, S. 107) einen Reisenden, der gezwungenen ist, seine Fahrt zu unterbrechen. Dies führt bei ihm zu einer Reflexion nach dem Woher und Wohin der Reise. Dabei werden sowohl die Vergangenheit als auch die unmittelbare Zukunft negativ bewertet. Für den Leser bzw. die Leserin ist es dabei auf den ersten Blick verwirrend, dass das lyrische Ich dennoch „[m]it Ungeduld“ (V. 6) auf die Weiterfahrt wartet. Offensichtlich befindet es sich auf einem Weg, dessen unmittelbares Ziel nicht einem erwünschten Zustand entspricht, der aber notwendig ist, um ein dahinter liegendes Ziel zu erreichen. Im Sinne Brechts ist dies eine gesellschaftstheoretische und auch geschichtsphilosophische Aussage. Seine Vorstellung von einer gerechten und freien Gesellschaft besitzt durchaus utopischen Charakter in dem Sinne, dass in der konkreten historischen Situation dafür (noch) kein Ort ist, aber es lohnt sich für ihn, „[m]it Ungeduld“ (V. 6) sich dafür einzusetzen.
Gleichzeitig ist auch eine existenzphilosophische Leseart des Gedichts möglich. Es beschreibt die Grundsituation des Menschen im Sinne eines Zwangs und einer Notwendigkeit, den Istzustand immer wieder zu reflektieren, sich einer nicht immer nur als wünschenswert anzusehenden, durchaus mühseligen unmittelbaren Zukunft zu stellen und dennoch dahinter eine (Lebens-)Vision zu sehen.

Vorgeschlagen wird, das Gedicht Zeile für Zeile anzuschreiben oder jeweils die Assoziationen der Schülerinnen und Schüler zu erfragen.

■ *Welche Assoziationen verbinden Sie mit der Überschrift und den Einzelversen?*

Der Radwechsel	erzwungene Pause, Ärger, Veränderung ...
Ich sitze am Straßenrand	Beobachter, Entspannung ...
Der Fahrer wechselt das Rad.	lyrisches Ich als übergeordnete Person, soziales Gefälle, lässt arbeiten ...
Ich bin nicht gern, wo ich herkomme.	Reflexion der Vergangenheit, negative Bewertung, Frage nach dem Grund ...
Ich bin nicht gern, wo ich hinfahre.	Reflexion, unerwünschtes Ziel, Gefallen an der Gegenwart ...
Warum sehe ich den Radwechsel	... so kritisch, genervt, gelassen ...
Mit Ungeduld?	Warum? Vorstellung von einem anderen Ziel, das positiv besetzt ist, Notwendigkeit, das unmittelbar anvisierte Ziel zu durchfahren ...

■ *Bertolt Brecht war (auch) ein politischer Dichter, der konkrete Vorstellungen von einer gerechten und freien Gesellschaft hatte, die sich an kommunistischen Ideen orientierte und das Ergebnis eines langen historischen Prozesses sein sollte. Deuten Sie den Text in diesem Sinne.*

- *Diskutieren Sie, in welcher Weise das Gedicht auch existenzphilosophisch als Aussage über den Lebensweg eines Menschen verstanden werden kann.*

Zum Abschluss bietet sich ein Vergleich mit dem Gedicht von Günter Kunert an. Der entscheidende Unterschied ist in der konkreten Gestaltung der „Reise" zu sehen. Während der Sprecher des Gedichts von Kunert vor der Gefahr einer Unterbrechung warnt und die einzige Option im Weiterfahren sieht, nutzt das lyrische Ich im Gedicht von Brecht die erzwungene Unterbrechung zur Reflexion und Bestandsaufnahme. In diesen unterschiedlichen Verhaltensweisen spiegeln sich zwei grundverschiedene Einstellungen dem persönlichen und politischen Leben gegenüber. Mit dem erzwungenen Radwechsel erhält das lyrische Ich eine Option zur Reflexion und Gestaltung der Zukunft. Der Sprecher in Kunerts Gedicht schließt sich selbst davon aus.

- *Vergleichen Sie die Gedichte von Günter Kunert und Bertolt Brecht im Hinblick auf das Motiv der Reise.*

Ulrich Beck: „Reisetag" (2015)

Die Formulierung „Kleine Fluchten" taucht häufig in der Reisewerbung auf, wenn es um einen Kurzurlaub geht, der eine Unterbrechung vom Stress des Alltags bringen soll; raus in die Natur, der Kopf wird wieder frei für die wesentlichen Dinge des Lebens. In dem Gedicht „Reisetag" (**Arbeitsblatt 28**, S. 108) von Ulrich Beck aus dem Jahr 2015 geht es um solche Erfahrungen: Protokollartig wird in fragmentierten Sätzen festgehalten, was eine Auszeit charakterisiert. Verdichtet wird diese Reiseerfahrung auf einen einzigen Tag – vom Abflug über das kurze Urlaubserleben bis zur Landung. Die Frage, ob es tatsächlich nur ein Tag ist, wird nicht eindeutig beantwortet, die Darstellung legt dies jedoch nahe und der Text kann somit auch kritisch gelesen werden, vielleicht sogar als Karikatur des modernen Reiseverhaltens mit all seinen Konsequenzen. Reicht es wirklich aus, morgens loszufliegen, mittags am Strand mit Blick auf das Wasser einen Kaffee zu trinken und abends den Heimflug anzutreten, um ein tatsächliches Reiseerlebnis zu haben?
Auffällig ist dabei, dass kein lyrisches Ich genannt wird, offensichtlich soll das Gedicht eine allgemeine Gefühlslage widerspiegeln.

Bevor der Text präsentiert wird, erhalten die Schülerinnen und Schüler folgenden Auftrag:

- *Stellen Sie sich vor, es würde Ihnen ein „Reisetag" geschenkt. Sie können vollkommen frei darüber verfügen. Wie würden Sie diesen Tag verbringen? Beschreiben Sie stichwortartig den Ablauf dieses Tages. Als Strukturierungshilfe können Sie die Uhrzeiten wählen.*
- *Präsentieren Sie Ihre Texte und vergleichen Sie Ihre Ideen. Zeigen sich Verhaltensmuster oder ist die Streuung auffällig individuell?*

In der Folge wird der Text vorgelesen, es werden Bezüge zu den Schülertexten hergestellt und der Inhalt wird nach einem nochmaligen Lesen gesichert.

- *„Reisetag" lautet die Überschrift. Fassen Sie zusammen, wie dieser Tag des Sprechers des Gedichtes verläuft.*

Einige Formulierungen des Gedichttextes lassen sich auf ein nicht genanntes lyrisches Ich bzw. auf einen Sprecher des Gedichts beziehen, andere benennen äußere Umstände. Deutlich wird dadurch, wie die äußeren Umstände und die individuelle Gefühlslage miteinander verknüpft sind. Dies erzeugt offensichtlich eine Euphorie, die eine rationale Betrachtung außer Kraft setzt. Dazu wird folgende Untersuchungsaufgabe gestellt:

- *Lesen Sie das Gedicht „Reisetag" erneut und unterscheiden Sie im Hinblick auf die ersten drei Strophen Formulierungen, die sich auf ein (lyrisches) Ich bzw. einen Sprecher und seine Innenwelt beziehen könnten, von solchen, die äußere Gegebenheiten des Reisetages betreffen.*
- *Stellen Sie Aussagen einander gegenüber und klären Sie deren Bedeutung. Was fällt Ihnen auf?*

Folgende Gegenüberstellungen, die auf Folie festgehalten werden können, sind möglich:

Bedeutung	**ichbezogene Aussagen**	**auf äußere Umstände bezogene Aussagen**	**Bedeutung**
angespannt bis zum Beginn der Reise	„Brennen bis zum Schluss." (V. 1)	„Es ist Nachwinter geworden." (V. 2)	Angabe der Jahreszeit: Februar/März? Zwischenzeit, Befreiung von der Kälte
ich muss mal weg	„Die kleine Flucht" (V.3)	„ein kurzer Flug./ Das Gepäck bleibt liegen." (V. 3f.)	eine kurze Flugreise, quasi ohne Gepäck, Befreiung von Lasten
Unterbrechung der durch die Wochentage bestimmten Arbeitszeit	„Abschied vom Zählen der Wochentage." (V. 6)	„Ein schneller Kaffee [...] die Wärme" (V. 8f.)	der andere Ort: Kaffee (Pause), Sonne, Wärme, Wohlbefinden
Gefühl der Selbstbestimmtheit	„auf immer Sonntag" (V. 7)	„ruhige See" (V. 12)	Entschleunigung
Gefühl der Entspannung	„Körper nicht mehr gestemmt/gegen" (V. 10f.)		
Gefühl der Befreiung	„Rückenwind/ins Blaue" (V. 11f.)		

Identität von innerer Befindlichkeit und Wahrnehmung der äußeren Gegebenheiten

Strophe vier, fünf und der Schlussvers lesen sich wie eine Bilanz des Reisetags als Antwort auf eine im Raum stehende Frage, was diese Aktion für einen Sinn hat – verdeutlicht durch die Epipher „klar" (V. 13 und 20). Der Sprecher äußert damit ein gewisses Zugeständnis gegenüber einer kritischen Fragehaltung. Eine eindeutige Antwort hinsichtlich der Sinnhaftigkeit des „Reisetag[s]" liefert der Text nicht. Für den Sprecher bedeutet es zwar „Das Leben zieht weiter" (V. 21), aber es entwertet nicht das Erleben dieses Tages.

- *Lesen Sie noch einmal die Verse 13 bis 21. Worum geht es darin inhaltlich?*

- *Wie blickt der Sprecher auf den „Reisetag" zurück? Wie beurteilen Sie seine Bilanz?*
- *Der „Reisetag" bedeutet für den Sprecher eine „kleine Flucht" (V. 3). Wie stellen Sie sich so eine Auszeit vom Alltag vor?*
- *Verfassen Sie gegebenenfalls ein eigenes reimloses Gedicht, das die Erfahrung einer kleinen Flucht aus dem Alltag zum Inhalt hat. Machen Sie dabei – ähnlich wie im Gedicht „Reisetag" – konkrete äußere Umstände sowie die Gefühlslage des lyrischen Ich in ihrer Beziehung zueinander deutlich.*

Notizen

Paul Fleming hat ein für seine Zeit ungewöhnliches Leben geführt. Er wurde 1609 als Sohn eines Pfarrers in Hartenstein/Sachsen geboren, besuchte die berühmte Thomasschule in Leipzig und studierte anschließend an der dortigen Universität Medizin. Dann änderte sich sein Leben grundsätzlich. Fleming wurde in eine Delegation des Herzogs von Schleswig-Holstein berufen, die Handelswege über Russland nach Persien über Land erkunden sollte. Auch der Geograf Adam Olearius gehörte der Expedition an. Er verfasste einen detaillierten Bericht von der langen und gefährlichen Unternehmung. Fleming schrieb unterwegs zahlreiche Reisegedichte über Land und Leute. Von 1633 bis 1639 waren sie unterwegs. 1640 reiste Fleming nach Leiden/Holland, um seine Medizinstudium fortzusetzen. Auf dem Heimweg nach Reval starb er im selben Jahr in Hamburg.

Paul Fleming (1609 – 1640)
An Deutschland

Ja Mutter es ist war. Ich habe diese Zeit/
die Jugend mehr als faul und übel angewendet.
Ich hab' es nicht gethan/wie ich mich dir verpfändet.
So lange bin ich aus/und dencke noch so weit.

Ach Mutter zürne nicht; es ist mir mehr als leid/
der Vorwitz[1] dieser Muth hat mich zu sehr verblendet.
Nun hab' ich allzuweit von dir/Trost/abgeländet[2]/
und kan es endern nicht/wie hoch es mir auch reut.

Ich bin ein schwaches Both ans große Schiff gehangen/
muß folgen/wie/und wenn/und wo man denckt[3] hinaus.
Ich will gleich/oder nicht. Es wird nichts anders draus.[4]

Indessen meyne nicht/O du mein schweer Verlangen/
Ich dencke nicht auff dich/und was mir frommen bringt[5].
Der wohnet überall/der nach der Tugend ringt.[6]

(1646)

http://gutenberg.spiegel.de/buch/gedichte-9601/66 (22.06.2018); Bild: bpk

---

1 **Vorwitz** = Neugierde
2 **abgeländet** = entfernt
3 und wo man denckt hinaus = (sinngemäß) was andere sich ausgedacht haben
4 Ich will gleich/oder nicht. Es wird nichts anders draus. = (sinngemäß) Ob ich will oder nicht will, es ändert nichts.
5 und was mir frommen bringt = und was für mich gut ist
6 Der wohnet überall/der nach der Tugend ringt. = Der tugendhafte Mensch ist überall zu Hause.

Das Sonett
Das Sonett (von lat. *sonore*: „tönen") ist ein 14-zeiliges Gedicht, bestehend aus zwei Vierzeilern (Quartetten) und zwei Dreizeilern (Terzetten). Das klassische Reimschema, das aber häufig variiert wird, lautet: abba abba cdc dcd. Charakteristisch ist außerdem der Alexandriner, ein sechshebiger jambischer Vers mit einer Zäsur (einem Einschnitt) nach der dritten Hebung.
Meist stellen die Quartette in These und Antithese das Thema des Gedichtes vor, die Terzette führen das angesprochene Thema dann zu einem Ergebnis bzw. zu einer endgültigen Aussage (Synthese).

- *Erklären und erläutern Sie das Bild vom kleinen Boot und dem großen Schiff. Welche Intention verfolgt der Autor mit dieser Metapher?*
- *Im Gedicht wendet sich das lyrische Ich an Deutschland, das als Mutter angesprochen wird. Schreiben Sie in Abwandlung der literarischen Form einen persönlichen Brief an Mutter Deutschland aus der Ferne, in dem Sie versuchen, die wesentlichen Aussagen sowie die Gefühlslage des lyrischen Ich zum Ausdruck zu bringen.*
- *Überprüfen Sie, welche wesentlichen Merkmale des Sonetts Flemings Gedicht „An Deutschland" aufweist.*

Sibylla Schwarz wurde 1621 in Greifswald geboren und starb dort mit nur 17 Jahren. Ihr Leben war geprägt durch die Gefahren des Dreißigjährigen Krieges vor allem für die Zivilbevölkerung. Es ist sehr erstaunlich, wie produktiv das junge Mädchen in ihrem kurzen Leben und unter den widrigsten Umständen als Schriftstellerin gewesen ist. Sie wuchs in einer gutbürgerlichen, sehr religiös geprägten Familie auf. 1627 wurde ihre Heimatstadt von den Truppen Wallensteins geplündert; es folgten Hungersnöte und Pestepedemien. Nach dem Tod ihrer Mutter zog die Familie aufs Land, um den Kriegsunruhen zu entfliehen. 1633 entstanden die ersten Gedichte. Der bekannte Barockdichter und Verfasser eines Regelwerks für die zeitgenössische Dichtung Martin Opitz wurde ihr großes Vorbild.

1637 musste die Familie erneut fliehen, diesmal vor den schwedischen Truppen.
Sibylla Schwarz starb 1638 an den Folgen einer Ruhrerkrankung. 1650 erschien eine zweibändige Ausgabe ihrer Gedichte.

Sibylla Schwarz (1621 – 1638)
Auff die, so durch Reisen wollen berühmet werden

Wer weit verreisen wit/der raise weit und breit
die Heilge Schrifft herdurch/das hilfft zuhr Seeligkeit;
wer weit verraisen wil/der schaw die Bücher an/
darin er recht und wohl die Welt beschawen kan;
der hat ein freyen Pas/der geht auff Gottes Wegen/
an andrer Raisensart ist gar nicht viel gelegen.

(1650 e.)

www.zgedichte.de/gedichte/sibylla-schwarz/auff-die-so-durch-reisen-wollen-beruehmet-werden.html (15.03.2018); Bild: Alamy Stock Photo/Art Collection 2

- *Notieren Sie spontan, welche Botschaften für Sie im Titel stecken.*
- *Formulieren Sie die ersten vier Verse des Gedichts in eindringliche moralisch-religiöse Appelle um.*
- *Formulieren Sie, was aus der Befolgung dieser Empfehlungen resultiert; bemühen Sie sich dabei um eine treffende „Übersetzung“ der Formulierung „der hat ein freyen Pas“.*
- *Stellen Sie das in dem Gedicht vorherrschende Lebensgefühl in den Kontext der Epoche des Barock. Lesen Sie dazu den folgenden Informationstext.*

Die Epoche des Barock
Die Epoche des Barock (1600 – 1720) war durch **starke Gegensätze** geprägt. Einerseits gab es eine prunkvolle Kultur an den absolutistischen Höfen, andererseits blieb die Masse des Volkes ungebildet und arm. Viele Kriege, darunter vor allem der Dreißigjährige Krieg (1618 – 1648), brachten unendliches Leid und Elend über die Menschen. Hungersnöte und Seuchen verwüsteten und entvölkerten ganze Landstriche.
Die ständige Begegnung mit Tod und Verwüstung verunsicherte die Menschen und prägte ihr Lebensgefühl. Ihrer Gier nach Lebensgenuss und Sinnenfreude (**Carpe diem**; lat. = Nutze/Genieße den Tag.) stand das Bewusstsein entgegen, dass das Leben und überhaupt alles Irdische der Vergänglichkeit (lat. **vanitas**) unterliegen. Allein die Hinwendung zu Gott konnte dem Leben Sinn verleihen.
Das Leben und die Literatur waren daher von einer starken Religiosität geprägt. Viele Gedichte dieser Zeit enthalten die Mahnung: **memento mori** – „Bedenke, dass du sterblich bist“.

Best.-Nr. 022726

Andreas Gryphius gehört zu den bekanntesten Vertretern der Barockliteratur in Deutschland. Er hat ein umfangreiches dichterisches Werk (v. a. Lyrik und Theatertexte) hinterlassen, war aber auch als Verwaltungsjurist in seiner Heimatstadt Glogau in leitender Position tätig. Dort wurde Gryphius 1616 als Sohn eines Pastors geboren; seine Kindheit und Jugend standen im Zeichen des Krieges; er verlor beide Eltern und konnte keine kontinuierliche Schulausbildung absolvieren. Ab 1634 verbesserte sich seine Situation, denn er wurde Hauslehrer in der Familie eines wohlhabenden und angesehenen Juristen. 1637 erschien eine erste Sammlung von Sonetten, die Gryphius als Dichter bekannt machten. Von 1638 bis 1644 nutzte er einen Aufenthalt in Leiden/Holland als Studienbegleiter von zwei Söhnen seines Arbeitgebers zu eigenen intensiven Studien (Jura und Naturwissenschaften). Von 1644 bis 1646 gehörte er als bürgerlicher Gelehrter einer Gruppe von Adeligen aus Pommern an, die eine damals übliche Kavalierstour (Grand Tour) durch Frankreich und Italien unternahmen. Gryphius nutzte diese Reise für internationale Kontakte mit Schriftstellern. Ab 1650 war er als Jurist in Glogau beruflich sehr in Anspruch genommen; er starb 1664 in seiner Heimatstadt.

Andreas Gryphius (1616 – 1664)
Als Er aus Rom geschidn

ADe! Begriff der Welt! Stadt der nichts gleich gewesen/
Und nichts zu gleichen ist/in der man alles siht
Was zwischen Ost und West/und Nord und Suden blüht.
Was die Natur erdacht/was je ein Mensch gelesen.

Du/derer Aschen man nur nicht vorhin mit Bäsen[1]
Auff einen Hauffen kährt in der man sich bemüht
Zu suchen wo dein Grauß[2]/(fliht trüben Jahre! Fliht/)
Bist nach dem Fall erhöht/nach langem Ach/genäsen[3].

Ihr Wunder der Gemäld'/ihr Kirchen und Palläst/
Ob den die Kunst erstarr't/du starck bewehrte Fest/
Du herrlichs Vatican, dem man nichts gleich kan bauen:

Ihr Bücher! Gärten/Grüfft[4]; ihr Bilder/Nadeln/Stein/
Ihr/die diß und noch mehr schliß't in die Sinnen ein/
Fahrt woll! Man kan euch nicht satt mit zwey Augen schauen.

(e. 1646)

Maché, Ulrich/Meld, Volker (Hg.): Gedichte des Barock. Reclam: Stuttgart 1980, S. 120; Bild: akg-images

---

1 **Bäsen** = Besen
2 dein Grauß = (sinngemäß) die schlechten Zeiten Roms
3 **genäsen** = genesen/gesund geworden
4 **Grüfft** = Prual von Gruft

- *Tragen Sie das Gedicht mehrmals laut vor und betonen Sie dabei, dass die Stadt Rom und ihre „Wunder" persönlich angesprochen werden.*
- *Untersuchen Sie zunächst die beiden Terzette und notieren Sie, was genau der Dichter an Rom so geschätzt hat und was er nun beim Abschied zurücklassen muss.*
- *Sprechen Sie über die unterschiedlichen Gefühlslagen, die mit solchen Abschiedssituationen verbunden sind, und über mögliche Gründe dafür.*
- *Wie charakterisiert Gryphius die Stadt Rom? Formulieren Sie für die zwei Quartette je eine passende Überschrift.*
- *Wie erklären Sie sich die Superlative, mit denen Rom ausgezeichnet wird (z. B. „Stadt der nichts gleich gewesen")?*

Der Zürichsee

stock.adobe.com/celeste clochard-

- Sehen Sie sich das Foto vom Zürichsee an – Welche Formen von Natur können Sie erkennen?
- Wie würden Sie die Stimmung oder Atmosphäre bezeichnen, die von der fotografierten Natur ausgeht?

Best.-Nr. 022726

Johann Wolfgang von Goethe (1749 – 1832)
Auf dem See

Und frische Nahrung, neues Blut
Saug' ich aus freier Welt;
Wie ist Natur so hold und gut,
Die mich am Busen hält!
Die Welle wieget unsern Kahn
Im Rudertakt hinauf,
Und Berge, wolkig himmelan,
Begegnen unserm Lauf.

Aug', mein Aug', was sinkst du nieder?
Goldne Träume, kommt ihr wieder?
Weg, du Traum! so Gold du bist;
Hier auch Lieb' und Leben ist.

Auf der Welle blinken
Tausend schwebende Sterne,
Weiche Nebel trinken
Rings die türmende Ferne;
Morgenwind umflügelt
Die beschattete Bucht,
Und im See bespiegelt
Sich die reifende Frucht.

(1775/89)

Eibl, Karl: Johann Wolfgang Goethe. Sämtliche Werke, Briefe Tagebücher und Gespräche, Bd. 1. Klassiker Verlag: Frankfurt 1987, S. 297

- *Versuchen Sie, den inhaltlichen Aufbau des Gedichts zu beschreiben. Beachten Sie dabei die jeweilige Beziehung des lyrischen Ich zur natürlichen Umgebung. Die Sinnabschnitte fallen nicht notwendig mit den Strophengrenzen zusammen.*
- *Ordnen Sie den identifizierten Abschnitten zusammenfassende Inhaltsaussagen zu.*
- *Klären Sie, welche Rolle jeweils das lyrische Ich und die Natur spielen.*
- *Lesen Sie die beiden Informationstexte zu den Epochen Sturm und Drang und Klassik und stellen Sie Bezüge zum Gedicht her.*

Die Epoche des Sturm und Drang

Der Sturm und Drang (1770 – 1785) war eine eigenständige literarische Strömung innerhalb der Aufklärung, die von jungen Literaten (vor allem Goethe und Schiller) getragen wurde.
Sie rebellierten gegen die Macht der Fürsten und die Willkürherrschaft des Adels. Anstelle der Vorherrschaft der Vernunft erhoben sie das **Genie** zum Leitbild, das sich bestehenden Regeln widersetzt und mit **Leidenschaft**, **Originalität** und **Individualität** Neues schafft. Ihre Dichtung ist von starker subjektiver Wahrnehmung und einer kraftvollen, volksnahen und jugendlichen Sprache geprägt. Besonders deutlich wird dies z. B. in Goethes Gedicht „Prometheus".
Viele Gedichte aus der frühen Zeit des Sturm und Drang werden häufig mit dem Begriff „Erlebnislyrik" bezeichnet. Sie erwecken den Anschein, als sei das Erlebte ohne vorherige Reflexion unmittelbar aufgeschrieben worden. Zentrales Motiv der Erlebnislyrik ist die Natur, die zum Inbegriff des Ursprünglichen wurde. In ihr spiegelt sich häufig die Stimmung des lyrischen Ichs wider.
Als Beginn der Erlebnislyrik gelten die sogenannten „Sesenheimer Gedichte", die Goethe für seine Jugendliebe, die Pfarrerstochter Friederike Brion aus Sesenheim, schrieb.

Die Zeit der Klassik

Die Epoche der Klassik (1786 – 1805) war maßgeblich von den Erfahrungen der Französischen Revolution und den in ihr vertretenen Idealen (Freiheit, Gleichheit, Brüderlichkeit) beeinflusst. Allerdings lehnten die Vertreter der Klassik – das waren vor allem die Schriftsteller Wieland, Goethe, Herder und Schiller – revolutionäre Gewalt entschieden ab. Stattdessen strebten sie nach **Humanität, wahrer Menschlichkeit** und **Harmonie**.
Der Kunst bzw. Literatur kam dabei die Aufgabe zu, die Menschen zu harmonischen Persönlichkeiten zu „erziehen" und alle Gegensätze in Einklang zu bringen. Sie sollte nicht nur unterhalten, etwas Schönes darstellen und gefallen, sondern die positiven Eigenschaften im Menschen befördern und ihn zu humanitärem Handeln führen.
Als **Vorbild** dienten die Werke der **griechischen Antike**.
Im Gegensatz zur Epoche des Sturm und Drang, in der es vor allem um Originalität und Spontaneität ging, orientierten sich die Dichter der Klassik an festen Regeln, um ein harmonisches Kunstwerk zu schaffen.
Ihre Werke sind durch ein hohes Sprachniveau und die Übereinstimmung von Inhalt und Form gekennzeichnet.

BS 2

Best.-Nr. 022726

Karoline von Günderode führte ein kurzes, unglückliches Leben. 1780 wurde sie in Karlsruhe geboren; ihre Familie war zwar adelig, aber verarmt, insbesondere, als ihr Vater 1786 starb. Mit 17 Jahren wurde Karoline in einem streng-protestantischen Stift für unverheiratete adelige Damen untergebracht, um einigermaßen versorgt zu sein. Sie fühlte sich dort wie eine Gefangene. Ihre Freundinnen und Freunde waren dagegen wohlhabend: Clemens und Bettina Brentano, Carl von Savigny; gemeinsam war dem Freundeskreis die enge Beziehung zu Dichtung und Kultur allgemein. 1804 erschien unter dem Pseudonym „Tian" ihr erstes Buch „Gedichte und Fantasien". Eine unglückliche, weil aussichtslose Beziehung zu dem Philologen Friedrich von Creuzer trieb sie in eine tiefe Verzweiflung. 1806 nahm sie sich in Winkel am Rhein das Leben. Christa Wolf hat in ihrem Roman „Kein Ort. Nirgends" eine fiktive Begegnung der Günderode mit Heinrich von Kleist beschrieben und damit die Erinnerung an sie wach gehalten.

Karoline von Günderode (1780 – 1806)
Der Luftschiffer

Gefahren bin ich in schwankendem Kahne
Auf dem blaulichen Ozeane,
Der die leuchtenden Sterne umfließt,
Habe die himmlischen Mächte begrüßt.
War in ihrer Betrachtung versunken,
Habe den ewigen Äther getrunken,
Habe dem Irdischen ganz mich entwandt,
Droben die Schriften der Sterne erkannt
Und in ihrem Kreisen und Drehen
Bildlich den heiligen Rhythmus gesehen,
Der gewaltig auch jeglichen Klang
Reißt zu des Wohllauts wogendem Drang.
Aber ach! es ziehet mich hernieder,
Nebel überschleiert meinen Blick,
Und der Erde Grenzen seh' ich, wieder,
Wolken treiben mich zurück.
Wehe! Das Gesetz der Schwere
Es behauptet nur sein Recht,
Keiner darf sich ihm entziehen
Von dem irdischen Geschlecht.

(1802/04)

Görtz, Franz Josef: Karoline von Günderode. Gedichte.
Insel Verlag: Leipzig 1985, S. 86; Bild o.: akg-images

Alamy Stock Photo/Glasshouse Images

Montgolfière (erster Heißluftballon)

- *Beschreiben Sie den inhaltlichen Aufbau des Gedichts.*
- *Zählen Sie auf, welche konkreten und welche fantasierten Erscheinungsformen am Himmel das lyrische Ich bei seiner Fahrt durch die Lüfte erlebt und welche Emotionen diese in ihm auslösen.*
- *Die Verse 8 – 12 spielen auf die sogenannte Sphärenmusik an, eine Vorstellung aus der griechischen Antike; informieren Sie sich, was genau damit gemeint ist, und erklären Sie vor diesem Hintergrund die Gedichtzeilen.*
- *Der Vers 7 fasst die Erfahrungen des lyrischen Ich während der Luftreise zusammen. Versuchen Sie, diese Bilanz mit Ihren Worten auszudrücken; tauschen Sie sich im Plenum über Ihre Deutungsversuche aus und verständigen Sie sich auf eine verbindliche Formulierung.*
- *Untersuchen Sie jetzt den 2. Teil des Gedichts (Verse 13 – 20): Wie erlebt das lyrische Ich die Rückkehr von dieser fantasierten Reise?*
- *Sehen Sie in der Aussage dieses Gedichts eine Relevanz für die heutige Zeit?*

Best.-Nr. 022726

Ludwig Tieck wurde 1773 als Sohn einer Handwerkerfamilie in Berlin geboren und starb dort 1857. Nach dem Abitur studierte er an verschiedenen Universitäten Geschichte, Sprachwissenschaften, später auch Jura ohne Abschluss. Als Student war er mit Freunden in Süddeutschland viel auf Wanderschaft. Ab 1794 versuchte er, als freier Schriftsteller zu leben. 1802 zog er mit seiner Familie aufs Land in die Nähe von Frankfurt/Oder, ab 1841 wohnte und arbeitete er in Dresden als Dramaturg am Hoftheater. Tieck unternahm in diesen Jahren viele Reisen, so u. a. nach Süddeutschland, Rom, Wien und später nach Prag, London, Paris. Die letzten Jahre seines Lebens verbrachte er wieder in Berlin. Tieck ist als Schriftsteller v. a. durch die Märchen (z. B. „Der gestiefelte Kater") und Gedichte, als Übersetzer von Shakespeare und Cervantes und als Herausgeber der Werke von Kleist und Lenz bekannt geworden.

Ludwig Tieck (1773 – 1853)
Zuversicht

Wohlauf! es ruft der Sonnenschein
Hinaus in Gottes freie Welt,
Geht munter in das Land hinein
Und wandelt über Berg und Feld!

Es bleibt der Strom nicht ruhig stehn,
Gar lustig rauscht er fort;
Hörst du des Windes muntres Wehn?
Er braust von Ort zu Ort.

Es reist der Mond wohl hin und her,
Die Sonne ab und auf,
Guckt übern Berg und geht ins Meer,
Nie matt in ihrem Lauf.

Und, Mensch, du sitzest stets daheim
Und sehnst dich nach der Fern':
Sei frisch und wandle durch den Hain
Und sieh' die Fremde gern.

Wer weiß, wo dir dein Glücke blüht,
So geh' und such' es nur,
Der Abend kommt, der Morgen flieht,
Betrete bald die Spur.

Lass Sorgen sein und Bangigkeit!
Ist doch der Himmel blau;
Es wechselt Freude stets mit Leid,
Dem Glücke nur vertrau'.

So weit dich schließt der Himmel ein,
Gerät der Liebe Frucht,
Und jedes Herz wird glücklich sein
Und finden, was es sucht.

(1798)

http://gutenberg.spiegel.de/buch/gedichte-6471/10 (10.03.2018);
Bild: akg-images

- *Finden Sie heraus, wie das Gedicht aufgebaut ist. Sehen Sie sich die Abfolge der sieben Strophen an und unterscheiden Sie appellierende und beschreibende Abschnitte/Strophen.*
- *Halten Sie die Arbeitsergebnisse in einer Tabelle fest.*
- *Lesen Sie jetzt das Gedicht laut vor und heben Sie durch variierende Lautstärken und Geschwindigkeiten im Vortrag den Gedichtaufbau und den Wechsel von beschreibenden und appellierenden Phasen hervor.*

Best.-Nr. 022726

Wilhelm Müller wurde 1794 als Kind einer protestantisch geprägten Handwerkerfamilie in Dessau geboren. Nach dem Abitur studierte er Alte Sprachen und Germanistik in Berlin. Als Freiwilliger im preußischen Heer nahm er an den Befreiungskriegen gegen Napoleon teil. Ab 1814 traf er in Berliner Künstlersalons mit Dichtern und Musikern zusammen. 1817/1818 war er als Reisebegleiter in Süddeutschland, Südeuropa, Ägypten unterwegs. Dann lebte er mit seiner Familie wieder in Dessau und war dort als Lehrer und Bibliothekar tätig. 1821 unterstützte er die griechische Freiheitsbewegung. Als Dichter wurde er vor allem durch die beiden Gedichtbände „Die schöne Müllerin" und „Die Winterreise" bekannt, die von Franz Schubert vertont wurden. 1827 starb Wilhelm Müller in Dessau.

Wilhelm Müller (1794 – 1827)
Mut!

Fliegt der Schnee mir ins Gesicht,
Schüttl' ich ihn herunter.
Wenn mein Herz im Busen spricht,
Sing ich hell und munter.

Höre nicht, was es mir sagt,
Habe keine Ohren.
Fühle nicht, was es mir klagt,
Klagen ist für Toren.

Lustig in die Welt hinein
Gegen Wind und Wetter!
Will kein Gott auf Erden sein,
Sind wir selber Götter.

(1821/22)

Leistner, Maria-Vereny: Wilhelm Müller. Werke, Tagebücher, Briefe, Bd. 1. Mathias Gatza Verlag: Berlin 1994, S. 185; Bild: Picture-Alliance GmbH/akg-images

- *„Sei mutig und dann lustig ..." – So könnte man den Gedichttitel umschreiben. Verdeutlichen Sie in einem Plenumsgespräch, was diese sehr allgemein gefasste Aufforderung konkret bedeuten könnte. Dabei ist zu beachten, dass der Dichter nicht zu einem Aufbruch in die Natur motivieren will, sondern den Begriff „Welt" verwendet. Beziehen Sie in diesem Zusammenhang auch die letzten beiden Verse mit ein.*
- *Untersuchen Sie die ersten beiden Strophen und stellen Sie fest, welche Art von Hindernissen das lyrische Ich davon abhalten könnten, in die Welt aufzubrechen. Benennen Sie die Strategien des lyrischen Ich, mit diesen Herausforderungen umzugehen.*
- *Halten Sie die Ergebnisse in übersichtlicher Form fest.*

Best.-Nr. 022726

Merkmale der Romantik

Timotheus Schwake
Romantik

Im Wissen um die Entfremdung des Menschen von der Natur und von sich selbst ist vielen literarischen Werken der Epoche die Sehnsucht nach einer neuen Einheit mit der **Natur** gemein. Wald und Wiese werden als Orte des Rückzugs und der Innerlichkeit stilisiert, an dem der Einzelne zu sich selbst kommen kann. In diesem Kontext kann man auch von **Naturfrömmigkeit** vieler romantischer Denker sprechen, nach der romantisches Wandern zugleich immer auch eine Suche nach dem göttlichen Ursprung allen Seins ist. Grundlegend für dieses Naturverständnis ist der Gedanke, dass in ferner Vergangenheit ein paradiesischer Urzustand existierte, in dem der Mensch sich mit Gott und der Natur in einem harmonischen Einklang befunden haben muss. Diesen gilt es in Abgrenzung zur Zivilisation und wirtschaftlichen Betrachtung der Natur durch die moderne Welt wieder anzustreben, indem die Stimmen des Wunderbaren zum Klingen gebracht werden. Dies geschieht sehr häufig im **Märchen**, dessen Handlung oft in eine unbestimmte Zeit in der Vergangenheit zurückversetzt wird.

Eng verwandt mit dem Naturverständnis der Romantiker ist das Motiv des **Wanderns** und des **Fernwehs**. Die romantischen, oft märchenhaft verklärten Vorstellungen vom deutschen Wald als Rückzugs- und seelischem Erholungsraum für von der Gesellschaft Enttäuschte wirken bis in unsere heutige Zeit hinein. Die dem Romantiker eigene Wehmut, Trauer und Melancholie verfliege angesichts der mutigen Entscheidung, das alte, stark begrenzte, **spießbürgerliche Leben als Philister**[1] hinter sich zu lassen und vermeintlich ziellos loszuwandern und in der Ferne sein Glück zu machen. Dabei ist der äußere, sichtbare Prozess des Wanderns häufig nur ein anschauliches Bild für Novalis' Ratschlag: „Nach Innen geht der geheimnisvolle Weg." Ähnlich wie Eichendorffs „Taugenichts" geht es vielen romantischen Helden: Getrieben von der **Sehnsucht**, die Grenzen des Alltags in und **durch Dichtung und Fantasie** zu überwinden, wagt der romantische Held den Aufbruch ins Ungewisse, der immer auch eine Reise ins eigene Selbst darstellt. Dabei macht er in der sog. Schwarzen Romantik häufig Bekanntschaft mit dem **Unbewussten**, mit **Krankheit** und **Wahnsinn**. Die Entdeckung der Bedeutung des Unbewussten als triebhafter Antriebskraft des Menschen ist – weit vor Sigmund Freud – eine wesentliche Errungenschaft der Romantik und macht bis heute einen Teil ihrer **Modernität** aus.

Anders als es heutige vereinfachende Vorstellungen von **naiver Liebe** und Weltabgewandtheit vielleicht nahelegen, ist die Romantik auch eine zutiefst philosophische Epoche; v. a. in der vom deutschen Idealismus beeinflussten Frühromantik werden theoretische Konzepte entwickelt, auf welche Art und Weise man das **Goldene Zeitalter** wiedergewinnen kann: Der Zersplitterung und Zerstörung des Lebendigen durch die Arbeitsteilung der bürgerlichen Gesellschaft soll durch die romantische Poesie als **„progressiver Universalpoesie"** (F. Schlegel) begegnet werden. Alle Lebensbereiche – so die **Kunstprogrammatik** – sollen von Dichtung, Musik und Malerei durchdrungen werden und so soll die prosaische Realität durch Verbindung alles Getrennten „wiederverzaubert" werden. Es gilt, das „Lied in allen Dingen" (Eichendorff) zu erkennen und zum Klingen zu bringen. Dies erklärt auch die Liebe der Romantiker zur Musik; selbst die Lyrik wird musikalisch, weil weniger die Bedeutung des Wortes als vielmehr der Klang wichtig wird. Der Vorgang wird als progressiver verstanden, weil man davon ausging, dass er grundsätzlich zu keinem Ende kommen kann. Das Ziel ist die (Such-)Bewegung an sich, nicht ein denkbarer Ruhezustand.

P.A.U.L. D. Oberstufe, Persönliches Arbeits- und Lesebuch Deutsch. Herausgegeben von Johannes Diekhans und Michael Fuchs. Bildungshaus Schulbuchverlage, Paderborn 2013, S. 222

[1] **Philister** = kleinbürgerlicher, engstirniger Mensch

- *Erschließen Sie sich zu zweit die Darstellung, indem Sie für Ihren Sitznachbarn bzw. Ihre Sitznachbarin fünf bis zehn Fragen formulieren, auf die der Text eine Antwort gibt. Tauschen Sie die Fragen entsprechend aus und beantworten Sie diese.*
- *Fassen Sie anschließend die im Text genannten Merkmale der Romantik stichwortartig zusammen.*
- *Begründen Sie, in welcher Weise das Gedicht „Zuversicht" als ein typisch romantisches bezeichnet werden kann.*

Joseph von Eichendorff wurde 1788 auf Schloss Lubowitz in Oberschlesien als Sohn eines preußischen Offiziers geboren, seine Mutter entstammte einer schlesischen Adelsfamilie; er starb 1857 in Neiße bei Berlin. Der Dichter studierte Jura und Geisteswissenschaften in Halle, er hörte Vorlesungen des deutschen Philosophen Fichte und hatte Kontakt mit zahlreichen romantischen Autoren wie Brentano, Kleist und Arnim. Der Dichter machte Karriere im preußischen Staatsdienst als Schul- und Regierungsrat. Viele seiner Gedichte über Liebe und Natur zeichnen sich durch einen volksliedartigen Ton aus.

Joseph Freiherr von Eichendorff (1788 – 1857)
Frische Fahrt

Laue Luft kommt blau geflossen,
Frühling, Frühling soll es sein!
Waldwärts Hörnerklang geschossen,
Mut'ger Augen lichter Schein;
Und das Wirren bunt und bunter
Wird ein magisch wilder Fluß,
In die schöne Welt hinunter
Lockt dich dieses Stromes Gruß.

Und ich mag mich nicht bewahren!
Weit von Euch treibt mich der Wind,
Auf dem Strome will ich fahren,
Von dem Glanze selig blind!
Tausend Stimmen lockend schlagen,
Hoch Aurora[1] flammend weht,
Fahre zu! ich mag nicht fragen,
Wo die Fahrt zu Ende geht!

(1810/15)

Schultz, Hartwig (Bd. 1)/ Frühwald, Wolfgang (Bd. 2)/ Schillbach, Brigitte (Bd. 3): Joseph von Eichendorff. Werke in sechs Bänden, Bd. 1. Deutscher Klassiker Verlag: Frankfurt 1987, S. 119 – 120; Bild: akg-images

[1] **Aurora** = die Morgenröte

■ *Analysieren Sie ausgewählte sprachliche Bilder und weitere rhetorische Figuren aus dem Gedicht „Frische Fahrt" und erläutern Sie deren Wirkung. Berücksichtigen Sie dabei vor allem die Darstellung der Natur. Arbeiten Sie mit einer Tabelle.*

Joseph von Eichendorff: „Frische Fahrt" – Die sprachliche Gestaltung

Formulierung	sprachliche Gestaltung/ Besonderheit	Wirkung/Funktion

Best.-Nr. 022726

Segelschiff

stock.adobe.com/Alvov

- *Schauen Sie sich das Foto des traditionellen Segelschiffs an; welche Gefühle, Gedanken und Wünsche löst es bei Ihnen aus?*
- *Schreiben Sie ganz spontan Ihre Assoziationen auf. Wenn Sie mögen, bringen Sie die Notizen in eine Gedichtform oder in die Form einer Reisetagebuchnotiz.*

Best.-Nr. 022726

Friedrich Hebbel (geb. 1813) wuchs unter sehr ärmlichen Verhältnissen in Holstein auf. Ab 1836 studierte er zunächst in Heidelberg, später in München. Er musste wegen Geldmangels sein Studium abbrechen. Der dänische König gewährte ihm ein Stipendium, so konnte er sich für zwei Jahre über Wasser halten.
Ab 1846 lebte er in Wien und starb dort 1863.
Friedrich Hebbel ist als Autor durch seine Gedichte und Theaterstücke bekannt geworden: „Judith", „Maria Magdalena", „Agnes Bernauer" u.a.

Friedrich Hebbel (1813–1863)
Der junge Schiffer

Dort bläht ein Schiff die Segel,
frisch saust hinein der Wind!
Der Anker wird gelichtet,
das Steuer flugs gerichtet,
nun fliegt's hinaus geschwind.

Ein kühner Wasservogel
kreist grüßend um den Mast,
die Sonne brennt herunter,
manch Fischlein, blank und munter,
umgaukelt keck den Gast.

Wär' gern hineingesprungen,
da draußen ist mein Reicht!
Ich bin ja jung von Jahren,
da ist's mir nur ums Fahren.
Wohin? das gilt mir gleich!

(1836)

Leitner, Anton G./Trinckler, Gabriele (Hg.): Gedichte für Reisende. dtv: München 2015, S. 40;
Bild: akg-images

- *Lesen Sie sich das Gedicht „Der junge Schiffer" aufmerksam durch. Erkennen Sie Parallelen zu den von Ihnen verfassten Texten?*
- *Versehen Sie die drei Strophen jeweils mit Überschriften. Was ist das Besondere an diesem inhaltlichen Aufbau? Berücksichtigen Sie dabei auch, welche Erwartungen der Gedichttitel auslöst.*

Best.-Nr. 022726

Joachim Ringelnatz wurde 1883 als Hans Bötticher als Sohn eines Schriftstellers in der Nähe von Leipzig geboren. Ohne Wissen seiner Eltern heuerte er ab 1901 als Schiffsjunge bei der Handelsmarine an. Bis 1905 arbeitete er als Matrose auf verschiedenen Segel- und Dampfschiffen. In Hamburg absolvierte er eine kaufmännische Lehre und arbeitete in verschiedenen Jobs in Hamburg, später in München. Er veröffentlichte Gedichte und andere, z. T. autobiografische Texte. Im Ersten Weltkrieg war er Offizier bei der Kriegsmarine.
Ab 1919 nannte er sich Ringelnatz. 1920 erschienen die Balladen vom Seemann „Kuddeldaddeldu“. Mit seinen Gedichten und Texten war er auf Kleinkunstbühnen in ganz Deutschland unterwegs. Ab 1933 erteilten ihm die Nationalsozialisten Auftrittsverbot. Völlig verarmt starb Joachim Ringelnatz 1934 in Berlin.

Joachim Ringelnatz (1883 – 1934)
Reisegeldgedicht

Es gibt der Worte nicht genug,
Um Heim und Heimat laut zu preisen.
Um zehn Uhr vierzig geht mein Zug.
Adieu! Adieu! Ich muß verreisen.

Mein Reisekoffer, frisch entstaubt,
Folgt seiner Sehnsucht in die Weite
Und hat mir freundschaftlich erlaubt,
Daß ich ihn unterwegs begleite.

Und Sehnsucht, Kohle und Benzin
Soll uns recht fern durch Fremdes treiben,
Damit wir denen, die wir fliehn,
Recht frohe Ansichtskarten schreiben.

Auf Wiedersehn! Ich reise fort.
Mein Reisegeld sucht andres, andre.
Bis ich erkenne: Hier ist dort
Und neu vergnügt nach Hause wandre.

(1932 e.)

Leitner, Anton G./Trinckler, Gabriele (Hg.): Gedichte für Reisende. dtv: München 2015, S. 31; Bild: Picture-Alliance GmbH/dpa

- *Bereiten Sie einen anschaulichen Gedichtvortrag vor. Versuchen Sie, dabei den leicht-vergnüglichen Grundton zu treffen.*
- *Handelt es sich beim lyrischen Ich um jemanden, der gern oder nicht gern verreist? Begründen Sie Ihre Auffassung mit dem Text.*
- *Das lyrische Ich bricht zu einer Reise auf und lässt die, die „Heim und Heimat laut […] preisen“ (V. 2), zurück. Stellen Sie diese Situation in Form eines Standbildes dar.*

Best.-Nr. 022726

Georg Trakl wuchs in Salzburg als Sohn eines Eisenbahnwarenhändlers in gutbürgerlichen Verhältnissen auf. Schon in seiner Jugend litt Trakl unter depressiven Verstimmungen und versuchte mehrfach erfolglos, sich das Leben zu nehmen. Die Bekanntschaft und Freundschaft mit dem Herausgeber der Zeitschrift „Der Brenner“, Ludwig von Ficker (1880 – 1967), eröffnete ihm die Möglichkeit, seine Gedichte zu veröffentlichen und sich literarisch zu entwickeln. Nach Kriegsausbruch war Trakl im Sanitätsdienst in Galizien tätig und musste nach der Schlacht von Grodek die Verwundeten betreuen – eine traumatische Erfahrung. Er starb 1914 an einer Überdosis Kokain.

Georg Trakl (1887 – 1914)
Der Spaziergang (Strophe 1 – 3)

Musik summt im Gehölz am Nachmittag.
Im Korn sich ernste Vogelscheuchen drehn.
Holunderbüsche sacht am Weg verwehn;
Ein Haus zerflimmert wunderlich und vag.

In Goldnem schwebt ein Duft von Thymian,
Auf einem Stein steht eine heitere Zahl.
Auf einer Wiese spielen Kinder Ball,
Dann hebt ein Baum vor dir zu kreisen an.

Du träumst: Die Schwester kämmt ihr blondes Haar,
Auch schreibt ein ferner Freund dir einen Brief.
Ein Schober[1] fliegt durchs Grau vergilbt und schief
Und manchmal schwebst du leicht und wunderbar.

(1913)

Georg Trakl: Sämtliche Gedichte. Insel Verlag: Berlin 2014; Bild: Picture-Alliance GmbH/akg-images

1 **Schober** = Raum zum Aufbewahren von Heu/Stroh

- *Hören Sie dem Gedichtvortrag mit geschlossenen Augen zu.*
- *Tauschen Sie sich zu zweit darüber aus, was Sie während des kurzen „Spaziergangs“ gesehen haben.*
- *Gleichen Sie die Ergebnisse mit Ihren Mitschülerinnen und Mitschülern ab.*
- *Lesen Sie jetzt die beiden ersten Strophen. Listen Sie auf, welche Objekte und Orte von dem Sprecher des Gedichts wahrgenommen werden.*
- *Welche Sinne sind dabei aktiv? Setzen Sie die Tabelle fort.*

Georg Trakl: „Der Spaziergang“ – Wahrgenommene Objekte und beteiligte Sinne

Vers	wahrgenommene Objekte	beteiligte Sinne
1	Wald	Hören

Best.-Nr. 022726

■ *Fassen Sie die im Informationstext genannten Merkmale der Epoche zusammen und stellen Sie noch einmal einen Zusammenhang mit dem Gedicht her.*

Die Zeit des Expressionismus

Die Epoche des Expressionismus (1910–1925) war gekennzeichnet durch einen **radikalen Bruch** mit traditionellen Lebens- und Denkformen und dem Versuch, aus den erstarrten gesellschaftlichen und künstlerischen Normen auszubrechen.

Dem allgemeinen Gefühl der Verunsicherung, der Desorientierung und des Werteverlustes wurde der **Wunsch nach gesellschaftlicher** und **künstlerischer Erneuerung**, nach „Aufbruch", entgegengesetzt.

Themen der expressionistischen Literatur waren vor allem **Krieg**, **Großstadt**, **Zerfall**, **Angst**, **Ich-Verlust** und **Tod**. Auch das Hässliche, Kranke und Wahnsinnige wurde zum Gegenstand literarischer Darstellungen. Die Natur wurde häufig zum Spiegelbild seelischen Leidens.

Den Künstlern dieser Epoche ging es nicht um eine realistische Wiedergabe der Welt. Entsprechend ungewöhnlich war die expressionistische **Sprache**. Sie ist gekennzeichnet durch das **Aufbrechen sprachlicher Konventionen.** Sogenannte „kühne Metaphern", die oft aneinandergereiht werden, eine ausgeprägte Farbsymbolik und Wortneuschöpfungen prägen die expressionistische Lyrik.

Andererseits weisen expressionistische **Gedichte** oft eine **klare** und **strenge äußere Form** auf. Wie in der Epoche des Barock spielt z. B. die Sonettform eine große Rolle. Zu erklären ist dies mit dem Bedürfnis der Autorinnen und Autoren, der Undurchsichtigkeit und dem Chaos der Zeit etwas Geordnetes entgegenzusetzen.

Heinrich Heine wurde 1797 in Düsseldorf als Sohn eines jüdischen Textilkaufmanns geboren und war einer der bedeutendsten deutschen Dichter, Schriftsteller und Journalisten. Nach einer kaufmännischen Lehre absolvierte Heine von 1819 bis 1825 zunächst ein Jurastudium. In dieser Zeit nahmen literarische Interessen und schriftstellerische Tätigkeiten bereits einen großen Raum ein. Um der ständigen Diskriminierung als Jude zu entgehen, ließ sich Heine 1825 protestantisch taufen, doch seine beruflichen Chancen verbesserten sich dadurch nicht. Seine erste größere Veröffentlichung waren 1826 die „Reisebilder" und ein Jahr später das „Buch der Lieder". 1831 ging Heine, der gegen die politischen Verhältnisse im Deutschland der Restaurationszeit aufbegehrte, als Korrespondent der „Allgemeinen Zeitung" nach Paris. Hier konnte er außerdem den scharfen Zensurbestimmungen entgehen. 1843 kehrte er noch einmal nach Deutschland zurück, um seine Mutter und seinen Verleger in Hamburg zu besuchen. Die Erlebnisse dieser Reise verarbeitete er in dem 27 Kapitel (Capita) umfassenden Versepos „Deutschland. Ein Wintermärchen".
Die letzten acht Jahre seines Lebens war Heine aufgrund einer Erkrankung ans Bett, seine „Matratzengruft", gefesselt. 1856 starb er in Paris.
Heinrich Heine war zunächst ein Dichter der Romantik („Buch der Lieder"), aber zugleich auch ihr Überwinder, indem er die Geisteshaltung kritisierte und sich politischen Themen zuwandte. Sich selbst bezeichnete er als einen „entlaufenen Romantiker".

Heinrich Heine (1797 – 1856)
Wo?

Wo wird einst des Wandermüden
Letzte Ruhestätte sein?
Unter Palmen in dem Süden?
Unter Linden an dem Rhein?

Werd ich wo in einer Wüste
Eingescharrt von fremder Hand?
Oder ruh ich an der Küste
Eines Meeres in dem Sand?

Immerhin! Mich wird umgeben
Gotteshimmel, dort wie hier,
Und als Totenlampen schweben
Nachts die Sterne über mir.

(1822/44)

Briegleb, Klaus: Heinrich Heine. Sämtliche Werke, Bd. 4. Hanser Verlag: München 1968ff., S. 483 – 484; Bild o.: Bridgeman Images/Hamburger Kunsthalle

Alamy Stock Photo/Glenn Harper

Heinrich Heines Grab in Paris Montmartre

- *Lesen Sie das Gedicht Heinrich Heines still und tauschen Sie sich mit Ihrem Sitznachbarn oder Ihrer Sitznachbarin über Ihre Eindrücke aus.*
- *Fassen Sie die wichtigsten Lebensstationen Heinrich Heines mithilfe des Informationstextes zusammen.*
- *Erläutern Sie, wie man vor diesem Hintergrund die Bezeichnung „Wandermüden" (V. 1) verstehen muss.*

Best.-Nr. 022726

Mascha Kaléko (geb. 1907) stammte aus einer russisch-jüdischen Familie in Galizien (heute Polen). Bald verließ die Familie die Heimat, um nach Deutschland zu ziehen; Mascha Kaléko wuchs in Marburg und Berlin auf, machte dort eine Ausbildung als Sekretärin und arbeitete für die jüdische Gemeinde. Ab 1930 erschienen ihre ersten Gedichte; sie hatte gute Kontakte zur Berliner Kulturszene, musste dann 1938 mit ihrem Mann aus Nazideutschland nach New York emigrieren. Nach dem Krieg unternahm sie mehrere Lesereisen durch Europa. 1960 folgte sie ihrem Mann nach Jerusalem. Mascha Kaléko starb 1975 in Zürich.

Mascha Kaléko (1907 – 1975)
Kein Kinderlied

Wohin ich immer reise,
Ich fahr nach Nirgendland.
Die Koffer voll von Sehnsucht,
Die Hände voll von Tand.
So einsam wie der Wüstenwind.
So heimatlos wie Sand:
Wohin ich immer reise,
Ich komm nach Nirgendland.

Die Wälder sind verschwunden,
Die Häuser sind verbrannt.
Hab keinen mehr gefunden.
Hat keiner mich erkannt.
Und als der fremde Vogel schrie,
Bin ich davongerannt.
Wohin ich immer reise,
ich komm nach Nirgendland.

(1968)

Kaléko, Mascha: Mein Lied geht weiter. Hundert Gedichte. dtv: München 2017, S. 82; Bild: ullstein bild

1 **Tand** = nutzloses Zeug

- *Charakterisieren Sie das lyrische Ich anhand seiner Selbstaussagen. Was erfahren Sie über den gegenwärtigen Zustand des lyrischen Ich und seine Vergangenheit?*
- *Welche Funktion haben die unterschiedlichen Tempusformen?*
- *Fassen Sie die Situation des lyrischen Ich resümierend zusammen.*

Best.-Nr. 022726

Molla Demirel wurde 1948 in der Türkei geboren; seit 1972 lebt er in Münster, wo er als Medienpädagoge und Sozialarbeiter tätig ist. Er hat zahlreiche Gedichtbände und Erzählungen veröffentlicht.

Molla Demirel (geb. 1948)
Trauer der Augen

Dampf steigt über meinen Tisch
aus dem heißen Tee,
ein flammender Schmerz
schneidet in meiner Brust.

Meine Tasche und eine Reise
mit dem Bus, dein kaltes Gesicht
auf warm sich windenden
Wegen zum Mittelmeer.

Wenn die Gesichter lachen,
beschatten Wolken die Augen.
Ich weiß nicht,
ob wegen der Preiserhöhungen
oder von Reisemüdigkeit.

Welches Gift hat die Lungen gelähmt?
Die Menschen sind schweigsam,
ewig leiert lediglich die Kassette im Gerät
„Diese Welt hat mich verbrannt".

Hinter uns steigen
die Ausdünstungen des Asphalts
zu gelben Wolken,
die unsere Augen verhängen.

(2001)

Demirel, Molla: Blatt für Blatt. Anadolu: Hückelhoven 2001, S. 13;
Bild: Demirel, Molla

- *Halten Sie stichwortartig fest, welche Bilder beim Hören des Gedichts „Trauer der Augen" in Ihnen entstanden sind.*
- *Beziehen Sie diese Bilder auf das lyrische Ich. Wer könnte sich dahinter verbergen?*
- *Charakterisieren Sie das lyrische Ich textnah im Hinblick auf seine Wahrnehmungen.*
- *Ziehen Sie ein Resümee.*
- *Erläutern Sie die Bedeutung der Überschrift.*

Best.-Nr. 022726

Gottfried Benn wurde 1886 als Sohn eines protestantischen Pastors in der Provinz Brandenburg geboren. Nach der Gymnasiallaufbahn studierte er auf dessen Wunsch Theologie und Philosophie, entschied sich dann aber für ein Medizinstudium und war als Militärarzt im Ersten Weltkrieg tätig. Anschließend eröffnete er eine Praxis für Haut- und Geschlechtskrankheiten. Seine wohl berühmteste Gedichtsammlung „Morgue und andere Gedichte" wurde 1912, kurz nach dem Ende seines Studiums, veröffentlicht und schockierte die bürgerliche Öffentlichkeit durch den kalten, schonungslos analytischen Blick des Arztes auf den menschlichen Körper und dessen Verfall.

Gottfried Benn (1886 – 1956)
Reisen

Meinen Sie Zürich zum Beispiel
sei eine tiefere Stadt,
wo man Wunder und Weihen
immer als Inhalt hat?

Meinen Sie, aus Habana[1],
weiß und hibiskusrot,
bräche ein ewiges Manna[2]
für Ihre Wüstennot?

Bahnhofstraßen und Rueen,
Boulevards, Lidos, Laan –
selbst auf den Fifth Avenueen
fällt Sie die Leere an –

ach, vergeblich das Fahren!
Spät erst erfahren Sie sich:
bleiben und stille bewahren
das sich umgrenzende Ich.

(1950)

1 **Habana** = Havanna, die Hauptstadt Kubas
2 **Manna** = das Himmelsbrot, das Gott den Israeliten auf ihrer Wanderung durch die Wüste als Nahrung anbot

Wellershoff, Dieter (Hg.): Gottfried Benn. Gesammelte Werke, Bd. 1, Limes Verlag: Wiesbaden 1960, S. 327; Bild: Picture-Alliance GmbH/akg-images

- *Erschließen Sie sich zunächst in Ihrer Gruppe den Inhalt des Gedichts. Welche Haltung gegenüber dem Reisen wird hier deutlich?*
- *Klären Sie, in welcher Weise dem Gedicht eine Dialogsituation zugrunde liegt.*
- *Entwickeln Sie einen möglichen Dialog, in den das Gedicht selbst eingebunden ist und in dem die Strophen als Reaktionen auf Reisedarstellungen eines (oder mehrerer) fiktiven Gegenübers fungieren.*
- *Sprechen und spielen Sie Ihre Dialoge. Überlegen Sie, wie Sie die unterschiedlichen Haltungen mithilfe körpersprachlicher Mittel zum Ausdruck bringen können.*
- *Verwenden Sie für die Textfassung die Form eines Regiebuchs.*

Rolle	Text	Sprech- und Spielanweisung
Reisender 1	*Ich komme gerade aus Zürich, eine faszinierende Stadt.*	*begeisterte Sprechweise*
Reisender 2	*Erzählen Sie doch mal.*	*zeigt sich interessiert*
Reisender 1	*Allein die Lage am See und der Blick auf die Berge, die elegant gekleideten Menschen …*	*setzt seine euphorische Sprechweise fort, auffällige Gestik*
Sprecher	*„Meinen Sie Zürich zum Beispiel/sei eine tiefere Stadt,/wo man […]"*	*spricht distanziert, ernüchternd …*

BS 2

Best.-Nr. 022726

Dieter E. Zimmer (geb. 1934)
Warnung vor Tourismus. Ein Brief an Gottfried Benn

Sehr verehrter Herr Benn,
wenn Sie mich so fragen (und ich hatte ja nun fast drei Jahrzehnte Gelegenheit, darüber nachzudenken): Nein. Ich meine nicht, Zürich *sei eine tiefere Stadt.* Das Wort *tief* im Zusammenhang mit egal welcher Stadt erscheint mir überhaupt unpassend. *Wunder und Weihen*, gar ständige, vermute ich in dieser Bankenmetropole schon gar nicht. Bei *Wunder und Weihen* fiele mir eher Lourdes ein, und die dort praktizierte Tiefe ist mir so wenig geheuer, dass ich den Ort immer sorgsam gemieden habe.

Was Habana angeht: Wenn auch kein *ewiges Manna*, so doch Ermutigungserlebnisse haben einige dort letzthin gesucht; aber dass keinerlei *Wüstennot* dort gelindert würde, hätte ich gleich gewusst. Am stärksten aber musste ich einmal auf der 5th Avenue an Ihre Frage denken: Wie kamen Sie zu der Vermutung, ausgerechnet dort falle einen *Leere* an? Ich weiß schon, Sie meinten die andere, die innere; aber so leer kann sich einer allein gar nicht fühlen, dass er dort nicht vor allem den Eindruck hätte, von Fülle überfallen zu werden.

Darum, möchte ich jetzt sagen, war die Frage nicht ganz die richtige, und auf unrichtige Fragen gibt es selten richtige Antworten. Unsereins reist nicht, weil er ein ewiges Manna sucht, sondern weil die Welt voll ist von Unterschieden, auch unterschiedlichen Anblicken. Wer inmitten der endlosen grauen Wochen beispielsweise am Bayerischen Platz in Berlin zu leben gezwungen ist (als Schüler und Student bin ich dort manchmal mit dem Fahrrad ergriffen an Ihrem Haus vorbeigefahren), könnte doch auch ganz ohne Wunderhoffnungen das Bedürfnis verspüren, seinen Sinnen einen anderen, einen heftigeren, einen ansprechenderen Eindruck zuzuführen.

Sie wussten das natürlich ganz genau. Sonst hätten Sie, damals in den Fünfzigerjahren, als das Volk nach den Capri-Fischern schmachtete und die große Reiseraserei anhob, sich und uns nicht so gebieterisch dieses „Hiergeblieben" zugerufen. Schon die Art, wie Sie die *Bahnhofstraßen und Rueen*, die *Boulevards, Lidos, Laan* in aller Welt so genussvoll und kosmopolitisch aufzählen, zeugt von langen touristischen Gedankenspaziergängen in den armseligen Jahren großdeutschen Eingesperrtseins, und *weiß und hibiskusrot* war und ist Berlin-Wilmersdorf nun wahrhaftig nicht. Es war gewiss nicht notwendig, eine simple Fahrt nach Zürich zu einer Alles-oder-nichts-Angelegenheit zu machen, sich den zwar nicht alle Seelennot behebenden, aber in dem einen oder anderen Licht doch wohltuenden Anblick des Limmatquais zu versagen. Kurz, Ihr Gedicht hat niemanden und auch mich nicht aufgehalten, und doch ist es mir überallhin nachgegangen. Immer, wenn ich es mir wiederhole, kriecht mir eine tiefe Rührung am Brustbein entlang in die Kehle. [...]

Und wenn ich auch meine, dass Sie all den fremden Straßenzügen Unrecht taten, als Sie sie von vornherein verschmähten, so hatten Sie doch auch wieder recht. Mit uns fremd gewordenen Vokabeln (*Tiefe, Wunder, Weihe, Manna*) deuten Sie auf ein unbefriedbares Verlangen hin, das in der Tat den Motor unserer Ortsveränderungen bildet. Wir wissen nicht, worauf dieses Verlangen eigentlich hinauswill, wir gäben sofort zu, dass wir die eigene Haut auch an den fremden Orten nicht abstreifen werden ... und trotzdem, irgendwie ... wäre es nicht möglich, dass uns eine andere Umgebung geradezu *wunder*bar befreite von den zuweilen so schwer erträglichen Festlegungen zu Haus? Ohne den beharrlichen Druck dieses Verlangens: wir studierten kaum je einen Fahrplan, eine Straßenkarte.

1000 Deutsche Gedichte und ihre Interpretationen. Herausgegeben von Marcel Reich-Ranicki. Insel Verlag: Frankfurt/M. 1995, S. 236ff.

- *Lesen Sie den Brief Zimmers und stellen Sie heraus, ob der Wissenschaftsjournalist eher zustimmend oder kritisch auf das Gedicht reagiert.*
- *Mit welchen Erfahrungen und Erlebnissen stimmt er überein, wo hat er anderes erlebt? Gehen Sie dabei von der Aussage aus: „Kurz, Ihr Gedicht hat niemanden und auch mich nicht aufgehalten" (Z. 52f.), zu reisen.*

Best.-Nr. 022726

Günter Kunert wurde 1929 in Berlin geboren und als Halbjude im Dritten Reich für „wehrunwürdig" erklärt.
Kunert studierte noch 1945 in Berlin an der Hochschule für Angewandte Kunst. Er lebte dann als freier Schriftsteller, Zeichner und Maler in Ostberlin, gefördert von J. R. Becher und B. Brecht. Als Mitunterzeichner einer Petition gegen die Ausbürgerung Wolf Biermanns (1976) wurde Kunert 1977 aus der SED ausgeschlossen. Seit Herbst 1979 lebt er in der Bundesrepublik. Kunert schreibt in allen Gattungen mit starkem zeitkritischem Engagement. Der Titel seines ersten Lyrikbandes „Wegschilder und Mauerinschriften" (1950) kann als programmatisch für sein umfangreiches Gesamtwerk gelten.

Günter Kunert (geb. 1929)
Unterwegs nach El Paso[1]

Weite und Leere und der Himmel
sehr hoch. Durch die Endlosigkeit
wollen dürre Gewächse jeden begleiten
und bleiben doch immer zurück.
Nur die Felsengebirge
müssen sich um ihr Dasein nicht mühen.
Das Blut toter Gürteltiere
bildet auf dem Straßenbelag oftmals
Zeichen
von keinem entziffert weil keiner anhält
weil keiner es wagt
weil
am lebendigsten die Gefahr
dass sich selber verlorengeht
wer in die Weite wer in die Leere
seine Füße setzt.

(1978)

Kunert, Günter: Verlangen nach Bomarzo. Reisegedichte. Carl Hanser Verlag: München 1978, S. 45; Bild: ullstein bild/Gezett

---

1 **El Paso** = Stadt in Texas

- *Teilen Sie den Text von „Unterwegs nach El Paso" von Günter Kunert nach unterscheidbaren Bildsequenzen ein. Stellen Sie sich zu diesem Zweck vor, Sie sollten das beschriebene Geschehen verfilmen. Tauschen Sie sich darüber aus, welche Einzelbilder Ihnen wichtig wären. Dabei muss es sich nicht zwangsläufig um eine Illustration des Textes handeln, das Material kann auch symbolischen Charakter haben.*
- *Suchen Sie in Zeitschriften oder im Internet nach entsprechendem Bildmaterial und erstellen Sie eine Text-Bild-Collage.*
- *Überlegen Sie sich in Ihrer Gruppe eine geeignete Form der Präsentation.*

Best.-Nr. 022726

Bertolt Brecht (1898 – 1956) wurde in Augsburg geboren und studierte nach dem Abitur Philosophie und Medizin in München, widmete sich aber schon zu dieser Zeit mehr der Literatur. 1924 ging er als Dramaturg ans Deutsche Theater nach Berlin. 1933 floh Brecht vor den Nationalsozialisten ins Exil nach Dänemark, wo viele seiner bekanntesten Gedichte entstanden. Nach dem Einmarsch deutscher Truppen in Dänemark zog er zunächst nach Finnland und dann in die USA. 1947 kehrte er nach Ostberlin zurück und gründete zusammen mit Helene Weigel das Berliner Ensemble.
Brecht ist Begründer des Epischen Theaters, das erzählende Elemente in das Bühnenstück integriert.

Bertolt Brecht (1898 – 1956)
Der Radwechsel

Ich sitze am Straßenrand
Der Fahrer wechselt das Rad.
Ich bin nicht gern, wo ich herkomme.
Ich bin nicht gern, wo ich hinfahre.
Warum sehe ich den Radwechsel
Mit Ungeduld?

(1953)

Brecht, Bertolt: Gesammelte Gedichte. Band 3. Suhrkamp Verlag: Frankfurt/M. 1976, S. 1009; Bild: Picture-Alliance GmbH/dpa

- *Welche Assoziationen verbinden Sie mit der Überschrift und den Einzelversen?*
- *Bertolt Brecht war (auch) ein politischer Dichter, der konkrete Vorstellungen von einer gerechten und freien Gesellschaft hatte, die sich an kommunistischen Ideen orientierte und das Ergebnis eines langen historischen Prozesses sein sollte. Deuten Sie den Text in diesem Sinne.*
- *Diskutieren Sie, in welcher Weise das Gedicht auch existenzphilosophisch als Aussage über den Lebensweg eines Menschen verstanden werden kann.*

Best.-Nr. 022726

Ulrich Beck, geboren 1964 in München, zählte in den Achtzigern zu den Gründungsmitgliedern der „Initiative Junger Autoren“ (IJA). 1986 debütierte er als Schriftsteller mit dem Gedichtband „gleitzeit“. Seine Lyrik erscheint regelmäßig in Anthologien und Zeitschriften, u. a. bei Reclam, dtv oder in „Das Gedicht“. [Im Frühjahr erschien im Anton G. Leitner Verlag/edition DAS GEDICHT sein neuer Gedichtband „komm & geh zeiten“.] Ulrich Beck lebt in Bremen.

www.dasgedichtblog.de/neu-erschienen-in-der-edition-das-gedicht-komm-geh-zeiten-von-ulrich-beck/2018/03/03/(12.07.2018)

Ulrich Beck (geb. 1964)
Reisetag

Brennen bis zum Schluss.
Es ist Nachwinter geworden.
Die kleine Flucht, ein kurzer Flug.
Das Gepäck bleibt liegen.

Leichter Start, die Flügel tragen.
Abschied vom Zählen der Wochentage.
Plötzlich auf immer Sonntag.
Ein schneller Kaffee unter Bäumen

zur Sonne gewandt, die Wärme
der Körper nicht mehr gestemmt
gegen strenge Böen, Rückenwind
ins Blaue: ruhige See.

Dieser Tag, ein einziger Morgen, klar:
Es dreht sich die Welt.
Flügelflattern, noch eine Drehung
und es geht zu Boden.

Mit dem Aufschlag, leicht geöffnet
der Mund, ein leises Gurgeln, schon
verschluckt vom Rauschen der Blätter
an diesem einzigen Morgen, klar:

Das Leben zieht weiter.

(2015)

Leitner, Anton G./Trinckler, Gabriele (Hg.): Gedichte für Reisende. © dtv Verlagsgesellschaft, München 2015, S. 41 f.; Bild: Anton G. Leitner Verlag/© privat

- *„Reisetag“ lautet die Überschrift. Fassen Sie zusammen, wie dieser Tag des Sprechers des Gedichtes verläuft.*
- *Lesen Sie das Gedicht „Reisetag“ erneut und unterscheiden Sie im Hinblick auf die ersten drei Strophen Formulierungen, die sich auf ein (lyrisches) Ich bzw. einen Sprecher und seine Innenwelt beziehen könnten, von solchen, die äußere Gegebenheiten des Reisetages betreffen.*
- *Stellen Sie Aussagen einander gegenüber und klären Sie deren Bedeutung. Was fällt Ihnen auf?*

Folgende Gegenüberstellungen, die auf Folie festgehalten werden können, sind möglich:

Bedeutung	**ichbezogene Aussagen**	**auf äußere Umstände bezogene Aussagen**	**Bedeutung**
angespannt bis zum Beginn der Reise	„Brennen bis zum Schluss."	„Es ist Nachwinter geworden."	Angabe der Jahreszeit: Februar/März? Zwischenzeit, Befreiung von der Kälte

Best.-Nr. 022726

Baustein 3

Sehnsuchtsorte in Poesie und Prosa

Das Konzept für diesen Baustein unterscheidet sich von den anderen des Unterrichtsmodells. Das strukturbildende Prinzip des folgenden Lernangebots zum Thema Reisen orientiert sich an Orten, an geografischen Räumen, von denen zumindest drei auch beliebte Ziele des Massentourismus sind: Berge und Meer sowie Städte. Die Wüste als Reiseziel stellt eine gewisse Seltenheit dar, sie ist auch heute eher ein Sehnsuchtsort von Ausnahmetouristen. Die um diese Orte gruppierten Texte von Autorinnen und Autoren bilden gleichsam eine literarische Resonanz auf ganz unterschiedliche Weise.

Ein typisches Merkmal für die Reiseliteratur ist die fließende Grenze zwischen Fiktionalität und Nichtfiktionalität; dieser Übergang zeigt sich z. B. signifikant am Text von Rolf Dieter Brinkmann über seine Erfahrungen in Rom. Der Bericht von der Ankunft dort setzt sich in eine Art lyrische Prosa fort (**Arbeitsblatt 33**, S. 130 f.).

Angesichts der unüberschaubaren Fülle an Reiseliteratur blieb als Auswahlkriterium für die 14 Texte lediglich der Gesichtspunkt einer guten Mischung: historisch vom 14. Jahrhundert (Petrarca) bis in die Gegenwart (Ortheil). Berücksichtigt wurden Autorinnen und Autoren, davon unverzichtbare Klassiker zu dem Thema, wie Goethe, Herder, von Arnim oder Heine, aber eben auch weniger bekannte wie z. B. Harriet Straub. Die Mischung bezieht sich auch auf die Länge der Texte; neben einer kurzen Notiz von Peter Handke vom Meeresstrand bei Porto findet sich ein längerer Briefauszug Petrarcas von der Besteigung des Mont Ventoux in der Provence. Ausdrücklich nicht berücksichtigt wurden Reisegedichte, weil für diese der Baustein 2 reserviert ist. Die Beiträge von Gisbert Greshake (**Arbeitsblatt 34**, S. 132) und Reinold Messner (**Arbeitsblatt 37**, S. 135) sind keine literarischen Texte; sie wurden in das Materialangebot aufgenommen, weil sie interessante Deutungsaspekte für die anderen Texte anbieten und darüber hinaus weiterführende und anregende Gesichtspunkte ansprechen.

Im Folgenden wird eine detaillierte Zusammenstellung des gesamten Textangebots im Hinblick auf die Textsorten gegeben, die auch inhaltliche Hinweise enthält.

Bei der Reiseliteratur ist es keineswegs selbstverständlich, dass die Dichterinnen und Dichter Selbsterlebtes zum Ausdruck bringen, nicht wenige bleiben selbst überwiegend sesshaft und schicken ihre Protagonisten auf Reisen. Den hier zusammengestellten Texten liegt jedoch eine konkret erlebte Begegnung mit dem jeweiligen Ort zugrunde oder eine Reflexion über Erfahrungen mit diesen Orten.

Bei der Auswahl des Materials spielte schließlich auch der Anregungscharakter eine Rolle; die überwiegende Zahl der Texte ist durch einen hohen Grad an Subjektivität geprägt, die sich – durch den Ort ausgelöst – literarisch artikuliert. Es geht in vielen Beispielen um existenzielle Herausforderungen (z. B. Saint-Exupéry) oder Umbruchssituationen in der Biografie (z. B. Herder/Goethe) oder auch nur ein vergleichsweise harmloses Erwachen am Meer (Handke). Die geschilderten Situationen können Schülerinnen und Schüler anregen, sich an ähnliche Situationen zu erinnern oder sie zu imaginieren, um daraus einen Text zu schreiben. Hanns-Josef Ortheil hat dazu in seinem Buch „Schreiben auf Reisen" einige Anregungen gegeben.[1]

[1] Ortheil, Hanns-Josef: Schreiben auf Reisen. Dudenverlag: Mannheim/Zürich 2012

Es ist nicht empfehlenswert, die vier Themen im Unterricht nacheinander abzuarbeiten, vielmehr liegt es nahe, sich im Plenum nur einem oder bestimmten Themen bzw. Orten zuzuwenden, abhängig vom Interesse und der zur Verfügung stehenden Unterrichtszeit.

Eine andere naheliegende Bearbeitungsmöglichkeit, die in diesem Kontext favorisiert wird, ist es, die Materialangebote zeitparallel arbeitenden Gruppen anzubieten, z. B. als Abschluss einer Unterrichtsreihe mit dem thematischen Schwerpunkt Reiselyrik. Zu diesem Zweck erhalten die Schülerinnen und Schüler ein Materialangebot mit unterschiedlichen Texten zu den Orten **Stadt**, **Wüste**, **Berg** und **Meer**.
Grundlage der Bearbeitung ist neben den Texten das **Arbeitsblatt 29**, S. 125f., welches Anregungen zum Umgang mit dem Material enthält und Vorschläge für weitergehende Recherchen und für Präsentationsformen macht. Die Gruppenarbeit ist so zu organisieren, dass – je nach Neigung – die Schülerinnen und Schüler sich jeweils einem Ort zuwenden und diesen bearbeiten. Ideal dürften Vierergruppen sein, bei entsprechender Kursgröße werden verschiedene Orte doppelt besetzt. Die zu erwartenden Ergebnisse dürften so unterschiedlich sein, dass trotz des gemeinsamen Ausgangsmaterials attraktive Varianten der Erarbeitung und Präsentation zu erwarten sind. Ebenso sind natürlich Referate und Facharbeiten auf der Grundlage der Texte möglich.

Um auf die unterschiedlichen Textsorten und ihre Merkmale aufmerksam zu machen und zur ersten inhaltlichen Orientierung werden alle Texte des Bausteins im Folgenden in einem schematisierenden Überblick ausführlich dargestellt und anschließend auf ihren Gehalt hin sukzessive zusammengefasst. Im Unterschied zu den anderen Bausteinen entfällt die didaktische Kleinarbeit hier.

Textsorten im 3. Baustein: Sehnsuchtsorte in Poesie und Prosa

BS	Beispiel	Textsorte	Merkmale
3.1 **S** **T** **A** **D** **T**	Stefan Zweig: Der Rhythmus von New York (**Arbeitsblatt 30**, S. 127)	Feuilleton/ Beitrag für den Kulturteil einer Zeitung	• Es geht um eine persönliche Erschließung der Metropole New York von ihren Schwingungen her, die z. B. auf der Brooklyn-Bridge wahrnehmbar sind. • Die Menschen in dieser Stadt werden in ständiger Bewegung gesehen – diese Dynamik wird zum allgemeinen Deutungsmuster für das amerikanische Lebensgefühl. • Diese Dynamik wird auch als bedrohlich („barbarisch“) bewertet. • Der Text ist eine Mischung aus unterhaltsamer, persönlich geprägter Information und Reflexion.
3.1 **S** **T** **A** **D** **T**	Hanns-Josef Ortheil: Die Berlinreise (Auszug) (**Arbeitsblatt 31**, S. 128)	später überarbeitetes Reisetagebuch (des damals 12-jährigen Autors)	• Grundlage sind die persönlichen Reisenotizen des 12-Jährigen, seine persönlichen Wahrnehmungen in Berlin 1964. • Die besonders vertraute Beziehung zu seinem Vater spielt eine wichtige Rolle (ich/wir). • Die Darstellung der Wahrnehmungen vor Ort wird unterbrochen durch allgemeine Reflexionen, z. B. „Gehen über die Felder“ (Z. 47) – Unterwegssein in der Stadt und in der Natur. Hier geht das Ich/Wir in ein Man über.

BS	Beispiel	Textsorte	Merkmale
3.1 **S** **T** **A** **D** **T**	Johann Wolfgang von Goethe: Italienreise (Auszug) (**Arbeitsblatt 32**, S. 129)	später überarbeitetes Tagebuch/ autobiografischer Text	• Der persönliche Gewinn der Italienreise wird ausgeweitet auf die Leserinnen und Leser, die durch die von ihr inspirierte Literatur indirekt auch profitieren. • Im Zentrum steht eine genaue Beschreibung der von den klassischen Kulturdenkmälern Roms auf den Tagebuchschreiber ausgehenden Wirkung. • Dieser Vorgang wird in seiner allgemeingültigen Bedeutung hervorgehoben: „Der Geist wird zur Tüchtigkeit gestempelt" (Z. 37). • Es werden Empfehlungen gegeben, wie man mit der Menge und Vielfalt der Eindrücke umgehen kann. • Es wird deutlich, dass die Erlebnisse vor Ort aus der Rückschau in ihrer Bedeutung bewertet werden. Das damals Erlebte hat eine grundlegende Veränderung in der Persönlichkeit des Dichters bewirkt.
3.1 **S** **T** **A** **D** **T**	Rolf Dieter Brinkmann: Rom, Blicke (Auszug) (**Arbeitsblatt 33**, S. 130f.)	Brief/Text-Bild-Montage	• Der Brief beginnt mit einer persönlichen Anrede der Adressatin. • Es folgt eine genaue Schilderung der Ankunftssituation in Rom. Die Darstellung des Kontrastes zwischen der Erwartungshaltung des Briefschreibers und den tatsächlichen Verhältnissen vor Ort sollen die Adressatin mit der äußeren und inneren Situation bekannt machen. • Das vorherrschende Gefühl des Briefschreibers ist „Bedrückung" (Z. 54). • Beobachtungen während eines nächtlichen Spaziergangs durch die Straßen Roms werden aneinandergereiht – wie im Albtraum. • Unvollständige Sätze geben stakkatoartig die negativen Eindrücke in drastischen Formulierungen wieder. • Zur Illustration werden Fotos eingefügt.
3.2 **W** **Ü** **S** **T** **E**	Gisbert Greshake: Eine Landschaft wie das Leben (**Arbeitsblatt 34**, S. 132)	Essay	• Dem Text liegen eigene, persönliche Erfahrungen mit der Wüste zugrunde. • Es handelt sich um eine Mischung aus Beschreibung (Farben, Formen ...) und gefühlsbetonter Sprache (Superlative ...), in der die Schönheit der Wüste beschworen wird, um die Leser und Leserinnen zu überzeugen. • Die Darstellung eines natürlichen Details (Oase) wird zu einer allgemeinen Symbolik verallgemeinert: „Leben, Kraft, Anmut." (Z. 23f.) • Vergleich mit Berg und Meer: Landschaften, die schön und lebensbedrohlich zugleich sind • Die (theologische) Pointe ist: In der Wüste zeigt sich, dass die Natur bzw. Schöpfung größer ist als der einzelne Mensch.

BS	Beispiel	Textsorte	Merkmale
3.2 **W** **Ü** **S** **T** **E**	Antoine de Saint-Exupéry: Wind, Sand und Sterne (Auszug) (**Arbeitsblatt 35**, S. 133)	Erlebnisbericht	• Es handelt sich um eine spannende Schilderung der lebensgefährlichen Situation der in der nordafrikanischen Wüste notgelandeten Piloten. • Nicht die Wüstenlandschaft steht im Vordergrund, sondern es sind die Gefahren, die von ihr ausgehen (z. B. die Luftspiegelungen). • Zu den äußeren Gefahren wie Durst und Hitze kommen die zunehmende Orientierungslosigkeit der beiden Männer und das sich steigernde Bewusstsein der näherkommenden Todesgefahr.
3.2 **W** **Ü** **S** **T** **E**	Harriet Straub: In der Wüste untergetaucht (Auszug) (**Arbeitsblatt 36**, S. 134)	(fiktiver) Brief	• Eine anonym bleibende Person wird angesprochen. • Dieser Person wird sowohl die Schönheit der Wüstenlandschaft, vor allem aber die grundlegende Wandlung, welche das Leben in der Wüste an der Briefschreiberin vollzogen hat, mitgeteilt. • Im Schlussabschnitt wird als Fazit ein allgemeiner Appell formuliert: Die persönlich erlebte Veränderung sollte zum Vorbild einer veränderten Mensch-Natur-Beziehung für alle Europäer führen („wir Europäer ...“, Z. 36 ff.).
3.3 **B** **E** **R** **G**	Interview mit Reinhold Messner (Auszug) (**Arbeitsblatt 37**, S. 135)	Interview	• Überwiegend werden kurze Fragen gestellt, die Antworten erfolgen ausführlicher. • Der Interviewte ist die wichtige und für die Leserinnen und Leser interessante Person. • Die Fragen beziehen sich sowohl auf die Person als auch auf das mit ihr verbundene Thema, sie werden so gestellt, dass die Antworten für ein breites Publikum interessant sind. • Der Befragte nutzt die Fragen auch, um für ihn wichtige Botschaften über sich und das Thema dem Publikum mitzuteilen.
3.3 **B** **E** **R** **G**	Francesco Petrarca: Die Besteigung des Mont Ventaux, Brief an Francesco Dionigi de Borgo San Sepolero (Auszug) (**Arbeitsblatt 38**, S. 136 f.)	Brief	• persönliche Anrede • Bezugnahme auf die Gemeinsamkeiten zwischen Briefschreiber und Briefempfänger • rhetorische Fragen an den Adressaten • Selbstoffenbarung und Aufforderung zur Teilnahme an dem Erlebten und seiner Bedeutung für den Briefschreiber
3.3 **B** **E** **R** **G**	Bettina von Arnim: Goethes Briefwechsel mit einem Kinde (Auszug) (**Arbeitsblatt 39**, S. 138)	(fiktiver) Brief	• Der Brief beginnt in direkter Anrede mit einer Frage, die den Adressaten an den Ort (Rochusberg) holen soll. • Es folgen emotional geprägte Selbstoffenbarungen, die eine intensive Anteilnahme des Adressaten erzeugen sollen. • Die anschauliche Schilderung (z. B. Personifizierung des Berges) der natürlichen Umgebung soll den Adressaten berühren und in das Geschehen einbeziehen.

BS	Beispiel	Textsorte	Merkmale
3.4 M E E R	Johann Gottfried Herder: Journal meiner Reise 1769 (Auszug) (**Arbeitsblatt 40**, S. 139)	Reisejournal/ Reisetagebuch	• Es handelt sich um eine sehr persönliche und emotional geprägte Darstellung des Aufbruchs aus der gewohnten Enge. • Die innere Bewegung findet ihren Ausdruck in Ausrufe- und Fragesätzen und langen Aufzählungen. • Auffällig ist eine starke Symbolik durch den Gegensatz von Land (das Feste und Gewohnte) und Meer (das Bewegte und Neue). • Die Ambivalenz des Abschieds wird betont: Seele und Geist werden weit, aber es fließen auch Tränen über das, was zurückbleibt.
3.4 M E E R	Peter Handke: Gestern unterwegs (Auszug) (**Arbeitsblatt 41**, S. 140)	Reiseskizze	• Es wird eine präzise Angabe der Situation gegeben: Strand in Porto – Einschlafen am Spätnachmittag und Erwachen. • Durch den Schlaf an diesem Ort wird eine innere Wandlung ausgelöst – Anspielung auf die Verwandlung des Gregor Samsa in Kafkas Erzählung. • Offenbleibt, ob der Appell „Finde den Urmenschen in dir zurück“ (Z. 18 f.) sich über den Erzähler hinaus auch an die Leserin und den Leser richtet.
3.4 M E E R	Heinrich Heine: Die Nordsee (Auszug) (**Arbeitsblatt 42**, S. 141)	(persönlich geprägter) Reisebericht	• wertende Beobachtungen zu „Land und Leuten“ • Mischung aus Ich-Aussagen und allgemeingültigen Äußerungen („man …“) • Hinweise auf die Geschichte bzw. Legendenbildung des Ortes • anschauliche Naturschilderung und ihre Wirkung auf die Gefühle (Seele!) des Betrachters bzw. des Berichtenden – damit verbunden die Aufforderung, diese Gefühle mitzuempfinden
3.4 M E E R	Virginia Woolf: Morgen am Meer (Auszug) (**Arbeitsblatt 43**, S. 142)	Naturschilderung	• detaillierte Darstellung des Sonnenaufgangs am Meer, insbesondere des Zusammenspiels von Himmel und Meer • genaue Darstellung der Farbigkeit • auffällig viele Vergleiche • zentrales Bild für die aufgehende Sonne: Frau mit Lampe • kein persönliches Ich – keine Erwähnung von Gefühlen

3.1 Sehnsuchtsort Stadt

„Nun wollen die Fluren und die Bäume mich nichts lehren, wohl aber in der Stadt die Menschen“, schreibt der griechische Philosoph Platon[1] und bringt damit die Besonderheit des Ortes „Stadt“ auf den Punkt: Sie ist im Unterschied zu den natürlichen Landschaften Meer, Wüste und Berg menschengemacht und damit im Kern widersprüchlich: Die Faszination der Traumstädte kann neben dem Eindruck stehen, in einer Art „Vorhölle“ (R. D. Brinkmann, s. u.) zu leben. Menschen, die in den Metropolen dieser Welt wohnen, haben diese Widersprüchlichkeit täglich vor Augen. Diese unterschiedliche Wahrnehmung von Stadt findet sich auch in dem vorgelegten Material. Selbst in Goethes Begeisterung über die Kulturschätze Roms mischt sich der Eindruck, dass sich neben der großen Kunst auch Beispiele für Kitsch finden.

[1] Platon: Phaidros (230c). In: Ethik & Unterricht 4/2013, Stadt, S. 4

Stefan Zweig und Hanns-Josef Ortheil

Wie erfahren wir den Lebensraum „Stadt“ – über welche Form der Wahrnehmung können wir ein angemessenes Verständnis für die jeweils besonderen städtischen Räume entwickeln? Zwei Antworten auf diese Fragen bieten die Texte von Stefan Zweig (1881 – 1942) (**Arbeitsblatt 30**, S. 127) und Hanns-Josef Ortheil (geb. 1951) (**Arbeitsblatt 31**, S. 128) an. Beide Beispiele bewegen sich zwischen Poesie und Prosa, zwischen dichterischer Metaphorik und reflektierter Einordnung und Bewertung der Erfahrungen. Eine wichtige Gemeinsamkeit haben beide Texte: Sie machen deutlich, dass nur auf der Grundlage von intensiven Sinneserfahrungen und deren bewusster Reflexion ein angemessenes Verstehen von dem, was die Stadt ausmacht, möglich ist.

Im ersten Abschnitt seines Zeitungsartikels über einen Besuch der amerikanischen Metropole New York 1911 fasst der Schriftsteller Stefan Zweig nach wenigen Tagen seine ersten Erlebnisse zusammen. Er stellt fest, dass er angesichts der Vielfalt und Fremdartigkeit der Eindrücke noch nicht in der Lage ist, all das Wahrgenommene zu ordnen und zu verstehen. Ein Gefühl jedoch hat den Reisenden nachhaltig geprägt: der Rhythmus der Millionenstadt. Diese Schwingungen haben ihn auf der Brooklyn-Bridge erfasst und begleiten ihn bei seiner Stadterkundung.

Die Brooklyn-Bridge spannt sich über den East River und verbindet zwei sehr unterschiedliche Stadtteile New Yorks miteinander, die schon rein äußerlich ganz anders sind: Manhattan, von Hochhäusern geprägt, wirkt wie die Stadt der Zukunft, während Brooklyn mit kleineren Häusern aus gebrannten Ziegeln alteuropäisch aussieht. Früher lebten hier eher Arbeiterfamilien und einfache Leute, während sich in Manhattan die Bankerszene, Kultur und Medien konzentrierten. Seit einigen Jahren ist Brooklyn vor allem in Künstlerkreisen sehr beliebt und sozial aufgewertet worden. Die Brücke sorgt dafür, dass Stadtteile und Milieus in Verbindung bleiben und sich immer wieder neu mischen und sich keine Gettos ausbilden.

Im zweiten Teil seines Textes beschreibt der Autor die Art und Weise, wie sich die Menschen in der Stadt bewegen, und zieht daraus allgemeine Schlussfolgerungen in Bezug auf das amerikanische Lebensgefühl im Unterschied zum europäischen.

Stefan Zweig über Amerika und Europa

Amerika	Europa
will mit aller Kraft in 100 Jahren in Kultur, Wissenschaft und Technik das höchste Niveau erreichen	hat für diese Entwicklung 2000 Jahre gebraucht
vorherrschendes Lebensgefühl: Fortschrittsoptimismus und Geschwindigkeitsrausch; leistungsorientiert	
Hier sind Kräfte am Werk, die sich „ungestüm und barbarisch“ (Z. 71 f.) entwickeln.	

Der Roman „Die Berlinreise“ von Hanns-Josef Ortheil versetzt die Leserin bzw. den Leser in das geteilte Berlin vor dem Bau der Mauer. Der Vater und der 12-jährige Sohn sind aus Westdeutschland angereist und tauchen gemeinsam in die Familiengeschichte vor und während des Zweiten Weltkrieges in Berlin ein. Vor diesem Hintergrund ist klar, dass es sich bei dem Berlinbesuch um viel mehr als eine touristische Unternehmung handelt. Die besondere Verbundenheit zwischen Vater und Sohn spielt eine große Rolle; der Vater kennt sich vor Ort recht gut aus, er schlägt für jeden Tag bestimmte Unternehmungen vor, denen sich der Sohn anvertraut. Alles Erlebte hält der 12-Jährige sorgfältig in Notizen fest und schenkt sie dem Vater in überarbeiteter Form zu Weihnachten.

Ein besonderes Merkmal des Romantagebuchs sind die Unterbrechungen des Fließtextes durch Reflexionen, die bestimmte Details des gerade Berichteten aufgreifen. In diesem Text geht es darum, im Gehen den Unterschied von Stadt und Land zu erleben, wie es in ländlich geprägten Stadtrandgebieten möglich ist.

Hanns-Josef Ortheil über Stadt und Land

„Gehen über die Felder"	„Herumgehen in der Stadt"
Gehen ohne Karte/Orientierung an Landschaftsformen: Feld, See, Fluss ...	Orientierung ohne Informationsmaterial schwierig
keine (wenig) Menschen	viele Menschen
Stille kommt auf, man geht, ohne zu reden: keine Störung durch „Gequassel" (Z. 57).	Es ist immer laut; man unterhält sich ständig: ständiges „Gequassel" (Z. 58 f.).
Das Gehen wird langsamer, von den Landschaftsformen bestimmt.	Man will möglichst schnell von A nach B kommen.
Man überlässt sich frei der Wegführung. Es gibt keine Vorgaben.	Es wird bestimmt, woher und wohin man geht.

Der Auszug aus dem Roman „Die Berlinreise" macht auf den besonderen Reiz von öffentlichen Räumen aufmerksam, die einen Mix aus urban und ländlich geprägten Elementen darstellen.

Johann Wolfgang von Goethe und Rolf Dieter Brinkmann

Von Berlin nach Rom – eine gegensätzlichere Wahrnehmung und Bewertung der „Ewigen Stadt" als die von Goethe und Brinkmann in ihren Texten dokumentierte ist kaum vorstellbar. Während Goethe (1749 – 1832) in seinem Tagebuch (**Arbeitsblatt 32**, S. 129) den Kulturschätzen Roms eine nahezu religiöse Verehrung entgegenbringt („Ich freue mich der gesegneten Folgen auf mein ganzes Leben." (Z. 41 f.), nimmt Brinkmann (1940 – 1975) an diesem Ort vor allem „ein Leben in staubigen Resten der abendländischen Geschichte" (Z. 119 f.) wahr (**Arbeitsblatt 33**, S. 130 f.). In dem Brief an seine Frau und in dem Tagebuchauszug zieht er ironisch bis zynisch über Rom her und möchte, gerade ankommen, am liebsten gleich wieder abreisen. Für den Literaturstipendiaten, für den der Romaufenthalt in der Villa Massimo eine internationale Auszeichnung darstellt, ist klar, dass er in dieser Umgebung auch für eine begrenzte Zeit nicht heimisch wird. So ist er nicht bereit, Italienisch zu lernen. Und noch ein wichtiger Unterschied: Während Goethe mit wachen Sinnen, vor allem mit offenen Augen, die Überfülle an Kunstwerken aufnimmt, taumelt der junge Dichter, von der Hässlichkeit der Stadt wie in einen bösen Traum versetzt, durch die Straßen und wünscht sich „blind, taub, stumm" (Z. 101) zu sein. In Goethes Darstellung werden zwar die besuchten Kulturgüter und Kunstschätze genannt, das viel größere Gewicht liegt jedoch in der Wirkung, die diese auf den Besucher im Sinne eines klassisch geprägten Bildungserlebnisses ausüben. Brinkmann zählt eine Fülle von Einzelwahrnehmungen auf bis hin zu den überhöhten Preisen für die Taxifahrten und bündelt dann die Eindrücke in einem vernichtenden Urteil: „Ein Ersticken in Hässlichkeit wird gegen die Augen betrieben" (Z. 98 f.).

Wenn man zum ersten Mal einen fremden Ort betritt, hängt viel von der psychischen Voreinstellung ab, was man sieht und wie es auf einen wirkt. Es kann keine objektive Wahrnehmung geben, das Wahrgenommene ist zu einem großen Anteil ein Konstrukt dessen, was man sehen will.

Goethe und Brinkmann betreten Rom mit sehr unterschiedlichen Vorprägungen:

Johann Wolfgang von Goethe und Rolf Dieter Brinkmann über ihre Ankunft in Rom

Goethe	Brinkmann
„Die Begierde“, Italien und Rom zu besuchen, hat sich endlich erfüllt, dieser Wunsch war „überreif“! (vgl. Z. 3)	Die lange Anreise mit der Bahn, die ständig wechselnden Landschaften, eine Flut von Eindrücken hat den Reisenden in ein Art „Delirium“ (Z. 9) versetzt. Seine Wahrnehmung ist verzerrt.
„[...] da ich mit Sicherheit empfinde, dass ich so viele Schätze nicht zu eignem Besitz und Privatgebrauch mitbringe, sondern dass sie mir und andern durchs ganze Leben zur Leitung und Fördernis dienen sollen.“ (Z. 7 ff.) Der Reisende weiß schon im Voraus, dass die Reiseerfahrungen für ihn persönlich und in der Form ihrer literarischen Verdichtung auch für die Öffentlichkeit ein unschätzbarer Gewinn sein werden.	„‚Auch ich in Arkadien!‘ hat Göthe geschrieben, als er nach Italien fuhr. Inzwischen ist dieses Arkadien ganz schön runtergekommen und zu einer Art Vorhölle geworden.“ (Z. 40 ff.) Die ersten desillusionierenden Erfahrungen am Bahnhof in Rom setzen sich so fest, dass sie die weiteren Wahrnehmungen nur negativ bestärken.

Der Auszug aus Goethes Tagebuch besitzt eine klare Struktur, die wahrscheinlich aus der späteren Überarbeitung resultiert:

Zeile 1 – 10: Die gefühlsmäßige Ausgangslage: Rombesuch stillt einen überlangen Wunsch.
Zeile 11 – 21: Die bewährte Methode der Wahrnehmung „neuer merkwürdiger“ Gegenstände wird praktiziert: Vorurteilsfrei werden die „Dinge“ ohne jede Wertung wahrgenommen. Die „Einbildungskraft“ (also bloßes Träumen, Sich-Vorstellen bestimmter Kunstwerke) kann die Realerfahrung nicht ersetzen.
Zeile 22 – 42: Die Wirkungen der Kunstwerke und Kulturgegenstände auf den Betrachter: Er wird innerlich gefestigt und bereichert für sein ganzes Leben.
Zeile 43 – 71: Wiederholung der rechten Wahrnehmungsweise: Nicht sortieren oder bewerten, sondern Wirkenlassen. Der Gewinn für den Betrachter: ein neues Leben.

In Zeile 45 f. des Tagebuchauszugs findet sich ein bemerkenswerter Satz, der vielleicht auch die Besonderheit von Goethes Wahrnehmung der Stadt Rom erklärt: „Doch immer sind mir diese herrlichen Gegenstände wie neue Bekanntschaften.“ Das alltägliche Leben in Rom, das nicht-museale Rom, die Menschen in der Stadt bleiben wie ausgespart. Der Dichter hat sich die Kunstwerke vor Ort zu neuen Freunden gemacht, die Begegnung mit ihnen hat sein Leben nicht nur bereichert, sondern grundlegend verändert. Damit ist auch garantiert, dass der Rombesucher als erneuerter Mensch in die Heimat zurückkehrt und als Verdichter seiner Erfahrungen auch andere, die Leserinnen und Leser seiner Werke, an dieser Bereicherung teilhaben lässt.

Wie anders hat Rolf Dieter Brinkmann Rom erlebt:

Der Schriftsteller Rolf Dieter Brinkmann auf einem Spaziergang durch Rom

Atmosphäre	Bauwerke	Menschen	Natur	Straßenbild
„stumpfe Monotonie“ (Z. 25) ...	„überall Zerfall“ „alte Villen“ (Z. 17, 47) ...	„ein grauer Zug erschlaffter Reisender“ (Z. 24 f.) ...	„Sonne – kaputte Bäume“ (Z. 66 f.) ...	„Eindruck einer schmutzigen Verwahrlosung“ (Z. 16 f.) ...

Im zweiten Teil des Textauszugs steigert sich dieses negative Bild von Rom noch, indem der Autor eine Vielzahl von abschreckenden Eindrücken während eines nächtlichen Spaziergangs in drastischen Formulierungen aneinanderreiht, z. B.: „Gespenstische Gegenwart auch hier“ (Z. 95 f.); „erschreckende Abwesenheit von Menschen“ (Z. 96 f.).

3.2 Sehnsuchtsort Wüste

„[...] die Wüste ist nicht da, wo man glaubt. Die Sahara ist lebendiger als eine Hauptstadt, und die volkreichste Stadt wird leer, wenn die wesentlichen Pole des Lebens ihre Kraft einbüßen.“[1] So formulierte der Wüstenkenner Antoine de Saint-Exupéry den Zusammenhang von Stadt und Wüste. Der Autor und Pilot verstand unter den „wesentlichen Pole(n) des Lebens“ vor allem seelische Willenskräfte, die er durch eine zweckrationale Verstandeskultur bedroht sah. In der Wüste wird intensiver erlebt, was Leben und Überleben bedeuten; die Wüstenerfahrenen berichten davon, wie sich ihr Leben auf Wesentliches konzentriert und eine Bereitschaft entsteht, ein anderes, neues Selbstverständnis zu entwickeln. Diese Erfahrungen bringen auch die drei zu bearbeitenden Texte zum Ausdruck.

Gisbert Greshake

Der Auszug aus dem Essay „Eine Landschaft wie das Leben“ von Gisbert Greshake (geb. 1933) (**Arbeitsblatt 34**, S. 132) bringt, ausgehend von persönlichen Erfahrungen, wesentliche Aspekte der Wüste zur Sprache, v. a. ihre Ambivalenz: Sie ist schön und schrecklich zugleich, zwei Eigenschaften, die mittels unterschiedlicher Sinne wahrgenommen werden:

Schönheiten	Gefahren	Sinneswahrnehmung
Stille		Hörsinn
Weite und Formenreichtum		Sehsinn
Muster und Ornamente		Sehsinn
Grün der Oase		Sehsinn
frisches Wasser der Oase		Geschmackssinn
Farbenspiel des Sonnenuntergangs		Sehsinn
	beim Gehen im Sand nicht weiterkommen	Tastsinn
	Hitze, Durst, Müdigkeit	Beteiligung des ganzen Körpers
	Luftspiegelungen	Sehsinn

Als eine besonders intensive Erfahrung wird das Erlebnis einer Wüstenoase geschildert. Der Wüstenreisende erlebt die Farbe Grün nach dem Grau und Braun der Wüstenlandschaft ganz elementar durch den optischen Kontrast. Noch intensiver und belebender schmeckt das frische Oasenwasser. Es wird konkret erfahrbar, dass Wasser das Symbol des Lebens darstellt, eine Erfahrung, die der moderne Mensch auch im Alltag machen kann.
Die Zusammenstellung oben legt nahe, dass die schönen Seiten der Wüste deutlich überwiegen, doch das täuscht. Der Autor vergleicht nämlich Wüste, Hochgebirge und Meer unter

[1] De Saint-Exupéry, Antoine: Bekenntnis einer Freundschaft. Karl Rauch Verlag: Düsseldorf 1999

dem Gesichtspunkt der Gefahrenpotenziale miteinander und neigt dazu, die Wüste als besonders schreckenerregend zu bewerten.

Antoine de Saint-Exupéry

Antoine de Saint-Exupéry (1900 – 1944) war mit der Wüste vertraut, er war eine Zeit lang Chef eines Flugplatzes mitten in der mauretanischen Sahara, umgeben von aufständischen Beduinen, aber die im vorgelegten Text (**Arbeitsblatt 35**, S. 133) geschilderte Situation war auch für ihn einzigartig und lebensbedrohlich: „Aber so war es noch nie gewesen." (Z. 6f.)
Der Pilot und sein Techniker sind auf dem Weg nach Kairo während eines Nachtflugs in der nördlichen Sahara notgelandet. Deutlich wird, worin die größte Herausforderung für eine mögliche Rettung liegt. Es geht darum, sich in einer Natur zu orientieren, die keinerlei Anhaltspunkte dafür bietet, wo man sich befindet, welche Wege und Rückwege man nimmt.

Der Autor und Pilot ist sich der lebensbedrohlichen Situation sehr wohl bewusst. Gerade deshalb ist es bemerkenswert, dass er sich bei der Suche nach möglichen Rettungswegen aus der Weite und Leere der Wüste nicht auf seine Berechnungen zur Bestimmung seines Standortes verlässt, sondern ganz der Intuition folgt, die sich, wie sich dann später zeigt, als zutreffend erweist.
Zunächst ist neben Hitze und Wassermangel für die beiden Verunglückten jedoch die räumliche Orientierungslosigkeit das entscheidende Problem. Die beiden machen den verzweifelten Versuch, den monotonen Wüstenraum mit ihren Fußspuren zu markieren, um sich auf diese Weise zu orientieren. Das Gefühl, die Orientierung verloren zu haben, kennen viele Menschen, auch ohne in der Wüste gewesen zu sein; es ist typischerweise die Übertragung des unstrukturierten Wüstenraumes auf die Großstadt, die ebenfalls Räume aufweist, wo alles gleich aussieht – die städtischen Wüsten.

Harriet Straub

Auch die Schriftstellerin und Ärztin Harriet Straub (1872 – 1945) war wüstenerfahren; von 1898 bis 1904 kümmerte sie sich im Auftrag der französischen Regierung vor allem um die Gesundheit von nordafrikanischen Frauen. 1914 veröffentlichte sie „Zerrissene Briefe", eine Sammlung von fiktiven Briefen, in denen sie ihre Erfahrungen zusammenfasste.[1]
Die Tatsache, dass die Autorin ihre Gedanken unter einem Pseudonym an eine nicht identifizierbare Person („Lieber Freund") publiziert hat, kann zunächst bedeuten, dass sie scharfe Reaktionen auf ihre sehr europakritische Haltung befürchtet hat und sich deshalb schützen wollte. Möglich ist es aber auch, dass sie die Allgemeingültigkeit ihrer Kritik betonen wollte.
Der vorgelegte Textauszug (**Arbeitsblatt 36**, S. 134) ist sprachlich leicht zugänglich und weist die bereits bekannten Merkmale auf: eine Mischung aus einer Beschreibung der Wüste und einer Darstellung der existenziellen Auswirkungen des Lebens dort auf die Briefschreiberin. Die Autorin erklärt in einer Einleitung (vgl. Z. 1 – 13), dass das Leben in der Wüste ihre Sehnsucht nach „der Schönheit der Natur" (Z. 1) vollkommen gestillt hat. Sie hat keinen Anlass mehr, sich andere Sehnsuchtsorte vorzustellen.
Im Hauptteil des Textausschnittes (vgl. Z. 14 – 39) wird ihr eigentliches Anliegen deutlich: Sie will die gängigen Vorurteile über die sogenannte „tote[...] Wüste" (Z. 16f.) widerlegen. Um die Lebendigkeit dieses Ortes zu zeigen, berichtet sie über auffällige akustische Erscheinungsformen (vgl. Z. 22ff.). Schließlich zieht sie eine Bilanz nach fünf Jahren Leben in der Wüste und verwendet dafür das Bild eines Reinigungsrituals.
Die Autorin hat im Hinblick auf die Bilanz ihrer fünf Jahre in der Wüste zwei Aspekte vor Augen:

[1] Interessante Informationen zu Leben und Werk dieser ungewöhnlichen Frau finden sich u. a. hier: www.gleichsatz.de/b-u-t/221149/core1.html (15.04.2018).

1. Sie kritisiert die Haltung, die Welt einzig und allein aus europäischer Sicht zu sehen und zu bewerten (Eurozentrismus). Diese Haltung war vor dem Ersten Weltkrieg sehr verbreitet und die ideologische Grundlage des Kolonialismus.
2. Sie kritisiert die christliche Religion, die nach ihrer Meinung den Menschen als die „Krone der Schöpfung" betrachtet und damit die Natur und die Mitgeschöpfe abwertet bzw. der menschlichen Herrschaft unterwirft (Anthropozentrismus).

3.3 Sehnsuchtsort Berg

Die im Folgenden vorgelegten drei Beispiele zum Sehnsuchtsort Berg zeigen in besonderer Weise, wie im wörtlichen und übertragenen Sinne ein Perspektivwechsel Einfluss auf die persönliche und allgemein menschliche Wahrnehmung hat.

Reinhold Messner

„Die Berge haben mich zu dem gemacht, der ich bin." (Z. 2f.) (**Arbeitsblatt 37**, S. 135) In diesem persönlichen Bekenntnis fasst der bekannte Bergsteiger und Autor Reinhold Messner (geb. 1944) seine Beziehung zu den Bergen in einem Interview zusammen: Das, was seine Persönlichkeit ausmacht, seine Identität, hat er den Erfahrungen in und mit den Bergen zu verdanken, sie haben seinen Lebensweg maßgeblich bestimmt. Damit bestätigt er, was zuvor auch Harriet Straub über die Prägekraft der Wüste auf die eigene Person gesagt hatte. Die Erfahrungen beim Unterwegssein haben den Lebensweg von Reinhold Messner maßgeblich beeinflusst, er hat aus ihnen die entscheidenden Orientierungen gewinnen können. Und die Berge spielen bei dieser Selbstfindung eine besondere Rolle. Der Weg auf den Gipfel und der Blick von oben über die Landschaft ist nach Messner ein existenzielles Schlüsselerlebnis. Neben der räumlichen Übersicht erfährt der Mensch auf dem Gipfel auch eine „Übersicht" über sein persönliches Leben und einen Einblick in das Menschsein allgemein. Messner erinnert in diesem Zusammenhang an die Geschichten der großen Religionsstifter wie Moses, Mohammed und Buddha; sie stiegen von den Bergen herab, um den Menschen die göttliche Ordnung zu bringen.

Petrarca

Von der Frage nach den heiligen Bergen ist es nur ein kleiner Schritt zu dem bekannten italienischen Dichter und Humanisten Petrarca (1304 – 1374) und dessen Beschreibung der Besteigung des Mont Ventoux, die er in Briefform einem Freund mitteilt (**Arbeitsblatt 38**, S. 136f.). Historisch markiert der Text deutlich den Übergang von einer mittelalterlichen zu einer neuzeitlichen Frömmigkeit. Der Glaubensgrundsatz vom Vorrang der Seele gegenüber dem Körper wird transformiert in eine sehr persönliche Erfahrung im Verlauf einer Bergbesteigung, eine Einsicht, die sich nicht als Lehrmeinung vermittelt, sondern sich buchstäblich im Gehen und Nachdenken einstellt, um sich auf diese Weise fest mit der Person zu verbinden. Der im Brief angeschlagene Ton ist von Beginn an sehr persönlich: Endlich wird ein schon lange gehegter Plan umgesetzt, die Bedingungen für die Bergbesteigung sind günstig. Und wie das beim Bergsteigen so ist, steht zunächst die Erfahrung der körperlichen Anstrengung ganz im Vordergrund.
Während sich der Körper dann in einer Pause ausruht, kommt der Geist in Bewegung, verdeutlicht in einem Selbstgespräch.
In der weiteren Schilderung Petrarcas bestätigen sich in einer recht genauen Übereinstimmung die Aussagen Reinhold Messners über das Zusammenfallen von räumlichem Überblick auf dem Gipfel eines Berges mit der Übersicht über das eigene Leben. In Petrarcas Bericht über die Situ-

ation auf dem Gipfel des Mont Ventoux heißt es: „[I]ch genoss bald das Irdische, bald erhob ich nach dem Beispiel des Leibes auch die Seele zum Höheren“ (Z. 95ff.). Die Bereitschaft, Seele und Geist zu erheben, wird unterstützt durch die räumliche Höhe, die sich der Körper erarbeitet hat. Das zentrale Höhenerlebnis wird nun durch ein gelesenes Zitat aus den „Bekenntnissen“ des Augustinus ausgelöst, das genau in die persönliche Situation des Bergbesteigers Petrarca hineingesprochen wird und ihm seine Lage theologisch erklärt: „Und es gehen die Menschen hin, zu bestaunen die Höhen der Berge, die ungeheuren Fluten des Meeres, die breit dahinfließenden Ströme, die Weite des Ozeans und die Bahnen der Gestirne und vergessen darüber sich selbst.“ (Z. 112ff.) Diesen Appell, den Vorrang des Geistig-Seelischen gegenüber allem Irdischen, sei es auch noch so beeindruckend, zu bedenken, trifft den Bergbesteiger wie ein Schlag und nötigt ihn zum sofortigen Abstieg. In der Parallelität von körperlicher und geistig-seelischer Bewegung während dieser Bergbesteigung liegt auch das strukturbildende Prinzip des Brieftextes, der in dem Wechsel von äußerer und innerer Handlung zu sehen ist.

Petrarca: „Die Besteigung des Mont Ventoux“ – Der Wechsel von äußerer und innerer Handlung

Zeile	äußere Handlung	innere Handlung	Bedeutung
1–28	der Aufbruch – die Pause		Ein lang geplantes Vorhaben wird realisiert. Die körperliche Anstrengung ist spürbar.
29–78		Selbstgespräch	Wenn schon die Anstrengung des Körpers beim Bergsteigen erheblich ist, um wie viel leichter erhebt sich die körperlose Seele aus den Niederungen des Lebens.
79–93	Erreichen des Gipfels		den Ausblick genießen
94–106	Aufschlagen der „Bekenntnisse“ des Augustinus		ansteigende Spannung
106–124		die Worte des Augustinus und ihre Wirkung	die Einsicht, „dass nichts Bewunderung verdient außer der Seele. Nur sie allein ist groß, sonst nichts“
125–128	Abstieg		in sich gekehrt, schweigend

Der Ausspruch des Augustinus, der bei Petrarca einen Schock und eine Art Umkehr auslöst, wird heute – auch theologisch betrachtet – Widerspruch auslösen, weil die Opposition von Göttlichem und Irdischem so nicht mehr gesehen wird.

Bettina von Arnim

Der Brief der Bettina von Arnim (1785–1859) an Goethe (**Arbeitsblatt 39**, S. 138) schlägt eine andere Tonlage an als die Schreiben von Harriet Straub oder Petrarca. Von dem Text geht eine ruhige, beinahe liebevolle Stimmung aus, die als Versuch gedeutet werden kann, den verehrten Adressaten in diese Gefühlslage einzubeziehen, worauf dieser – das ist historisch belegt – jedoch nicht eingegangen ist.
Inhaltlich geht es zum einen um den Ort des Geschehens, den Rochusberg, sowie um eine zerfallene Kapelle auf der Erhebung, zweitens um die missglückte Aktion der Briefschreibe-

rin, ein Kruzifix mit einem Blumenstrauß zu schmücken, drittens um den Ausblick von oben in die Weinberge der Umgebung und viertens um den Schlaf der Briefschreiberin auf dem Berg unter freiem Himmel, die anschließende Deutung ihres Traums am Morgen und den Wiederabstieg.
Ganz ähnlich wie bei Petrarca schildert Bettina von Arnim auf dem Berg eine Offenbarung, die ihre Lebensphilosophie zusammenfasst. Wie beim Reinigungsritual in der Wüste verlässt die Dichterin den Berg reingewaschen von Nebensächlichem und auf das Wesentliche konzentriert. „Freiheit von allen Banden, und dass ich nur dem Geist glauben will, der Schönes offenbart, der Seligkeit prophezeit“ (Z. 66 ff.), lautet ihr Schlussfazit.

3.4 Sehnsuchtsort Meer

„Wenn du ein Schiff bauen willst, dann trommle nicht Männer zusammen, um Holz zu beschaffen, Aufgaben zu vergeben und die Arbeit einzuteilen, sondern lehre die Männer die Sehnsucht nach dem weiten, endlosen Meer.“[1] Dieser Appell von Antoine de Saint-Exupéry scheint bei der Autorin und den drei Autoren des folgenden Textangebots angekommen zu sein. Sie haben die Nähe zum Meer gesucht und dieser Begegnung in unterschiedlichster Weise einen literarischen Ausdruck verliehen.

Herder und Handke

Bereits auf den ersten Blick zeigen sich deutliche Unterschiede sowohl in der inhaltlichen als auch in der sprachlichen Ausrichtung zwischen Gottfried Herders (1744 – 1803) Auszug aus „Journal meiner Reise“ (**Arbeitsblatt 40**, S. 139) und Peter Handkes (geb. 1942) Reiseaufzeichnung „Gestern unterwegs“ (**Arbeitsblatt 41**, S. 140). Herders Text beschreibt eine Situation unmittelbar vor dem Antritt einer Schiffsreise, Handke schildert einen Moment des Aufwachsens und vorausgehenden Einschlafens am Atlantikstrand in der Nähe von Porto.

Herders Journal	Handkes Reisenotiz
emotionale Sprache, Fragen, Ausrufe ...	eher nüchterner Protokollstil
Der Protagonist führt sehr engagiert eine Art Selbstgespräch.	zurückhaltende Äußerung des Ich
Die Situation des Berichtenden ist unklar; man kann sich vorstellen, dass er sich im Hafen kurz vor Betreten des Schiffes befindet und bei diesem Übergang überlegt, was er hinter sich lässt und was er sich erhofft.	Der Berichtende liegt offensichtlich ganz entspannt am Strand – es ist der Moment des Einschlafens und Aufwachens gekommen, in dem man sich fragt: „Wo bin ich?“ (Z. 10) Er sagt über sich: „Ich [...] schwieg und war.“ (Z. 16)
genaue Beschreibung von Meer, Himmel, Schiff	spärliche Beschreibung der äußere Situation

Die Gemeinsamkeit der beiden Schilderungen einer Situation am Meer liegt in der inneren Verfassung der Protagonisten: Handke spricht vom „Erlösungsmoment“ (Z. 10) und vom „Neugeborenheitszustand“ (Z. 14).
Herders Zustand lässt sich vergleichbar dazu folgendermaßen beschreiben und deuten:

[1] De Saint-Exupéry, Antoine: Die Stadt in der Wüste. Karl Rauch Verlag: Düsseldorf 2009

Johann Gottfried Herders Gefühlslage beim Aufbruch zur Reise

Formulierung	Bedeutung
„Alles gibt hier dem Gedanken Flügel und Bewegung" (Z. 4)	Der Blick auf Himmel, Meer, Schiffe macht den Kopf frei für Neues.
„Nun trete man mit *einmal* heraus [...] – welch eine andere Aussicht!" (Z. 20)	Neue Perspektiven eröffnen sich, wenn man das Vertraute, Gewohnte hinter sich zu lassen bereit ist.
„O Seele, wie wird dirs seyn, wenn du aus dieser Welt heraustrittst?" (Z. 27 f.)	Bange Fragen kommen auf, wenn man Sicherheiten aufgibt.
„[...] ich hatte Stunden, wo ich keine Tugend [...] begreifen konnte!" (Z. 39 ff.)	tiefe persönliche Selbstzweifel, was die eigene Tugendhaftigkeit betrifft

Aus dieser Übersicht wird die tiefe innere Zerrissenheit des Reisenden deutlich: Er hat den starken Willen, aufzubrechen, sich dem Schiff und seiner Fahrt übers Meer anzuvertrauen, um zu neuen Ufern, zu einem neuen Lebensabschnitt aufzubrechen, aber damit ist auch eine große Unsicherheit verbunden.
Die Welt, die Herder hinter sich lassen will, wird überwiegend so dargestellt, dass der Abschied wie eine Befreiung erlebt wird. Aber zu dem Aufbruch gehört eben auch Trennungsschmerz. Der historisch-biografische Kontext ist darin zu sehen, dass Herder in den Jahren 1764 bis 1769 in Riga lebte und arbeitete und diese Stadt 1769 verließ.
Für beide Protagonisten – Herder und Handke – ist der Blick auf das Meer verknüpft mit einer bevorstehenden bzw. erlebten inneren Wandlung.
Handkes Aufzeichnungen vom Schlaf und Erwachen am Strand enden mit dem seltsamen Satz, der wie eine Aufforderung formuliert ist: „Finde den Urmenschen in dir zurück." (Z. 18 f.) Die Konfrontation mit dem Meer versetzt ihn offensichtlich in einen erwünschten Urzustand des Menschen, macht den Blick frei für etwas Elementares und Wesentliches des Mensch-Seins. Welch ein Identifikationsangebot an den Leser oder die Leserin!?

Heinrich Heine und Virginia Wolf

Heinrich Heine (1797 – 1856) (**Arbeitsblatt 42**, S. 141) und Virginia Woolf (1882 – 1941) (**Arbeitsblatt 43**, S. 142) bringen ihre Beziehung zum Meer auf ganz unterschiedliche Weise literarisch zum Ausdruck und ergänzen sich damit gut. Heines Begegnung mit Meer und Strand löst tiefe seelische Bewegungen aus, setzt Fantasiereisen frei, während die englische Dichterin sich emotionslos auf eine genaue Beschreibung des Sonnenaufgangs am Meer konzentriert.
Heine versetzt sich und damit auch seine Leserinnen und Leser in verschiedene meeresbezogene Situationen, die von der Darstellung der äußeren Umgebung in die Beschreibung dessen übergehen, wonach dem Autor „zumute" (Z. 19) ist. Dazu gehört auch die Erinnerung an eine alte Sage von der im Meer versunkenen Stadt Vineta.[1] Dieses Hin-und Herschwingen zwischen äußeren Vorgängen und seelischen Bewegungen wird zusammengehalten von dem zentralen Motiv der gesamten Schilderung, der Beziehung zwischen Meer und Seele. Die Darstellung ist zusätzlich durch eine sich steigernde Dynamik geprägt, beim nächtlichen einsamen Strandspaziergang ist der Erregungszustand der Seele besonders intensiv.

Der Text ist inhaltlich folgendermaßen strukturiert:

[1] Heine verlegt das Sagengeschehen an die Nordsee, obwohl es dem geografischen Bereich der Ostsee zuzuordnen ist.

Heinrich Heine: „Die Nordsee" – Textgliederung

Zeile 1 – 27	auf dem Schiffsdeck liegend während einer Bootsfahrt um die Insel, Wolken, Himmel, „Meeresstimmen" Wirkung auf das Innenleben: Erinnerungen steigen auf, u. a. an „Evelina", eine begehrte Frau, die historisch nicht eindeutig zugeordnet werden kann.
Zeile 28 – 42	Vergleich zwischen der Tiefe des Meeres und der Tiefe der Seele Auftauchen der sagenhaften Stadt Vineta aus dem Meer in der Fantasie
Zeile 43 – 50	Strandspaziergang mit schönen Ausblicken
Zeile 51 – 63	Nächtlicher einsamer Strandspaziergang: Dünen, Meer, Himmel Wirkung auf das Gemüt: Der menschliche Körper schrumpft, die Seele entwickelt sich „weltenweit" (Z. 57), sie erreicht gefühlt eine kosmische Dimension.

Zwei sprachliche Besonderheiten des Textes unterstützen die Dynamik des beschriebenen Prozesses:

Die Übergänge vom „man" zum „ich" und die verschiedenen Varianten, in denen die Beziehung von Seele und Meer zum Ausdruck kommt (vgl. z. B. „Ich liebe das Meer, wie meine Seele.", Z. 18).
Während des in der Dämmerung stattfindenden Strandspaziergangs erlebt der Autor etwas ganz Besonderes. Obwohl sein Körper klein wird – „ameisenklein" (Z. 55 f.) –, entwickelt er beim Anblick des Meeres ein Gefühl unendlicher Weite, in der er sich aufgehoben und einbezogen fühlt. Das gleicht einem spirituellen Erleben, was ihm ein übergroßer, von Menschenhand gemachter gotischer Dom noch nie bieten konnte.

Virginia Woolfs Beschreibung eines Morgens am Meer erfolgt äußerst kleinschrittig und bleibt ganz auf das Visuelle bezogen. Im Mittelpunkt steht der Prozess des Sonnenaufgangs am Meer in seiner ganzen Vielfältigkeit in Bezug auf Farben und Formen. Wie das Ganze auf die Autorin wirkt, kann bestenfalls zwischen den Zeilen erschlossen werden (vgl. z. B. die verwendeten, subjektiv geprägten Vergleiche). Darin besteht ein entscheidender Unterschied zu der Art und Weise, wie Heinrich Heine die Meeresumgebung erlebt und geschildert hat.

Notizen

Sehnsuchtsorte Stadt, Wüste, Berg und Meer – Erarbeitungsvorschläge

v.o.n.u.: Verlagsgruppe Random House; Rolf Dieter Brinkmann: Rom, Blicke, Rowohlt 1979; Europäischer Literaturverlag/Johann Wolfgang von Goethe: Italienische Reise. Vollständige Ausgabe in einem Band; ©1939 und 2010 Karl Rauch Verlag, Düsseldorf; Reinhold Messner: Der nackte Berg © 2002 Piper Verlag GmbH, München; Philipp Reclam jun. Verlag GmbH; Suhrkamp (2x)

In den folgenden Stunden ist es Ihre Aufgabe, sich in Ihrer Gruppe zu einem der oben genannten Orte Texte zu erschließen, die von unterschiedlichen Autoren und Autorinnen zu unterschiedlichen Zeiten besucht wurden und die in ihren Texten ihre Erfahrungen, Erlebnisse und besonderen Wahrnehmungen zum Ausdruck bringen.

Ihre Aufgabe ist es, diese Texte unter bestimmten Fragestellungen zu lesen, auszuwerten und Ihre Ergebnisse Ihren Mitschülerinnen und Mitschülern – vor allem denen, die einen anderen Ort bearbeitet haben – in geeigneter Form vorzustellen. Bei dem zur Verfügung gestellten Material handelt es sich um Ausgangsmaterial, das Sie durch eigene Bild- und Textrecherchen ergänzen können.

Dabei sollen Sie weitgehend selbstständig arbeiten. Ihr Kurslehrer bzw. Ihre Kurslehrerin steht Ihnen beratend zur Seite.

Bearbeitungsvorschläge

1. *Lesen Sie die Texte sorgfältig durch und klären Sie im Gruppengespräch, was Sie noch nicht verstanden haben.*
2. *Tauschen Sie sich darüber aus, was das Besondere an dem Ort selbst und seiner Darstellung durch die jeweilige Autorin oder den Autor ist.*
3. *Haben Sie gegebenenfalls eigene Erfahrungen mit diesem oder einem vergleichbaren Ort? Berichten Sie davon.*

4. *Erschließen Sie sich nun den Inhalt des Textes genauer. Folgende Fragen können Ihnen dabei helfen:*

- *Was erfährt der Leser bzw. die Leserin über die Motive des Autors oder der Autorin, den Ort aufzusuchen?*
- *Welche besonderen Dinge widerfahren dem Autor bzw. der Autorin an diesem Ort? Gibt es eine ganz besonders einschneidende Erfahrung, von der berichtet wird?*
- *Erläutern Sie, ob es einen Zusammenhang zwischen Besonderheiten innerhalb der Biografie des Autors bzw. der Autorin und den Motiven für die Reise und den Erlebnissen vor Ort gibt.*
- *Recherchieren Sie gegebenenfalls weitere biografische Zusammenhänge.*
- *Wie wird der bereiste Ort im Text bewertet?*
- *In welcher Weise spielt für die Bewertung des Ortes die Anwesenheit von und Begegnung mit Menschen eine Rolle?*
- *Wie wird diese Bewertung sprachlich zum Ausdruck gebracht?*
- *Können Sie eine derartige Bewertung nachvollziehen? Begründen Sie.*
- *Vergleichen Sie die im Text enthaltenen Bewertungen mit möglichen eigenen Erfahrungen.*

5. *Organisieren Sie Ihre Gruppenarbeit zunächst so, dass Sie die Ergebnisse der Textauswertung und der möglichen Recherche zunächst in Stichworten, vielleicht gesondert nach Themengebieten auf Karteikarten oder „Spickzetteln", festhalten.*

Präsentationsvorschläge

1. *Überlegen Sie sich nun geeignete Formen, Ihre Ergebnisse dem Kurs vorzustellen. Denken Sie bitte daran, dass nicht jede Präsentationsform zu jedem Text und Thema passt und Sie in besonderer Weise aufgefordert sind, das Interesse Ihrer Mitschülerinnen und Mitschüler zu wecken. Folgende Möglichkeiten bieten sich an, selbstverständlich können Sie die Methoden kombinieren und eigene Ideen einbringen:*

- *Fassen Sie zunächst wichtige Textdaten zusammen und informieren Sie sachlich über den Autor bzw. die Autorin und die Situation, in der der Text gegebenenfalls entstanden ist.*
- *Auf welche Art lassen sich die Textinhalte vermitteln (Kurzvortrag, dialogischer Text, Interview mit dem Verfasser bzw. der Verfasserin, Erstellen eines Schaubilds zum inhaltlichen Aufbau ...)?*
- *Lassen Sie den Autor oder die Autorin selbst zu Wort kommen und ausdrücken, was der Ort mit ihm oder ihr gemacht hat.*
- *Präsentieren Sie Ihrem Publikum konkrete oder symbolträchtige Gegenstände, die von besonderer Bedeutung sind und nach und nach erläutert werden.*
- *Verfassen Sie eine kleine Szene, die das Erleben des Autors oder der Autorin in besonderer Weise nachvollziehbar macht.*
- *Rezitieren Sie Auszüge aus dem Text in besonders anschaulicher Form oder schreiben Sie einen Gegentext, den Sie ebenfalls vortragen.*
- *Lassen Sie die unterschiedlichen Autorinnen und Autoren ins Gespräch, schreiben Sie einen entsprechenden Text auf, sprechen und spielen Sie diesen.*
- *Erstellen Sie eine funktionale PowerPoint-Präsentation, insbesondere dann, wenn Bilder eine besondere Rolle spielen.*
- *...*

2. *Überlegen Sie sich Möglichkeiten, Ihre Ergebnisse dauerhaft den anderen zur Verfügung zu stellen (großformatiges Plakat, Handout, Lernvideo ...).*

Viel Freude bei der gemeinsamen Arbeit!

Stefan Zweig wurde 1881 in Wien geboren. Seine jüdische Familie war wohlhabend und pflegte einen großbürgerlichen Lebensstil. Stefan Zweig veröffentlichte bereits als Schüler erste Gedichte, später Erzählungen und journalistische Texte. Er studierte Philosophie und war viel auf Reisen, weltweit. Er war vor allem Frankreich und der französischen Literatur eng verbunden. Gegen Ende des Ersten Weltkrieges engagierte er sich von der Schweiz aus für einen europäischen Frieden. Ab 1935 waren seine Bücher in Deutschland verboten. Bereits ein Jahr zuvor war Zweig nach London emigriert; 1940 zog er nach Brasilien; in der Nähe von Rio de Janeiro nahm er sich 1942 das Leben.
Stefan Zweig war ein äußerst vielseitiger, produktiver und erfolgreicher Autor; er hat vor allem historische Biografien verfasst. „Die Schachnovelle" ist eine seiner bekanntesten Erzählungen.

Stefan Zweig (1881 – 1942)
Der Rhythmus von New York

Ein paar Tage erst in dieser verwirrenden, durch ihre fremdartige Vielfalt gleichzeitig erschreckenden und anziehenden Stadt. Nicht genug, um sie ganz zu begreifen, sie, die hundert Sprachen spricht, die Menschen zweier Erdteile zum erstenmal gegeneinander schleudert, Elend und Reichtum zu einem nie dagewesenen Gegensatz auseinanderreißt. Noch verstehe ich ihre Stimme nicht, ahne kaum ihre Formen, aber schon fühle ich, und in jeder wachen Sekunde deutlicher, ihren Rhythmus, diesen unwiderstehlichen, stürmisch erregten Rhythmus der amerikanischen Metropolis. [...]
Zuerst habe ich diesen Rhythmus auf Brooklyn-Bridge gefühlt. Dieser gigantische Bogen, der – ein zierliches Netzwerk von der Ferne – in jenen gewaltigen Massen, die einen am ersten Tag erschrecken und die man nach einer Woche schon wie selbstverständlich fühlt, zwei Millionenstädte verbindet, scheint wie ein Symbol der Festigkeit. Man steht auf der Höhe des Brückenbogens wie auf dem Gipfel eines Berges und misst mit Bewunderung eine weitgebreitete Landschaft. Rechts und links je eine ungeheure Steinmasse mit zackigen Spitzen, den Wolkenkratzern, von beiden Seiten rauscht ein Murren vielfältiger Geräusche. [...]
Irgendein leises Gefühl von Schwindligkeit überkommt einen, man fasst das Geländer. Und da es ist ein merkwürdiger Moment – spürt man: es schwingt einem unter der Hand. Man tastet nochmals. Und wirklich, es schwingt; schwingt ununterbrochen, manchmal stärker, manchmal schwächer, aber stets in gleichem, nie aussetzendem Rhythmus. Von früh bis nachts, von nachts bis früh schwingt diese ungeheure Brücke, deren stählerne Kraft und Wucht gar nicht zu beschreiben ist, wie eine dünne Saite von der menschlichen Masse, seit Jahren vibriert sie so von der elektrischen Spannung dieser Stadt. Dieser Strang, der die zwei Millionenbündel New York und Brooklyn als Nerv verbindet, zittert beständig in jedem Molekül, und jeder, der hier oben steht, schwingt mit von der Erregung der fremden Masse. Hier habe ich zum erstenmal den Rhythmus von New York gespürt. [...]
New York hat keine Gelegenheit, keinen Raum für den Zuschauer, den Untätigen. Nichts ist hier für Rast, für Ausblick eingerichtet. Die Häuser haben keine Balkone, die Squares nur wenige Bänke, und selten sieht man jemanden darauf ausruhen; die Restaurants der Geschäftsstadt sind nur für Eilige eingerichtet, manche haben gar keine Tische, nur kleine Sessel, wie eine Bar, und die Menschen, die hier ihr Essen eilig hinabwürgen, sind gleichzeitig noch anders beschäftigt, sie lesen Zeitung oder verhandeln. Der Bummler hat hier keinen Raum, der Rhythmus schwemmt ihn weg wie ein abgefaultes Holz.
Die zwingende, unentrinnbare, allgegenwärtige Gewalt dieses Rhythmus ist mir das Unvergesslichste von New York. Hier ist schon eine Vorahnung jener Energie gegeben, die Amerika beherrscht, das Land, das in hundert Jahren den Weg zurücklegen will, zu dem Europa zwei Jahrtausende gebraucht hat, und darum so hastet, so gierig, so mit verbissenen Zähnen vorwärts will. Der Rausch der Geschwindigkeit, den man bei uns im Sport empfindet oder bei der Automobilfahrt, ist hier das Lebensgefühl eines ganzen Landes. Europa ist wie ein Sturm, der schon sein Bett gefunden hat und nun in gemächlichem Hinrollen Muße findet, die ganze Welt und den Himmel in Kunst und sanftem Genießen zu spiegeln. Hier ist noch die Unruhe des Unerreichten, der Durchbruch der gestauten Kraft in unbekannte Ufer: wer Urkräfte liebt, kann sie hier ungestüm und barbarisch sich entfalten sehen.

(1911)

Zweig, Stefan: Auf Reisen. Feuilletons und Berichte. S. Fischer: Frankfurt/M. 2004, S. 135 ff.; Bild: Interfoto/IMAGNO

Hanns-Josef Ortheil wurde 1951 in Köln geboren. Seine Kindheit war dadurch geprägt, dass seine Eltern am Ende des Zweiten Weltkrieges und in den ersten Nachkriegsjahren vier Söhne verloren, was seine Mutter zum Verstummen brachte. Bereits als Kind war Ortheil ein begabter Pianist; er studierte Musik- und Geisteswissenschaften und schrieb für viele große Zeitungen. 1979 erschien sein erster Roman „Fermer". Hanns-Josef Ortheil arbeitet auch als Hochschullehrer für Kreatives Schreiben und Poetik und wurde für sein Werk mehrfach ausgezeichnet. 2014 erschien „Die Berlinreise" und 1998 „Faustinas Küsse", ein historischer Roman über Goethes Rom-Aufenthalt. In seinem Roman „Die Berlinreise" reflektiert der Autor eine Reise, die er zusammen mit seinem Vater Anfang der 1960er-Jahre in das geteilte Nachkriegsberlin unternommen hat.

Hanns-Josef Ortheil (geb. 1951)
Die Berlinreise (Auszug)

Wir zogen dann los und gingen zur S-Bahn, und Papa sagte, unsere Tour d'Horizon beginne mit einer Geisterbahnfahrt in den Norden. Ich dachte, er mache wieder mal einen Scherz, aber als wir losfuhren, zeigte er mir auf einem kleinen Plan, dass wir mit der S-Bahn gleich durch gesperrte Bahnhöfe in Ost-Berlin fahren würden, an denen der Zug nicht hielt. Wir würden also durch Geisterbahnhöfe fahren und nach dieser Geisterbahnfahrt würden wir nördlich wieder auf West-Berliner Gebiet ankommen.

Ich passte gut auf, was dann geschah, aber die S-Bahn fuhr recht schnell, sodass die Bahnhöfe an uns vorbeiflogen. Ich sah aber den Bahnhof „Potsdamer Platz", und auf seinen Bahnsteigen war kein Mensch zu sehen. Das alte Schild „Potsdamer Platz" war aber noch zu erkennen, und es brannte auch gelbes Licht, aber alles sah sehr verlassen und tot aus. Unheimlich aber wurde es dadurch, dass wir unter der Erde fuhren, und es war (ein wenig) so, als wären wir wie James Bond auf geheimer Mission und müssten hellwach sein und wären, ohne dass wir genau Bescheid wussten, längst von fremden Mächten umzingelt oder bedroht. [...]

Wir kamen dann in seltsame, abgelegene Gegenden mit so merkwürdigen Namen wie „Wilhelmsruh" oder „Waidmannslust". Dort stiegen wir aus, und Papa schaute sich kurz um und sagte: „Richtig, jetzt weiß ich Bescheid." Da wusste ich, dass er die Gegend von früher wiedererkannte und den Plan der Umgebung im Kopf hatte. Und so ging er auch gleich los, ohne noch auf irgendeine Karte zu schauen, und wir kamen in eine Gegend mit stillen Feldern und Seen und gingen dann an den Seen entlang. Es waren überhaupt keine Menschen unterwegs, und die Landschaft wirkte so einsam wie die Landschaften im Westerwald oft einsam wirken. (Ich finde, die Landschaften im Westerwald wirken aber noch etwas stärker und kräftiger einsam.)

Mir gefiel es in dieser Gegend sehr gut, und ich fühlte mich wohl während unseres Gehens, das endlich mal wieder kein Herumgehen in der Stadt, sondern ein Gehen über die weiten Felder war. (Manchmal denke ich, das Gehen über die weiten Felder ist überhaupt das schönste Gehen. Und wenn man dann noch auf einen Bach, einen Fluss oder sogar einen Strom trifft, kann es eigentlich nichts Schöneres mehr geben.) Beim Gehen über die Felder wird man still und braucht sich nicht laufend zu unterhalten. Auch das Tempo ist genau richtig, nämlich ein Tempo der Natur selbst, die ja auch langsam wächst und sich langsam verändert (und nicht von heute auf morgen zig Kilometer zurückleg.)

Gehen über die Felder

Das Gehen über die Felder ist ein freies Gehen. Niemand sagt einem, wohin man gehen soll und wie schnell und warum überhaupt. Der Kopf bleibt also frei von Befehlen, Gerede oder dummem Gequassel, von dem es in den Städten sehr viel gibt. Das Gequassel ist in Städten besonders dumm, weil man es nicht abstellen kann. Beim Gehen über die Felder gibt es nichts abzustellen, man taucht in die Natur ein, und ganz drinnen in der Natur ist es absolut still (wie im Weltall). [...]

Es war sehr schön, so mit Papa auf der Tour d'Horizon zu sein. Auf einer solchen Tour verweilt man an den einzelnen Stationen nicht lange, sondern bleibt immerzu unterwegs. Man isst und trinkt nicht eine Stunde (oder mehr), sondern höchstens eine halbe. Und dann bricht man wieder auf und geht und fährt und lässt sich die Luft um die Nase wehen. Eine Tour d'Horizon ist also nichts für das genaue und geduldige Kennenlernen und Schauen, sondern eine Tour, bei der man die einzelnen Stationen und Gegenden im Kopf miteinander verbindet, wie man das bei einem Puzzle tut. Stück für Stück setzt man an- und nebeneinander, und langsam entsteht im Kopf dann ein Bild (oder auch ein Gemälde). [...]

Ortheil, Hanns-Josef: Die Berlinreise. btb: München 2015, S. 261 ff.; Bild: ullstein bild/Sven Simon

Johann Wolfgang von Goethe wurde 1749 in Frankfurt/M. geboren. 1768 begann er ein Jurastudium in Leipzig, das er 1771 in Straßburg fortsetzte. Als Autor wurde er ab 1773 mit dem „Götz von Berlichingen“ und 1774 mit „Die Leiden des jungen Werther“ bekannt. 1808 und 1833 erschienen „Faust“ erster bzw. zweiter Teil. Ab 1776 arbeitete Goethe im Staatsdienst des Herzogs Carl August von Weimar. Von 1786 bis 1788 reiste Goethe nach Italien. Sein Reisebericht, „Die italienische Reise“, erschien erst 1816.
Das Bild zeigt Goethe am Fenster seiner Wohnung in Rom, gezeichnet von seinem Mitbewohner, dem Maler Johann Heinrich Wilhelm Tischbein.

Johann Wolfgang von Goethe (1749 – 1832)
Italienische Reise (Auszug)

Rom, den 1. November 1786
[...]
Die Begierde, dieses Land zu sehen, war überreif: da sie befriedigt ist, werden mir Freunde und Vaterland erst wieder recht aus dem Grunde lieb und die Rückkehr wünschenswert, ja um desto wünschenswerter, da ich mit Sicherheit empfinde, dass ich so viele Schätze nicht zu eignem Besitz und Privatgebrauch mitbringe, sondern dass sie mir und andern durchs ganze Leben zur Leitung und Fördernis dienen sollen.
Den 10. November 1786.
Ich lebe nun hier mit einer Klarheit und Ruhe, von der ich lange kein Gefühl hatte. Meine Übung, alle Dinge, wie sie sind, zu sehen und abzulesen, meine Treue, das Auge licht sein zu lassen, meine völlige Entäußerung von aller Prätention[1] kommen mir einmal wieder recht zustatten und machen mich im stillen höchst glücklich. Alle Tage ein neuer merkwürdiger Gegenstand, täglich frische, große, seltsame Bilder und ein Ganzes, das man sich lange denkt und träumt, nie mit der Einbildungskraft erreicht.
Heute war ich bei der Pyramide des Cestius[2] und Abends auf dem Palatin[3], oben auf den Ruinen der Kaiserpaläste, die wie Felsenwände dastehn. Hievon lässt sich nun freilich nichts überliefern! Wahrlich, es gibt hier nichts Kleines, wenn auch wohl hier und da etwas Scheltenswertes und Abgeschmacktes; doch auch ein solches hat teil an der allgemeinen Großheit genommen.
Kehr’ ich nun in mich selbst zurück, wie man doch so gern tut bei jeder Gelegenheit, so entdecke ich ein Gefühl, das mich unendlich freut, ja, das ich sogar auszusprechen wage. Wer sich mit Ernst hier umsieht und Augen hat zu sehen, muss solid werden, er muss einen Begriff von Solidität fassen, der ihm nie so lebendig ward. Der Geist wird zur Tüchtigkeit gestempelt, gelangt zu einem Ernst ohne Trockenheit, zu einem gesetzten Wesen mit Freude. Mir wenigstens ist es, als wenn ich die Dinge dieser Welt nie so richtig geschätzt hätte als hier. Ich freue mich der gesegneten Folgen auf mein ganzes Leben. [...]
Den 3. Dezember.
[...]
Doch immer sind mir noch diese herrlichen Gegenstände wie neue Bekanntschaften. Man hat nicht mit ihnen gelebt, ihnen ihre Eigentümlichkeiten nicht abgewonnen. Einige reißen uns mit Gewalt an sich, dass man eine Zeit lang gleichgültig, ja ungerecht gegen andere wird. So hat z.B. das Pantheon, der Apoll von Belvedere, einige kolossale Köpfe und neuerlich die Sixtinische Kapelle so mein Gemüt eingenommen, dass ich daneben fast nichts mehr sehe. Wie will man sich aber klein wie man ist und ans Kleine gewohnt, diesem Edlen, Ungeheuren, Gebildeten gleichstellen? Und wenn man es einigermaßen zurechtrücken möchte, so drängt sich abermals eine ungeheure Menge von allen Seiten zu, begegnet dir auf jedem Schritt, und jedes fordert für sich den Tribut der Aufmerksamkeit. Wie will man sich da herausziehen? Anders nicht, als dass man es geduldig wirken und wachsen lässt und fleißig auf das merkt, was andere zu unsern Gunsten gearbeitet haben. [...]
Auch die römischen Altertümer fangen mich an zu freuen. Geschichte, Inschriften, Münzen, von denen ich sonst nichts wissen mochte, alles drängt sich heran. Wie mir’s in der Naturgeschichte erging, geht es auch hier, denn an diesen Ort knüpft sich die ganze Geschichte der Welt an, und ich zähle einen zweiten Geburtstag, eine wahre Wiedergeburt, von dem Tage, da ich Rom betrat.

Goethe, Johann Wolfgang: Italienische Reise Teil 1. Deutscher Klassiker Verlag: Berlin 2011, S. 134 ff.; Bild: bpk

1 **Prätention** = Anmaßung, auch Voreingenommenheit
2 **Cestius** = Grabmal des Volkstribuns Gaius Cestius Epulo
3 **Palatin** = einer der sieben Hügel Roms

Rolf Dieter Brinkmann wurde 1940 in Vechta geboren und starb 1975 in London durch einen Autounfall. Er entschied sich nach einem angefangenen Pädagogikstudium für die Tätigkeit als freier Schriftsteller. In seiner Lyrik und den „Matrialbänden“ suchte er nach neuen, innovativen Ausdrucksformen von Literatur, die sich von Texten der Popmusik und der Subkultur beeinflussen lässt. Damit distanzierte er sich eindeutig vom hochkulturellen Literaturbetrieb.
1972 war er für ein Jahr Stipendiat in der Villa Massimo in Rom. Aus diesen Erfahrungen und Eindrücken entstand die Text-Bild-Collage „Rom, Blicke“ (1979). 1975 erschien sein bekanntester Lyrikband „Westwärts 1 & 2“.

Rolf Dieter Brinkmann (1940 – 1975)
Rom, Blicke (Auszug)

Rom, den 18. Oktober 1972
Mittwoch

R. Brinkmann
Villa Massimo
100161 ROMA
Largo di Villa
Massimo 1 – 2
Tel. Rom/420394

Liebe Maleen,

[...]

Die Fahrt ohne Aufenthalt war recht anstrengend. 6 Stunden durch Deutschland bis Basel, 6 Stunden durch die Schweiz, 8 Stunden durch Italien, etwa 1100 Kilometer, und am Schluss kam es mir vor wie ein Delirium, denn die Landschaften vermengten sich andauernd, die einzelnen Eindrücke reihten sich in mir immer weiter auf – man selber bleibt ja praktisch immer auf derselben Stelle und die Außenwelt summiert sich. [...]

Als ich aus dem Zug gestiegen war und an der langen Reihe Wagen entlangging zur Halle hin, verlängerte sich wieder der Eindruck einer schmutzigen Verwahrlosung beträchtlich, wieder überall Zerfall, eine latente Verwahrlosung des Lebens, die sich in der riesigen Menge der winzigen Einzelheiten zeigt – und vielleicht hatte ich immer noch Reste einer alten Vorstellung in mir, dass eine Weltstadt wie Rom funkelnd sein würde, bizarr, blendend und auch gefährlich für die Sinne – eben ein wirbelnder Tagtraum und voll rasanter Betriebsamkeit, stattdessen war da ein grauer Zug erschlaffter Reisender, die stumpfe Monotonie der Bahnhofshalle, zwischen den Ankommenden die italienischen Kulis mit großen eisernen Schubkarren – ich hatte vielleicht gedacht, ich würde bereits am Hauptbahnhof in ein verwirrendes Miniatur-Labyrinth kommen – schließlich ist Rom doch eine Weltstadt – ich fragte mich, ob inzwischen Italien eigene italienische Gastarbeiter einstelle – unterwürfig im Verhalten, wirklich Kulis: diese Atmosphäre habe ich weder in London gesehen, auch nicht Amsterdam oder einem sonstigen großen Bahnhof – ratternde Eisengestelle, serviles[1] Verhalten, bettelnde Angebote, die aus faden, verblassten Gestalten kamen. Sie drangen vom Rand des Blickfeldes her ein und erhielten tatsächlich bei näherem Hinsehen keine eindeutige Kontur. – So etwas gibt es tatsächlich! – „Auch ich in Arkadien!“ hat Göthe geschrieben, als er nach Italien fuhr. Inzwischen ist dieses Arkadien runtergekommen und zu einer Art Vorhölle geworden. [...]

Später ging ich zu Fuß zum Bahnhof, vorbei an der Britischen Botschaft nahe einer alten Mauer, gegen 5 Uhr ein blasser Sichelmond, besah mir gelbe und ochsenrot gestrichene alte Villen, dachte, dass ich mich durch einen zerfallenen Traum bewegte und trat im gleichen Moment in Hundescheiße, sah eine Kachel mit einem antiken Kettenhund darauf gebrannt und das berühmte Cave Canem = Hüte Dich vor dem Hund! – auf einem eisernen Abflusskanaldeckel sah ich SPQR/Der Senat und das römische Volk – langsam wachsendes Empfinden einer Bedrückung angesichts der schnörkeligen Architektur von Kirchen und buntem Heiligem Kitsch – in einem Durchgang brannte ein elektrischer Lichterkranz um eine miese Madonna – ein Wachsmuseum hatte geöffnet in Nähe des Bahnhofs an der Piazza della Publica – Jahrmarktsstimmung – Soldaten – eine faltige Alte hockte neben einem altertümlichen Fotoapparat mit einer Plastikschüssel Wasser zum entwickeln und einer Kiste als Dunkelkammer – schlaffe Droschkengäule stehen mitten im Gestank von Auspuffgasen – Maro-

1 **servil** = unterwürfig

nen-Verkäufer und Verkäufer von Wassermelonen – grau in grauem Staub gebadet der Platz – Sonne – kaputte Bäume – Mischmasch der Architektur – und der Bahnhof wieder: laufen nach der Gepäckaufgabe, hin und zurück verwiesen worden, dann die Koffer, und – das schrieb ich Dir ja schon – seltsam war, dass nun auch um meine Koffer diese Bänder geschnürt waren, obwohl wir sie ja in Köln ohne aufgegeben hatten – holte mir einen Kuli mit ratterndem Eisengestell, der die Koffer bis zum Taxistand karrte für 1 Tausend Lire, was irrsinnig war, dann 6 Hundert Lire Abstellgebühr, endloses Warten in einer Schlange von Leuten auf wenige Taxis, ich habe fast 1 1/2 Stunden dort gestanden und die Taxis kamen nur tröpfelweise, alle 10 bis 20 Minuten ein oder zwei Taxis, und die Leute waren so verrückt, dass sie das Warten in der Zwischenzeit nicht ertragen konnten und blöde nachdrängelten trotz Koffer, obwohl sie sahen, dass überhaupt kein Taxi da war! – Ich überlegte mir, dass ich nicht Italienisch werde lernen, sondern auf der Straße mir das Nötigste aneigne, so bleiben diese ganzen Wörter für mich sinnlose Zeichen, und meine anderen Sinne werden geschärft durch dauernde Wachsamkeit – andrerseits brauche ich nicht jeden Mist zu verstehen. – Und mit dem Taxi zurück für 1 Tausend Lire. [...]

19.10.72:/Via Veneto – Nachtaufnahme: ausgelaugt, leergesogen, das ist die Situation der Umgebung die verstaubt ist – und insofern lügt diese Postkarte nicht – kein Mensch ist zu sehen, aber 1 Volkswagen sieht man im Vordergrund./Gespenstische Gegenwart auch hier – erschreckende Abwesenheit von Menschen – nur noch einige touristische Zuckungen, die sich an historischen Resten delektiert.[1]/Ein Ersticken in Hässlichkeit wird gegen die Augen betrieben/Habe ich zu viel oder zu wenig geträumt?/Plötzliches Grauen – blind, taub, stumm müsste man sein, um die Gegenwart ertragen zu können, aber das ist ein Wunsch nach Selbstverstümmelung und kein erstrebenswertes Ziel./So gehe ich durch die Straßen, in größer werdendem Widerwillen – immer weiter von den Leuten fort? – sind die wahre Pest, egal ob arm oder reich/Was ist aber das, was noch da ist?/Überall Autos, nix Amore, umgekippter Müll plus Pizzas/Und noch ein Sonnenuntergang – tatsächlich arbeitet nur die Sonne umsonst, der Mond, die Wolken, der Wind, Sterne, Pflanzen, Tiere – Leben ist ganz wild durcheinander/Wohin? Weiter!/Das Viertel rundum leblos, lungernde Jugendliche, umgekippte schwarze Plastiksäcke voll Abfälle/genau genommen stolpert man durch nichts als Ruinen, und zwischen diesen Ruinen scharrt das alltägliche Leben zwischen den Abfällen nach einigen lebenswerten Brocken – sobald man dieses alltägliche Leben auch nur etwas wichtig nimmt – ein Leben in staubigen Resten der abendländischen Geschichte/:dazwischen Mietskasernen und Polizeiquartiere, Unkrautfelder und das Hotel Ritz/die Schüler gehen mit Comicheften und Comicbüchern zur Schule/ein alter runtergekommener Park voll Verstümmelter, die Glieder abgeschlagen, die Rümpfe zerfressen – je verstümmelter, desto schöner – was für eine menschliche Umgebung!/Geld konfus/habe das Gefühl, ich wüsste jetzt hier Bescheid und könnte wieder abfahren – was ist los?/Ein Stück weißer Mond über kaputten Pinien – und?//:

Brinkmann, Rolf Dieter: Rom, Blicke. Rowohlt: Reinbek 1979, S. 9ff.; Bild (130): ullstein bild/Friedrich

[1] **delektieren** = erfreuen

Gisbert Greshake (geb. 1933) war bis 1999 Professor für Dogmatik und Ökumenische Theologie an der Theologischen Fakultät der Albert-Ludwigs-Universität Freiburg i. Br.

Gisbert Greshake (geb. 1933)
„Eine Landschaft wie das Leben" – Die Wüste

Die Wüste ist schön – die Wüste ist schrecklich

Nahezu alle Wüstenfahrer machen zunächst einmal die Erfahrung, dass die Wüste „einfach schön" ist, anziehend, überwältigend. Dies ging und geht ebenfalls mir so, wie auch den vielen Begleitern, die mit mir in der Wüste waren: Fast jeder wollte danach nochmals, ja, immer wieder diese faszinierende Landschaft erleben.

Da ist ihre atemberaubende Stille, ihre unendliche Weite und ihr unerschöpflicher Formenreichtum: die unabsehbaren Hochebenen, in denen sich der farblos ausgemergelte, vegetationslose Boden am Horizont mit dem grauen, von feinstem Staub verhangenen Himmel vermählt; die Gebirge, die dank der besonderen Verwitterungsbedingungen voll sind von bizarren Formen, die an Spukgestalten und Mondlandschaften erinnern: die Sanddünen, in die der Wind die schönsten Muster und Ornamente schreibt.

Und dann die Oasen! Wer noch nie nach langen, grauen Wüstentagen eine Oase erreicht hat, weiß nicht, was Grün ist. Erst im Kontrast zum staubigleblosen Grau und Braun enthüllt diese Signalfarbe der Oase ihr eigentliches Wesen: Leben, Kraft, Anmut. Und das Wasser! Gewiss, ich stand bei meinen Wüstenreisen noch nie vor dem Verdursten. Aber welch ein Unterschied zwischen dem oft tage-, ja wochenlang mitgeführten Wasser, das von den erhitzten Plastikkanistern verdorben, allen Wohlgeschmack verloren hat, und dem kühlen, lebendigen Wasser einer Oasenquelle, aus der man mit vollen Zügen trinken kann!

Und die Abende und Nächte! Es gibt nichts Schöneres, als wenn nach einem heißen, ausdörrenden Tag am Spätnachmittag die Hitze allmählich nachlässt und die Sonne zu sinken beginnt. Ein Farbenspiel ohnegleichen beginnt, je verschieden nach Jahreszeit, Gegend und Sandgehalt der Luft, aber immer neu faszinierend: Auf der riesigen Himmelshalbkugel zunächst die ganze Palette der Farbskala, vom hellen Blau bis zum tiefen Rot, bis die Farben nach und nach dunkler werden, um sich dann im Ball der blutrot untergehenden Sonne zu sammeln. Noch ist ihr letzter Schein nicht verflogen, da beginnt schon der Mond mit seinem (bei Vollmond) grell-abweisenden Licht zu strahlen. […]

Die Wüste ist schön! Und doch gibt es kaum eine bedrohlichere Landschaft. Was hier begegnet, ist zu groß, zu abweisend, zu schrecklich. Ähnlich wie im extremen Hochgebirge oder auf stürmischer See erfährt man sich einer gewaltigen Naturmacht ausgeliefert. Da ist nichts übersehbar, einladend, freundlich. […]

Besonders erfährt man die Schrecklichkeit der Wüste auf Fußmärschen oder Kameltrekkings. Nirgends sonst habe ich so sehr die Grenzenlosigkeit ihrer Öde und ihre Lebensfeindlichkeit erfahren. Man hat den Eindruck, dass man trotz kräftigen Ausgreifens nicht vom Fleck kommt, sei es, weil sich über den Hochebenen der Wüste der Horizont kaum verändert, sei es, weil auf gebirgigen Strecken die trockene Luft (samt den dazugehörigen Luftspiegelungen) eine solche Nähe vorspiegelt, dass einem das angepeilte Ziel trotz aller Mühe ständig zu entgleiten und sich weiter zu entfernen scheint. Hinzu kommen Hitze, Durst und Müdigkeit. Man fühlt sich der Wüste nicht gewachsen: Sie ist schrecklich. […]

(2007)

Die Wüste – Ort der Wandlung. Publik-Forum Extra 3/2007, S. 19f.; Bild: Greshake, Gisbert/Quelle: pdp/Archivfoto

Antoine de Saint-Exupéry wurde 1900 in Lyon geboren; er war Schriftsteller und Pilot. 1944 stürzte sein Aufklärungsflugzeug in der Nähe von Marseille ins Mittelmeer. Seit 1926 arbeitete er bei einer Luftfahrtgesellschaft, später bei der Air France. Die nordafrikanische Wüste lernte er als Chef eines Flugplatzes in Spanisch-Marokko kennen. Im Dezember 1935 musste er 200 km vor Kairo in der Wüste notlanden; nach fünf Tagen wurde er von Beduinen gefunden und gerettet. 1939 mit Kriegsbeginn wurde Saint-Exupéry Aufklärungspilot der französischen Luftwaffe; nach der Demobilisierung der französischen Streitkräfte ging er in die USA. 1943 wurde er wieder als Pilot von Nordafrika aktiv. Im selben Jahr erschien „Der kleine Prinz", der den weltweiten Ruf Saint-Exupérys als Schriftsteller begründete.

Antoine de Saint-Exupéry (1900 – 1944)
Wind, Sand und Sterne (Auszug)

Ich habe die Sahara von jeher geliebt. Ich habe manche Nacht im Aufruhrgebiet zugebracht und war schon öfter in dieser blonden Weite erwacht, der der Wind ihre Dünung gegeben hat wie dem Meer. Ich hatte schon früher, unter dem Flügel meiner Maschine schlafend, auf Hilfe gewartet. Aber so war es noch nie gewesen.

Wir gingen an den Hängen geschlängelter Hügelreihen hin. Der Boden war völlig mit einer Schicht glänzender schwarzer Kiesel bedeckt, die wie Metallschuppen aussahen. Alle Hügelkuppen rundum blitzten wie Harnische. Wir waren nicht nur in eine steinerne Welt geraten; wir waren in einer eisernen Landschaft gefangen.

Kaum waren wir über die erste Kette hinaus, als sich schon eine zweite, ebensolche zeigte, glänzend und schwarz. Wir ließen im Gehen die Füße schleifen, um Spuren zu hinterlassen, die unserer Rückkehr zum Leitfaden dienen sollten. Wir gingen der Sonne entgegen. Gegen jede Vernunft hatte ich nämlich beschlossen, scharf nach Osten zu marschieren. Denn eigentlich hätte ich überzeugt sein müssen, dass wir jenseits des Nils waren. Wettervoraussage und Flugzeit sprachen dafür. Aber ich hatte in aller Morgenfrühe einen kleinen Vorstoß nach Westen gemacht und dabei einen völlig unerklärlichen Widerstand verspürt. Daraufhin ließ ich den Westen für den nächsten Tag. Den Marsch nach Norden hatte ich mir für den Augenblick ganz aus dem Kopfe geschlagen, obwohl er zum Meer geführt hätte. Und noch am dritten Tage, als wir in halbem Fieberwahn beschlossen, unser Flugzeug endgültig zu verlassen und bis zum Zusammenbrechen geradeaus weiterzugehen, wandten wir uns nach Osten, genauer nach Ostnordost. Wir handelten dabei gegen alle Vernunft und Berechnung. Aber nach unserer Rettung mussten wir entdecken, dass uns keine andere Richtung je zur Heimkehr verholfen hätte. [...]

Nach fünfstündigem Marsch veränderte die Landschaft ihr Gesicht. Ein Sandstrom schien in einem Tale dahinzufließen und dieses Flussbett nahmen wir zum Wege. Wir schritten kräftig aus, denn vor der Nacht mussten wir so weit kommen wie möglich und wieder zurückkehren, wenn wir nichts entdeckten. Plötzlich durchfuhr es mich siedend, dass ich jäh stehen blieb: „Prévot! Unsere Spuren!"

Wie lange mochte es wohl sein, dass wir vergessen hatten, Furchenspuren zu ziehen? Wenn wir unsere Fährten nicht wiederfanden, bedeutete das den sicheren Tod. Wir machten kehrt, wichen aber ein wenig nach rechts ab, um nach angemessener Zeit senkrecht zu unserer Marschrichtung links abzubiegen. Da mussten wir unsere Spuren an einer Stelle schneiden, an der wir sie noch zeichneten.

Nachdem es uns so gelungen war, den Faden wieder anzuknüpfen, ging es weiter. Die Hitze stieg, und mit ihr begannen die Luftspiegelungen. Zunächst waren sie noch ganz harmlos. Große Seen bildeten sich und verschwanden, wenn wir uns ihnen näherten. Wir beschlossen, das Sandtal zu queren und die höchste Kuppe zu ersteigen, um recht weit ausschauen zu können. Wir waren schon sechs Stunden unterwegs und dabei aller Voraussicht nach mit unseren langen Schritten an die 35 Kilometer vorwärtsgekommen. Es war Zeit zur Umkehr. Wir setzten uns auf den Gipfel des schwarzen Rückens und schwiegen. Zu unseren Füßen mündete unser Sandtal in eine Sandwüste ohne Stein; deren blendende Helle uns in den Augen brannte. So weit man sehen konnte, breitete sich hoffnungslose Leere. Nur an der Grenze des Himmels führte uns das Spiel des Lichts seine Spiegelungen vor. Die waren jetzt ernsthafter, nahmen die Gestalt von Festungen an, von Minaretten in streng geformten Maßen mit senkrechter Linienführung.

Ich bemerkte sogar einen großen schwarzen Flecken, der Pflanzenwuchs zu sein schien. Aber über ihm lagerte die letzte der Wolken aus der vergangenen Nacht. Der schwarze Fleck in der Landschaft war also nur der Schatten einer Haufenwolke.

De Saint-Exupéry, Antoine: Wind. Sand und Sterne. Karl Rauch: Düsseldorf 1955, S. 169ff., Übersetzung: Josef und Grete Leitgeb; Bild: Alamy Stock Photo/ colaimages

Hedwig (Harriet) Straub wurde 1872 in Emmendingen bei Freiburg geboren, sie starb 1945 in Meersburg am Bodensee. Die meisten ihrer literarischen Werke wurden unter dem Pseudonym Harriet Straub veröffentlicht.
1891 befreite sich Hedwig Straub aus dem konservativ-katholischen Milieu in Freiburg und zog nach Berlin. Hier kam sie in Kontakt mit den Ideen der bürgerlichen Frauenbewegung. Nach dem Abitur studierte sie Medizin in der Schweiz und in Paris; es ist nicht belegt, ob sie das Studium mit einem Examen abschloss. Jedenfalls arbeitete sie als Ärztin für die französische Regierung in Nordafrika. Ihre dortigen Wüstenerlebnisse wurden zu Erzählungen verarbeitet. 1904 kehrte sie nach Freiburg zurück und heiratete den Schriftsteller und Philosophen Fritz Mauthner. Seit 1909 lebte das Schriftsteller-Ehepaar in Meersburg. Die Texte von Harriet Straub sind geprägt von Kritik an der mitteleuropäischen Zivilisation („Zerrissene Briefe", 1914) und dem Eintreten für Geschlechtergerechtigkeit.

Harriet Straub (1872 – 1945)
In der Wüste untergetaucht (Auszug)

Soll ich Ihnen von der Schönheit der Natur hier schreiben? Ich habe Ihnen oft gesagt: ich weiß nicht, was ich mehr liebe, das Meer oder die Wüste. Je länger ich hier bin, desto mehr neige ich dazu, der Wüste die größere Schönheit zuzusprechen, wenn's nicht so dumm wäre, so ein Werturteil. Aber das weiß ich: ich bin jetzt schon über ein Jahr lang nicht mehr an die Küste gekommen, habe das Meer nicht mehr gesehen und habe keine Sehnsucht es zu sehen; wie ich aber leben soll ohne die Wüste zu sehen, das kann ich mir vorerst nicht vorstellen. Ich brauche wahrhaftig nicht von irgendeiner Fontana[1] zu trinken wie in Rom, um die Sehnsucht in mir zu haben.
Fünf Jahre bin ich jetzt hier, und ich habe noch keinen Tag ohne immer neues Entzücken gehabt. Ich möchte den Menschen mal hier haben, der von der „toten Wüste" spricht. Das ist das lebendigste, grausamste, schmeichlerischste, tobendste, bezauberndste Ungeheuer, das übermenschliche Fantasie sich vorstellen kann. Da ist wohl große atembeklemmende Stille manchmal, aber das ist die Stille, die Kraft sammelt zu vernichtendem Anprall, kein Tod. Oft, wenn der Himmel wie eine stählerne Halbkugel aufliegt, wenn keine Wolke zu sehen ist, kein Windhauch zu spüren, wenn kein Sandkorn sich bewegt, rollt über die unbewegte Fläche ein knatternder Ton, ein starker dumpfer Trommelwirbel. Stille. Dann wieder anschwellend und langsam verhallend der drohende Wirbel. Alles hält den Atem an, dann wiehern die Pferde und werfen unruhig die Ohren, die Kamele schreien auf, fernher bellen die Schakale und noch einmal, noch einmal das dumpfe Wirbeln wie von Trommeln. [...]
Fünf Jahre bin ich jetzt hier und immer ertappe ich mich noch gelegentlich mit der europäischen Brille auf der Nase. Mein Untertauchen in die Wüste ist ein Reinigungsbad, aber so durchseucht sind wir Europäer vom Christentum, dass wir fast keine Möglichkeit mehr haben in ein richtiges Verhältnis zur Natur und zu unsern Mitgeschöpfen zu kommen.

Hervé, Florence (Hg.): Durch den Sand. Schriftstellerinnen in der Wüste. AvivA: Berlin 2010, S. 180 f.; Bild: Alamy Stock Photo/Paul Fearn

1 **Fontana** = Springbrunnen

Reinhold Andreas Messner (geb. 1944) ist ein italienischer Abenteurer, Extrembergsteiger, ehemaliger Regionalpolitiker und Buchautor. Er ist einer der bekanntesten Bergsteiger der Welt.

Reinhold Messner (geb. 1944) im Gespräch mit Ernst Vogt (Auszug)

[...] Haben die hohen Berge Sie verändert?

Reinhold Messner: Die Berge haben mich zu dem gemacht, der ich bin. Ich habe diese Form des Erfahrens gewählt. Sicherlich habe ich mehr durch meine Bergtouren und meine Eisüberquerungen gelernt als auf der Universität oder in Bibliotheken. Beim Klettern, Unterwegssein und Bergsteigen habe ich gelernt, radikal meinen Weg zu gehen.

Sie haben über Jahre hinweg heilige Berge bestiegen. Ist es ein anderes Gefühl, auf einem heiligen Berg zu stehen als auf einem Berg, der diesen Mythos nicht hat?

Reinhold Messner: Es ist schon interessant, an einen heiligen Berg heranzugehen. Es ist aber nicht so, dass der heilige Berg ein anderer ist als ein profaner Berg. Die jeweilige „Helligkeit" hat eine bestimmte Kultur hineingelegt. Wenn ich aber die Möglichkeit habe, diesen Mythos vor Ort herauszuhören und zu spüren, dann bekommt der Berg eine wichtigere Bedeutung auch für mich.

Woher kommt diese tiefe spirituelle Aufladung?

Reinhold Messner: Als der Mensch begann, sich Gedanken über das Woher und Wohin zu machen, hat er die Berge relativ schnell in den Mittelpunkt seiner Neugierde gerückt. Wenn man auf den Berg hinaufsteigt, sieht man, dass man oben Übersicht hat. Diese Übersicht geht nicht nur über die Landschaft hinweg, sie betrifft uns selbst. Es ist Übersicht über die Menschennatur. Und nur deswegen kommen nach meinem Dafürhalten – es ist eine subjektive Aussage – Religionen von oben, vom Berg herunter. Moses kommt mit den Zehn Geboten vom Berg und nicht aus der Wüste oder aus dem Fluss. Das Gleiche gilt für Mohammed, der seine Erkenntnis auf dem Berg Hira bekommen haben will, oder Buddha, der aus dem Himalaya in die Täler herunterstieg. Das sind alles nur Bilder, aber diese Bilder weisen darauf hin, dass der Berg den Religionsstiftern von allem Anfang an sehr wichtig war.

Die Rückkehr ist wie eine Wiedergeburt. Reinhold Messner im Gespräch mit Ernst Vogt. In: Publik-Forum Extra 4/2012, S. 8 ff.; Bild APA-PictureDesk GmbH/ Verlagsgruppe News/Hausler Mani

Best.-Nr. 022726

Petrarca wurde 1304 als Sohn eines Notars in Arezzo/Italien geboren, er starb 1374 in der Nähe von Padua. Zusammen mit Dante und Boccaccio gilt er als einer der wichtigsten Vertreter des italienischen Humanismus der Renaissanceepoche. Seine Liebeslyrik, ein Zyklus von 366 Gedichten (v. a. Sonette), wurde stilbildend für die kommenden Jahrhunderte. Ab 1311 lebte seine Familie in Avignon, dem damaligen Sitz des Papstes. 1327 begegnete er der jugendlichen, gerade verheirateten Laura; dieses Erlebnis inspirierte zahlreiche seiner Liebesgedichte. 1336 besteigt er zusammen mit seinem Bruder den Mont Ventoux in der Provence und berichtet darüber seinem Freund in einem Brief. In den folgenden Jahren war Petrarca viel in Europa unterwegs, z. T. in diplomatischen Diensten. Sein letztes Lebensjahrzehnt verbrachte er wieder in Italien.

Francesco Petrarca (1304 – 1374)
Die Besteigung des Mont Ventoux, Brief an Francesco Dionigi de Borgo San Sepolcro (Auszug)

Den höchsten Berg dieser Gegend, den man nicht unverdient Ventosus, den Windumbrausten, nennt, habe ich am heutigen Tage bestiegen, einzig von der Begierde getrieben, diese ungewöhnliche Höhenregion mit eigenen Augen zu sehen. Viele Jahre hatte ich den Plan zu dieser Bergwanderung mit mir herumgetragen; seit meiner Kindheit lebe ich ja, wie Du weißt, hier in dieser Gegend, wie eben das Schicksal die Menschen hierhin und dorthin verschlägt, und dieser Berg, der von allen Seiten weithin sichtbar ist, steht mir sozusagen ständig vor Augen.
Nun aber packte es mich, endlich einmal auszuführen, was ich jeden Tag schon ausführen wollte. [...]
Am festgesetzten Tag brachen wir von zu Hause auf und kamen gegen Abend nach Malaucène; das ist ein Ort am Fuße des Berges, in nördlicher Richtung. Dort blieben wir einen Tag, und heute nun endlich bestiegen wir, jeder mit einem Diener, den Berg, und wir hatten nicht wenig Beschwerlichkeiten dabei. Er bildet nämlich ein steil abfallendes, fast unzugängliches Felsmassiv. Aber schön hat es der Dichter Vergil ausgedrückt:

Mühe besiegt alles, die rastlose.

Ein langer Tag vor uns, linde Luft, der Aufschwung unseres Geistes, Kraft und Gewandtheit des Körpers und alles, was dazugehört, kamen uns beim Wandern zustatten, einzig die Natur des Ortes leistete uns Widerstand. [...]
So setzte ich mich denn, immer wieder getäuscht, in einem Talgrund nieder. Hier schwang ich mich auf den Flügeln des Geistes vom Körperlichen zum Unkörperlichen auf und wies mich mit etwa folgenden Worten selbst zurecht: „Was du heute beim Besteigen dieses Berges so oft hast erfahren müssen, das, musst du wissen, trifft dich, wie viele andere, die den Zugang zum seligen Leben suchen. Den Menschen fällt die richtige Einschätzung aber deswegen nicht leicht, weil die Bewegungen des Körpers offen zutage treten, die der Seele jedoch unsichtbar sind und verborgen. Ja, das Leben, das wir das selige nennen, ist in der Höhe droben, und schmal ist der Weg, der zu ihm führt, wie es heißt. Auch viele Hügel stellen sich uns entgegen, und von Tugend zu Tugend muss man weiterschreiten mit erhabenen Schritten. Auf dem Gipfel ist das Ende aller Dinge und das Ziel des Weges, auf das unsere Pilgerfahrt gerichtet ist. Dorthin gelangen wollen zwar alle, aber, wie Ovid sagt,

Wollen, das reicht nicht aus, Verlangen erst führt dich zum Ziele.

Du freilich – falls du dich hierin nicht täuschst, wie in so vielem anderen –, du willst es nicht nur, du verlangst auch danach. Was hält dich also ab? Doch wahrhaftig nichts anderes, als dass der Weg durch die irdischen und niedrigsten Gelüste ebener und auf den ersten Blick bequemer erscheint. Freilich musst du dennoch, wenn du lange genug herumgeirrt bist, entweder zum Gipfel des seligen Lebens hinaufsteigen – dass du die Anstrengungen des geraden Weges zu deinem Nachteil aufgeschoben hast, belastet dich dabei – oder du musst im Tal deiner Sünden ermattet niedersinken. Und wenn dich dort – mir graut vor dem Gedanken – ‚Finsternis und Todesschatten' umgeben, dann musst du in ewiger Nacht leben unter beständigen Qualen."
Wie mir diese Gedanken für den Rest des Weges Geist und Körper aufgerichtet haben, das lässt sich gar nicht sagen. Könnte ich doch mit der Seele den Weg, der mir Tag und Nacht am Herzen liegt, ebenso bewältigen, wie ich heute, nach endlich überwundenen Schwierigkeiten, diesen Weg mit den Füßen des Leibes bewältigt habe! Die Reise der Seele müsste doch wohl bei weitem leichter sein, denn sie ist ihrer Natur nach beweglich und unsterblich und könnte ihren Weg ohne räumliche Fortbewegung „in einem Augenblick" zu-

Best.-Nr. 022726

rücklegen. Diesen Weg dagegen muss man im zeitlichen Verlauf, angewiesen auf die Dienstbarkeit eines sterblichen und hinfälligen Körpers und unter der schweren Last der Glieder, hinter sich bringen.

Ein Gipfel ist da, der höchste von allen, den die Bergbewohner das „Söhnlein" nennen, warum, weiß ich nicht – vielleicht nach dem Prinzip des Gegensatzes; er erscheint nämlich in Wahrheit als der Vater aller benachbarten Gipfel. Auf seinem Scheitel befindet sich ein kleines Hochplateau, dort ließen wir uns endlich ermattet zum Ausruhen nieder. [...]

Endlich ließ ich von meinen Überlegungen ab – sie mochten anderswo besser am Platze sein, ich blickte um mich und sah nun wirklich das, weswegen ich hierhergekommen war. Man mahnte mich, die Zeit dränge zum Abstieg, denn die Sonne neige sich schon und die Schatten des Berges würden länger. Nun kam ich gleichsam zur Besinnung; ich wandte mich um und blickte zurück nach Westen. [...]

Ich betrachtete nun eins nach dem anderen voll Staunen; ich genoss bald das Irdische, bald erhob ich nach dem Beispiel des Leibes auch die Seele zum Höheren, und da erschien es mir gut, einen Blick in das Buch der Bekenntnisse des Augustinus[1] zu werfen. Dieses Buch ist das Geschenk deiner Liebe; ich bewahre es treu im Gedenken an den Autor wie an den Spender und trage es stets bei mir. Es ist ein Büchlein, das in einer Faust Platz hat, winzig klein im Format, aber unermesslich in seinem Zauber. Ich öffne es, um die Stelle zu lesen, die sich mir gerade darbietet. Was anderes konnte mir denn entgegentreten, als Worte der Frömmigkeit und Demut? Zufällig aber stieß ich auf das zehnte Buch. Mein Bruder stand in der Erwartung, aus meinem Munde etwas von Augustinus zu hören, mit gespannter Aufmerksamkeit da. Gott selbst und ihn, der dabei war, rufe ich zu Zeugen an, dass dort, wo mein Blick zuerst hinfiel, Folgendes geschrieben stand: „Und es gehen die Menschen hin, zu bestaunen die Höhen der Berge, die ungeheuren Fluten des Meeres, die breit dahinfließenden Ströme, die Weite des Ozeans und die Bahnen der Gestirne und vergessen darüber sich selbst."

Ich war wie betäubt, ich gestehe es, ich bat meinen Bruder, der begierig war, noch Weiteres zu vernehmen, mich nicht zu stören, und schloss das Buch. Zorn erfasste mich auf mich selber, dass ich immer noch irdischen Dingen Bewunderung zollte, hätte ich doch schon längst von den Philosophen der Heiden lernen können, dass nichts Bewunderung verdient außer der Seele. Nur sie allein ist groß, sonst nichts.

Da ließ ich es mir genug sein mit dem, was ich von dem Berg gesehen hatte, ich wandte das innere Auge auf mich selbst, und von da an hat mich niemand ein Wort reden hören, bis wir unten ankamen.

Petrarca, Francesco: Die Besteigung des Mont Vertoux. Insel Verlag: Frankfurt/M. 1997. Übersetzung: Hans Nachod und Paul Stern; Bild (136): ullstein bild

---

[1] **Augustinus** (354 – 430 v. Chr.), Kirchenlehrer und Philosoph an der Schwelle von Antike und Frühmittelalter

Bettina von Arnim wurde 1785 in Frankfurt/M. als Kind der wohlhabenden Kaufmannsfamilie Brentano geboren. 1811 heiratete sie Achim von Arnim, einen Freund ihres Bruders Clemens Brentano. Nach dem Tod ihres Mannes 1831 trat sie als sozial engagierte Schriftstellerin an die Berliner Öffentlichkeit: Sie kümmerte sich um Hilfsmaßnahmen für an der Cholera Erkrankte aus den Armenvierteln, plädierte für die Abschaffung der Todesstrafe und für die gesellschaftliche Gleichstellung von Frauen und Juden. Ihre Verehrung für Goethe kommt in dem Briefroman „Goethes Briefwechsel mit einem Kinde" (1835) zum Ausdruck. 1840 erschien „Die Günderode" und 1843 die Sozialreportage „Dieses Buch gehört dem König". Bettina von Arnim starb 1859 in Berlin.

Bettina von Arnim (1785 – 1859)
Goethes Briefwechsel mit einem Kinde (Auszug)

Warst Du schon auf dem Rochusberg? – Er hat in der Ferne was sehr Anlockendes, wie soll ich es Dir beschreiben? – So, als wenn man ihn gern befühlen, streicheln möchte, so glatt und samtartig. Wenn die Kapelle auf der Höhe von der Abendsonne beleuchtet ist und man sieht in die reichen grünen, runden Täler, die sich wieder so fest aneinanderschließen, so scheint er sehnsüchtig an das Ufer des Rheins gelagert mit seinem sanften Anschmiegen an die Gegend und mit den geglätteten Furchen die ganze Natur zur Lust erwecken zu wollen. Er ist mir der liebste Platz im Rheingau; er liegt eine Stunde von unserer Wohnung; ich habe ihn schon morgens und abends, im Nebel, Regen und Sonnenschein besucht. Die Kapelle ist erst seit ein paar Jahren zerstört, das halbe Dach ist herunter, nur die Rippen eines Schiffgewölbes stehen noch, in welches Weihen ein großes Nest gebaut haben, die mit ihren Jungen ewig aus und ein fliegen, ein wildes Geschrei halten, das sehr an die Wassergegend gemahnt. – Der Hauptaltar steht noch zur Hälfte, auf demselben ein hohes Kreuz, an welches unten der heruntergestürzte Christusleib festgebunden ist. Ich kletterte an dem Altar hinauf; um den Trümmern noch eine letzte Ehre anzutun, wollte ich einen großen Blumenstrauß, den ich unterwegs gesammelt hatte, zwischen eine Spalte des Kopfes stecken; zu meinem größten Schrecken fiel mir der Kopf vor die Füße, die Weihen und Spatzen und alles was da genistet hatte, flog durch das Gepolter auf, und die stille Einsamkeit des Orts war Minuten lang gestört. Durch die Öffnungen der Türen schauen die entferntesten Gebirge: auf der einen Seite der Altkönig, auf der andern der ganze Hunsrück bis Kreuznach, vom Donnersberg begrenzt; rückwärts kannst du so viel Land übersehen als Du Lust hast. Wie ein breites Feiergewand zieht es der Rhein schleppend hinter sich her, den Du vor der Kapelle mit allen grünen Inseln wie mit Smaragden geschmückt liegen siehst; der Rüdesheimer Berg, der Scharlach- und Johannisberg, und wie all das edle Gefels heißt, wo der beste Wein wächst, liegen von verschiedenen Seiten und fangen die heißen Sonnenstrahlen wie blitzende Juwelen auf; man kann da alle Wirkung der Natur in die Kraft des Weines deutlich erkennen, wie sich die Nebel zu Ballen wälzen und sich an den Bergwänden herabsenken, wie das Erdreich sie gierig schluckt, und wie die heißen Winde drüber herstreifen. Es ist nichts schöner, als wenn das Abendrot über einen solchen benebelten Weinberg fällt; da ist's, als ob der Herr selbst die alte Schöpfung wieder angefrischt habe, ja als ob der Weinberg vom eignen Geist benebelt sei. [...]

Gestern Abend ging ich noch allein auf den Rochusberg und schrieb Dir bis hierher, dann träumte ich ein wenig und wie ich mich wieder besann und glaubte, die Sonne wolle untergehen, da war's der aufgehende Mond; ich war überrascht, ich hätte mich gefürchtet, die Sterne litten's nicht; diese Hunderttausende und ich beisammen in dieser Nacht! [...]

Ja, lieber Freund, heute Morgen, da ich erwachte, war mir's, als hätte ich Großes erlebt, als hätten die Gelübde meines Herzens Flügel und schwängen sich über Berg und Tal ins reine, heitre, lichterfüllte Blau. – Keinen Schwur, keine Bedingungen, alles nur angemessne Bewegung, reines Streben nach dem Himmlischen. Das ist mein Gelübde; Freiheit von allen Banden; und dass ich nur dem Geist glauben will, der Schönes offenbart, der Seligkeit prophezeit.

Der Nachttau hat mich gewaschen; der scharfe Morgenwind trocknete mich wieder; ich fühlte ein leises Frösteln, aber ich erwärmte mich beim Herabsteigen von meinem lieben samthen Rochus; die Schmetterlinge flogen schon um die Blumen; ich trieb sie alle vor mir her, und wo ich unterwegs einen sah; da jagte ich ihn zu meiner Herde; unten hatte ich wohl an die dreißig beisammen, – ich hätte sie gar zu gerne mit über den Rhein getrieben, aber da haspelten sie alle auseinander.

(18. Juli)

Hervé, Florence (Hg.): Sehnsucht nach den Bergen. Schriftstellerinnen im Gebirge. AvivA: Berlin 2008, S. 95 ff.; Bild: akg-images

Johann Gottfried Herder wurde 1744 in Ostpreußen geboren und wuchs in ärmlichen Verhältnisse auf. Von 1762 bis 1764 studierte er Theologie, Philosophie und Medizin an der Universität in Königsberg; dort besucht er auch Lehrveranstaltungen des Philosophen Immanuel Kant. 1769 gab er alle beruflichen Bindungen in Riga auf und reiste nach Frankreich. In Paris nahm er Kontakt zu französischen Aufklärungsphilosophen auf. Ab 1776 wurde er durch Goethes Vermittlung Pfarrer in Weimar; dort starb Herder 1803. Zwei seiner wichtigsten Werke sind: „Abhandlung über den Ursprung der Sprache“ (1772) sowie „Ideen zur Philosophie der Geschichte der Menschheit“ (1784–1791).

Johann Gottfried Herder (1744–1803)
Journal meiner Reise im Jahr 1769 (Auszug)

Herder macht sich Gedanken darüber, was ein Abschied bedeutet.

So denkt man, wenn man aus Situation in Situation tritt, und was gibt ein Schiff, das zwischen Himmel und Meer schwebt, nicht für weite Sphäre zu denken! Alles gibt hier dem Gedanken Flügel und Bewegung und weiten Luftkreis! Das flatternde Segel, das immer wankende Schiff, der rauschende Wellenstrom, die fliegende Wolke, der weite unendliche Luftkreis! Auf der Erde ist man an einen todten Punkt angeheftet; und in den engen Kreis einer Situation eingeschlossen. Oft ist jener der Studierstuhl in einer dumpfen Kammer, der Sitz an einem einförmigen, gemietheten Tische, eine Kanzel, ein Katheder[1] – oft ist diese, eine kleine Stadt, ein Abgott von Publikum aus Dreien, auf die man horchet, und ein Einerlei von Beschäftigung, in welche uns Gewohnheit und Anmaßung stoßen. Wie klein und eingeschränkt wird da Leben, Ehre, Achtung, Wunsch, Furcht, Hass, Abneigung, Liebe, Freundschaft, Lust zu lernen, Beschäftigung, Neigung – wie enge und eingeschränkt endlich der ganze Geist. Nun trete man mit *einmal* heraus, oder vielmehr ohne Bücher, Schriften, Beschäftigung und homogene[2] Gesellschaft werde man herausgeworfen – welch eine andre Aussicht! Wo ist das feste Land, auf dem ich so feste stand? und die kleine Kanzel und der Lehnstuhl und das Katheder, worauf ich mich brüstete? wo sind die, für denen ich mich fürchtete, und die ich liebte! – – O Seele, wie wird dirs sein, wenn du aus dieser Welt hinaustrittst? Der enge, feste, eingeschränkte Mittelpunkt ist verschwunden, du flatterst in den Lüften, oder schwimmst auf einem Meere – die Welt verschwindet dir – ist unter dir verschwunden! – Welch neue Denkart! aber sie kostet Tränen, Reue, Herauswindung aus dem Alten, Selbstverdammung! – bis auf meine Tugend war ich nicht mehr mit mir zufrieden; ich sah sie für nichts, als Schwäche, für einen abstrakten Namen an, den die ganze Welt von Jugend auf realisiren lernt! Es sei Seeluft, Einwürkung von Seegerichten, unstäter Schlaf, oder was es sei, ich hatte Stunden, wo ich keine Tugend, selbst nicht bis auf die Tugend einer Ehegattin, die ich doch für den höchsten und reellsten Grad gehalten hatte, begreifen konnte! [...]

Wie sich Welle in Welle bricht: so fließen die Luftmodulationen[3] und Schälle in einander. Die Sinnlichkeit der Wasserwelt verhält sich also wie das Wasser zur Luft in Hören und Sehen! Ei wie Geruch, Geschmack und Gefühl? – Wie die Welle das Schiff umschließt: so die Luft den sich bewegenden Erdball: dieser hat zum eignen Schwunge seine Form, wie das unvollkomme Schiff zum Winde! jener wälzt sich durch, durch eigne Kraft: dieser durchschneidet das Wasser durch Kraft des Windes! Der elektrische Funke, der das Schiff umfließt, was ist er bei einer ganzen Welt? Nordlicht? Magnetische Kraft?

(1769)

Herder, Johann Gottfried: Journal meiner Reise im Jahr 1769. Hofenberg 2013; Bild: Picture-Alliance GmbH/akg-images

---

1 **Katheder** = Pult eines Schul- oder Hochschullehrers
2 **homogen** = gleichförmig, eintönig
3 **Luftundulation** = Luftwelle

Best.-Nr. 022726

Peter Handke wurde 1942 in Kärnten/Österreich geboren. Seit den 1960er-Jahren gehört er zu den wichtigsten Vertretern der innovativen deutschsprachigen Literatur, v. a. mit seinen Theaterstücken wie der „Publikumsbeschimpfung“ (1960). Zu seinen bekannten Prosatexten zählen „Die Stunde der wahren Empfindung“ (1975), „Die linkshändige Frau“ (1976), „Versuch über die Jukebox“ (1990). Er arbeitete mit dem Filmregisseur Wim Wenders zusammen und schrieb z. B. das Drehbuch für den Film „Der Himmel über Berlin“ (1987). Das Leben von Peter Handke ist geprägt von Umzügen und Reisen; zwischen 1987 und 1990 unternahm er eine Weltreise. 2005 erschienen die Reisenotizen „Gestern unterwegs“. Seit 1990 lebt Peter Handke in Chaville, einem Vorort von Paris.

Peter Handke (geb. 1942)
Gestern unterwegs (Auszug)

„Nach dem Schlaf am Meer erscheinen im Brandungsrauchlicht jetzt überall die einzelnen Leute farbig, leuchtend im Rauchlicht, und dazu das Düsendonnern des Atlantik; ‚als Gregor Samsa nach langem beflügeltem Schlaf im Meersand erwachte, sah er sich von Kopf bis Fuß behaftet mit farbigen Steinchen und kleinen Muscheln, und setzte so seinen Weg fort‘ (Spätnachmittag, Porto); und vorher, im Einschlafen, war jener beseligende Öffnungs-, Erweiterungs-, Ichabfalls-, Erlösungsmoment des ‚Wo bin ich?‘ gekommen, eine Art Levitation[1] im Innersten, dem dann der Reinigungs- und Verjüngungsschlaf folgte – Tag des Sich-Wunderns durch Schlaf-ohne-Bett … Der Neugeborenheitszustand gestern Nachmittag nach dem Schlafen am offenen Meer (Foz de Porto): Ich erwachte, schwieg und war. Ich schwieg und war. ‚Und‘: Schweigen und Sein; und dazu gehört: *Auf dem Boden schlafen*, im Freien? (Finde den Urmenschen in dir zurück)“

Handke, Peter: Gestern unterwegs. Aufzeichnungen November 1987 bis Juli 1990. Suhrkamp: Frankfurt/M. 2007, S. 144 f.; Bild o.: action press/SIPA

1 **Levitation** = gefühlte Aufhebung der Schwerkraft

stock.adobe.com/denis augustin

Foz do Douro, Porto

Heinrich Heine wurde 1797 als Sohn eines jüdischen Textilhändlers in Düsseldorf geboren. Nach der Schule machte er eine kaufmännische Lehre, dann eine Banklehre bei einem vermögenden Onkel in Hamburg, der ihm auch sein Jurastudium finanzierte. Ab 1826 erschienen die ersten größeren Veröffentlichungen: „Reisebilder“ und „Buch der Lieder“. 1831 ging Heine wegen der reaktionären politischen Lage in Deutschland (Zensur!) als Journalist nach Paris. In „Deutschland. Ein Wintermärchen“ verarbeitete er eine letzte Deutschlandreise 1843. Heine starb 1856 nach langer Krankheit in Paris.

Heinrich Heine (1797 – 1856)
Die Nordsee (Auszug)

(Geschrieben auf der Insel Norderney)

Einen eigentümlichen Reiz gewährt das Kreuzen um die Insel. Das Wetter muss aber schön sein, die Wolken müssen sich ungewöhnlich gestalten, und man muss rücklings auf dem Verdecke liegen, und in den Himmel sehen, und allenfalls auch ein Stückchen Himmel im Herzen haben. Die Wellen murmeln alsdann allerlei wunderliches Zeug, allerlei Worte, woran liebe Erinnerungen flattern, allerlei Namen, die, wie süße Ahnung, in der Seele widerklingen – „Evelina!“ Dann kommen auch Schiffe vorbeigefahren, und man grüßt, als ob man sich alle Tage wiedersehen könnte. Nur des Nachts hat das Begegnen fremder Schiffe auf dem Meere etwas Unheimliches; man will sich dann einbilden, die besten Freunde, die wir seit Jahren nicht gesehen, führen schweigend vorbei, und man verlöre sie auf immer.

Ich liebe das Meer, wie meine Seele.

Oft wird mir sogar zumute, als sei das Meer eigentlich meine Seele selbst; und wie es im Meere verborgene Wasserpflanzen gibt, die nur im Augenblick des Aufblühens an dessen Oberfläche heraufschwimmen, und im Augenblick des Verblühens wieder hinabtauchen: so kommen zuweilen auch wunderbare Blumenbilder heraufgeschwommen aus der Tiefe meiner Seele, und duften und leuchten und verschwinden wieder – „Evelina!“

Man sagt, unfern dieser Insel, wo jetzt nichts als Wasser ist, hätten einst die schönsten Dörfer und Städte gestanden, das Meer habe sie plötzlich alle überschwemmt, und bei klarem Wetter sähen die Schiffer noch die leuchtenden Spitzen der versunkenen Kirchtürme, und mancher habe dort, in der Sonntagsfrühe sogar ein frommes Glockengeläute gehört. Die Geschichte ist wahr; denn das Meer ist meine Seele –

„Eine schöne Welt ist da versunken,
Ihre Trümmer blieben unten stehn,
Lassen sich als goldne Himmelsfunken
Oft im Spiegel meiner Träume sehn.“[1]
(W. Müller.)

Erwachend höre ich dann ein verhallendes Glockengeläute und Gesang heiliger Stimmen – „Evelina!“

Geht man am Strande spazieren, so gewähren die vorbeifahrenden Schiffe einen schönen Anblick. Haben sie die blendend weißen Segel aufgespannt, so sehen sie aus wie vorbeiziehende, große Schwäne. Gar besonders schön ist dieser Anblick, wenn die Sonne hinter dem vorbeisegelnden Schiffe untergeht, und dieses, wie von einer riesigen Glorie, umstrahlt wird. [...]

Gar besonders wunderbar wird mir zumute, wenn ich allein in der Dämmerung am Strande wandle hinter mir flache Dünen, vor mir das wogende, unermessliche Meer, über mir der Himmel wie eine riesige Kristallkuppel – ich erscheine mir dann selbst sehr ameisenklein, und dennoch dehnt sich meine Seele so weltenweit. Die hohe Einfachheit der Natur, wie sie mich hier umgibt, zähmt und erhebt mich zu gleicher Zeit, und zwar in stärkerem Grade als jemals eine andere erhabene Umgebung. Nie war mir ein Dom groß genug; meine Seele mit ihrem alten Titanengebet strebte immer höher als die gotischen Pfeiler, und wollte immer hinausbrechen durch das Dach. [...]

(1826)

Heine, Heinrich: Sämtliche Werke Bd. II. Winkler: München 1969, S. 81 ff.; Bild: Bridgeman Images/Hamburger Kunsthalle

[1] fünfte Strophe des Gedichts „Vineta“ von Wilhelm Müller (1794 – 1827)

Best.-Nr. 022726

Virginia Woolf wurde 1882 in London geboren; ihre wohlhabende Familie hatte gute Kontakte zu den bildungsbürgerlichen Kreisen der britischen Hauptstadt. Als Autorin begann sie ihre Kariere mit journalistischen Texten und Essays, darin setzte sie sich u. a. für die Gleichberechtigung von Mädchen und Frauen im konservativen viktorianischen Milieu ein. 1915 erschien ihr Roman „Die Fahrt hinaus" und machte sie als Dichterin international bekannt. 1941 starb Virginia Woolf in der Grafschaft Sussex.
Seit den 1970er-Jahren gaben vor allem ihre Essays wichtige Impulse für die Frauenbewegung.

Virginia Woolf (1882 – 1941)
Morgen am Meer (Auszug)

Die Sonne war noch nicht aufgegangen. Meer und Himmel ließen sich nicht unterscheiden, nur dass das Meer leicht gefältelt war wie ein zerknittertes Tuch. Allmählich, während der Himmel weiß wurde, erstreckte sich eine dunkle Linie am Horizont, die das Meer vom Himmel trennte, und das graue Tuch wurde von dicken Streifen durchzogen, die sich, einer nach dem anderen, unter der Oberfläche bewegten, einander folgend, einander jagend, immerzu. Sowie sie sich der Küste näherten, hob sich ein Streifen nach dem andern, schob sich hoch, brach und wischte einen dünnen Schleier weißen Wassers über den Sand. Die Welle hielt inne und zog sich dann wieder zurück, seufzend wie ein Schlafender, dessen Atem unbewusst kommt und geht. Allmählich wurde der dunkle Streif am Horizont klar, als hätte sich die Ablagerung in einer alten Weinflasche gesetzt und das Glas erschiene wieder grün. Dahinter klärte sich auch der Himmel, als hätte sich dort die weiße Ablagerung gesetzt, oder als höbe der Arm einer Frau, die hinterm Horizont ruhte, eine Lampe in die Höhe, und nun breiteten sich flache Streifen von Weiß, Grün und Gelb über den Himmel aus wie die Finger eines Fächers. Dann hob sie ihre Lampe höher, und die Luft schien auszufasern und sich von der grünen Oberfläche zu lösen, sie flackerte und flammte in roten und gelben Fasern wie ein rauchendes Feuer, das aus einem Freudenfeuer aufprasselt. Allmählich verschmolzen die Fasern des brennenden Freudenfeuers zu einem einzigen Dunst, einem weißen Glast[1], der das Gewicht des wollnen grauen Himmels emporhob und in eine Million hellblauer Atome verwandelte. Die Meeresoberfläche wurde langsam transparent und lag gekräuselt und glitzernd da, bis die dunklen Striche nahezu weggewischt waren. Langsam hob der Arm, der die Lampe hielt, sie höher und dann noch höher, bis eine breite Flamme sichtbar wurde; ein Feuerbogen loderte am Rand des Horizontes, und rund um ihn her lohte das Meer golden.

Virginia Woolf. Die Wellen. Hrsg. von Klaus Reichert. Fischer: Frankfurt a. M. 1994, Übersetzung: Maria Bosse-Sporleder; Bild: Alamy Stock Photo/Univeral Art Archive

[1] **Glast** = Glanz

Best.-Nr. 022726

Eine Reise im Film – „Into the Wild“

Die Bereiche „Filmanalyse“ und „Filmisches Erzählen“ nehmen in den Oberstufencurricula der Bundesländer zunehmend Raum ein, die entsprechenden Bildungsstandards sind beispielsweise mit Anforderungen wie „die Lernenden können Theaterinszenierungen und Literaturverfilmungen als Textinterpretationen erfassen und beurteilen“ oder „die Lernenden können Theaterinszenierungen, Hörtexte und Filme sachgerecht analysieren“ konkretisiert.[1] Der Film „Into the Wild“ kann im Unterricht sowohl als filmisches Werk an sich oder im Vergleich mit der Buchvorlage untersucht werden. Er bietet im Hinblick auf filmisches Erzählen folgende „klassische“ Untersuchungsaspekte an, welche formell und inhaltlich an gängige Konzepte des Umgangs mit Texten und Medien anknüpfen:

- Erzählverhalten
- Erzählstruktur/Chronologie
- Motivverwendung

Der Film folgt der Textvorlage sehr eng, verwendet dramaturgische Mittel, die leicht zu identifizieren und im Hinblick auf ihre erzielte Wirkung gut verständlich sind, er kann also auch als „Lehrfilm“ zur Veranschaulichung filmanalytischer Aspekte dienen, z. B. zu den Bereichen Montage und Schnitt, auditive Ebene oder Figurengestaltung. Allein die Musik des Films böte hinreichend Möglichkeiten, beispielsweise die Wechselbeziehung zwischen visueller und auditiver Ebene zu untersuchen und im Gesamtkontext zu deuten. Aus Gründen des Umfangs wird dieser Bereich an einzelnen Stellen kontextbezogen berücksichtigt, jedoch nicht vertiefend entwickelt. Am Ende verschiedener Unterkapitel finden sich Hinweise zur Weiterarbeit wie z. B. zur Analyse von Szenen oder Sequenzen oder auch Anregungen zu kreativen Produktionsformen.

Die folgende Unterrichtsreihe legt im Bereich Filmanalyse den Schwerpunkt auf beispielhaft ausgewählte Aspekte. Sie dienen vor allem der Erschließung der filminhärenten Dramaturgie und der Unterstützung der Analyse inhaltlicher Aspekte. Im Zentrum steht die Auseinandersetzung mit dem **Reisemotiv** und der **Hauptfigur**, wobei diese Aspekte inhaltlich miteinander verwoben sind, was kennzeichnend für den ästhetischen Reiz eines komplexen kulturellen Produktes wie eines Films ist. Bezüge zu anderen Themenfeldern, wie z. B. der Epoche der Romantik, sollen der Anregung zur Vernetzung der Unterrichtseinheit mit anderen Unterrichtsinhalten dienen und sind ebenfalls exemplarisch zu verstehen.

Der Protagonist des Films ist ein junger Amerikaner, der gerade seinen Collegeabschluss gemacht hat und sich an einer „Übergangsstelle“ seines Lebens befindet. Die großen Lebensfragen, die ihn beschäftigen, bilden das gedankliche Zentrum und knüpfen an die Lebensrealität von Schülerinnen und Schülern der Oberstufe an, unabhängig vom zeitlichen Kontext, in dem die Filmhandlung spielt. Der Lebensentwurf des Protagonisten stellt ein Extrem dar, welches vermutlich und auch wünschenswerterweise keine Anregung zur konkreten Nachahmung darstellt, doch gerade in der Auseinandersetzung mit einem Extrem, welches in künstlerischer Form überspitzt und überhöht erscheint, regt der Film zur Bestimmung

[1] Hessisches Kultusministerium (2016): Kerncurriculum für die Gymnasiale Oberstufe Deutsch, S. 18

persönlicher Wertvorstellungen und Lebensziele an. Er passt inhaltlich in die Reihe anderer (literarischer) Kunstwerke, welche die großen Themen der Adoleszenz behandeln und das Spannungsfeld zwischen Individuum und Gesellschaft zu ermessen suchen. Gleichzeitig geht es im wörtlichen und übertragenen Sinne um das Thema „Unterwegs sein“, welches dieses Unterrichtsmodell als Leitmotiv durchzieht.

Der Film bietet Anknüpfungsmöglichkeiten zu anderen Fächern (z.B. Englisch, Ethik) oder Themenbereichen wie Soziologie, Psychologie, Philosophie. Im Einzelnen geht es in diesem Baustein vor allem um folgende thematische Schwerpunkte:

- die Chronologie der Filmhandlung im Vergleich zur Chronologie der Story
- die Hauptfigur Christopher McCandless
- das Beziehungsgeflecht der Hauptfiguren
- ein Vergleich mit Eichendorffs Novelle „Aus dem Leben eines Taugenichts“
- das Motiv des Reisens
- die Bedeutung der Natur

Zur besseren Orientierung des Lesers und der Leserin sind im Folgenden einige **Informationen zum Inhalt des Films** und zum **Entstehungshintergrund** zusammengefasst:

Der Inhalt des Films

Der Film erzählt die Lebensgeschichte des 22-jährigen Collegeabsolventen Christopher Johnson McCandless (gespielt von Emil Hirsch), der nach seinem Abschluss den Kontakt zur Familie abbricht und eine zweijährige Reise quer durch die USA unternimmt, die ihn schließlich das Leben kostet. Im Zentrum des Films stehen der – in einer romantischen Natur- und Ursprünglichkeitssehnsucht wurzelnde – Selbstfindungsprozess der Hauptfigur sowie Zivilisationskritik und der (amerikanische) Mythos von einem freien, selbstbestimmten Leben.
Kurze Zeit nachdem der junge Mann seine mit Auszeichnung bewerteten Abschlusszeugnisse der Emory-Universität (Atlanta, USA) in Empfang genommen und mit der Familie gefeiert hat, kündigt er seine Wohnung, spendet all seine Ersparnisse an das Wohltätigkeitsunternehmen Oxfam, lässt den größten Teil seiner Habe zurück und bricht auf zu einer Reise, die ihn durch die großen Landschaften der USA führt und schließlich in Alaska endet. Dabei führt er immer weniger Besitz mit sich, lässt seinen Wagen zurück, verbrennt sein letztes Geld und macht sich daran, „das Leben für sich neu zu erfinden“[1]. Er trampt, zeltet, schläft unter freiem Himmel, nimmt Hilfsarbeiterjobs an und kündigt sie wieder. Immer wieder lernt er Menschen kennen, lebt mit ihnen und verlässt sie, zu einigen hält er während der Reise Briefkontakt. Diese Briefe sowie zahlreiche Tagebucheinträge und Interviews bilden die Basis der Reportage des amerikanischen Bergsteigers und Autors Jon Krakauer und somit auch des Films, welcher sich in den meisten zentralen Handlungsaspekten eng an der Reportage orientiert. Die Tagebucheinträge werden immer wieder innerhalb der Filmhandlung sowie als Texteinblendungen in der Handschrift des Christopher McCandless thematisiert. Eine sich anbahnende Liaison mit der jungen Tracy (Kristen Stewart) beendet Christopher, bevor sie richtig begonnen hat. Außerdem freundet er sich mit dem wesentlich älteren Ronald Franz (Hal Holbrook) an, mit dem er intensive Gespräche über den Sinn des Lebens, die Bedeutung der Natur und die Bedeutung von Beziehungen zu anderen Menschen führt. Ron entwickelt väterliche Gefühle für Christopher und bietet ihm schließlich an, ihn zu adoptieren, doch auch diese Bindung bricht der junge Mann ab, um weiterzureisen an sein Traumziel: die Wildnis Alaskas, welche für ihn den Inbegriff der ursprünglichen, unverfälschten Natur darstellt. Er sagt sich während der Reise bewusst von der zivilisierten, modernen Welt immer stärker

[1] Krakauer, Jon: In die Wildnis. Allein nach Alaska. Piper: München/Berlin 2016, S. 5

los, stellt sich den Herausforderungen der Wildnis, „genießt im Prozess des letztlich ziellosen Wanderns die Klarheit und Ursprünglichkeit des Lebens im Einklang mit der Natur, in der er – so seine Wahrnehmung – ganz Mensch sein kann“ (Timotheus Schwake[1]).
Die Reise führt ihn schließlich tatsächlich in die Wildnis Alaskas, mit schlechter Ausrüstung, ohne Ortskenntnis und ohne konkretes Ziel. Hier überlebt er zwei Monate in einem abgewrackten Omnibus, dem „Magic Bus“, wie er ihn selbst nennt und der ihm während der Zeit als Wohnstätte und Zuflucht dient. Er ernährt sich von Wildpflanzen und erlegten Tieren, beobachtet die Natur, schreibt Tagebuch und genießt tatsächlich die ersehnte absolute Einsamkeit. Im Laufe der Zeit hat er jedoch immer weniger Jagderfolge, mit Glück erlegt er einen Elch, kann sein Fleisch aber nicht sachgerecht konservieren, und es verrottet ihm schließlich fast unter der Hand. Er unternimmt den Versuch, den Rückzug in die Zivilisation anzutreten, kann jedoch nach der Schneeschmelze den Fluss, über den er auf dem Hinweg gekommen ist, nicht überqueren, weil dieser sich in einen reißenden Strom verwandelt hat. So muss er zum „Magic Bus“ zurückkehren. Geschwächt durch Hunger und den Verzehr giftiger Kartoffelsamen stirbt er schließlich einsam. Er hinterlässt die geschriebenen Worte:

„I have had a happy life and thank the lord. Good bye and may God bless all! Christopher Johnson McCandless“[2]

Neben der Reisegeschichte zeigt der Film collagenhaft das Leben der verzweifelten Familie des jungen Mannes, die mit allen erdenklichen Mitteln versucht, ihn aufzuspüren, daran jedoch scheitert, weil er seine Spuren sorgsam verwischt hat. Die Angehörigen durchlaufen andeutungsweise Phasen der Wut, der Hoffnung und der Resignation. Weiterhin wird durch wiederkehrende Rückblenden sowie durch den Off-Text der Schwester Carine McCandless (Jena Malone) deutlich, dass das Familienleben durch Gewalt und Kälte seitens der Eltern geprägt war. Nach außen dem Bild einer wohlsituierten Vorzeigefamilie entsprechend, spielen sich familienintern hässliche Szenen ab, bei denen insbesondere der Vater (William Hurt), ein ehemaliger angesehener Ingenieur der NASA, als despotischer Unterdrücker von Frau und Kindern agiert. Die Familie birgt das Geheimnis, das der Vater bereits verheiratet war, als er mit Christophers und Carines Mutter eine neue Familie gründete. Der Vater führte demnach über lange Zeit ein Doppelleben. Die Mutter (Marcia Gay Harden) übernimmt die Rolle derjenigen, die für die gute Außendarstellung verantwortlich ist und durch ihr Bedachtsein auf die Wahrung des schönen Scheins zum Erhalt des dysfunktionalen Familiensystems beiträgt. Christopher spielt auf seiner Reise in der Einsamkeit immer wieder familiäre Gesprächsszenen nach, wodurch impliziert wird, dass sein Aufbruch in die wurzellose Anonymität auch als eine Flucht aus dieser belastenden familiären Vergangenheit und als Abrechnung mit der Vaterfigur verstanden werden kann.

Der Entstehungshintergrund

Die Filmhandlung beruht auf dem Fall des „wahren“ Christopher Johnson McCandless (geb. 12.02.1968 in El Segundo, Kalifornien, gest. ca. 18.08.1992 im Denaly Borough, Alaska). Kurz nach dessen Tod in Alaska veröffentlichte der amerikanische Journalist und Buchautor und Bergsteiger Jon Krakauer („Into thin Air“, „Missoula“) im Januar 1994 einen mehrseitigen Bericht über McCandless' Reise und Todesumstände in dem Outdoor-Magazin „Outside“. Fasziniert von Lebensgeschichte und Persönlichkeit des jungen Mannes recherchierte Krakauer weiter, interviewte Familie und Bekannte sowie die Menschen, denen McCandless auf seiner Reise begegnet war, verfolgte seine Reiseroute, besuchte den „Magic Bus“, sichtete die Hinterlassenschaften des Verstorbenen und las seine Reisenotizen sowie die Bücher, von denen McCandless sich inspiriert fühlte. Schließlich veröffentlichte Krakauer 1996 den um-

1 In: P.A.U.L. D. Oberstufe, hrsg. v. J. Diekhans/M. Fuchs, Paderborn 2013, S. 207
2 Ein Bild des Originalschriftstückes ist z. B. hier einsehbar: http://backtothewildbook.com/(11.07.2018)

fangreichen Report „Into the Wild“, in dem er die gesammelten Informationen rund um Christopher McCandless präsentierte und zugleich eine Art Analyse der Handlungsmotive des Reisenden vornahm. Das Buch wurde zum Bestseller und in zahlreiche Sprachen übersetzt, auf Deutsch erschien es 1997 mit dem Titel „In die Wildnis“ (Übersetzung von Stephan Steeger und Ulrike Frey). Der Stoff begeisterte schließlich auch den amerikanischen Schauspieler, Regisseur und Produzenten Sean Penn[1], er schrieb das Drehbuch, drehte und produzierte in Zusammenarbeit mit Paramount Pictures/Paramount Vantage den Film in enger inhaltlicher Anlehnung an Krakauers Reportage. Im Jahr 2007 kam der Film in die amerikanischen Kinos, im Jahr 2008 erschien er unter anderem in der deutschen Synchronfassung. Er fand ein breites Medienecho und stieß auf überwiegend positive Rezensionen.
Buch und Film haben wesentlich dazu beigetragen, dass insbesondere in den USA eine Art Kult um Christopher McCandless entstanden ist. Zahlreiche Menschen fühlen sich bis heute von Lebensgeschichte, Geisteshaltung und Persönlichkeit des jungen Mannes angezogen. Der „Magic Bus“ ist zu einer Pilgerstätte begeisterter Menschen geworden, Einheimische aus der Gegend rund um das Gebiet des Denali Nationalparks in Alaska bieten Führungen entlang der McCandless' Wanderroute an, dem Stampede Trail. Die Schwester des Verstorbenen veröffentlichte Jahre nach Christophers Tod das Buch „The wild Truth“, in dem sie ihre Sicht auf das Leben und Sterben ihres Bruders sowie die Hintergründe der Geschichte darlegt.[2]

Die Todesumstände des Christopher McCandless zogen auch einen Diskurs um die Beurteilung seines Handelns nach sich, die Kommentare in den Medien reichten von verklärenden Huldigungen bis zu hämischer Kritik. Für die einen verkörpert McCandless bis heute die Idee von einem besseren, freien, menschenwürdigen Leben ohne die Verbiegungen der Zivilisation und steht in der Tradition der guten amerikanischen Werte. Für die anderen ist er ein narzisstischer Spinner, der in Missachtung des gesunden Menschenverstandes einen dilettantisch geplanten Selbsterfahrungstrip in die Natur unternommen hat und dabei aus naheliegenden Gründen selbst verschuldet zugrunde gegangen ist. Auch rund um die Todesursache des Christopher McCandless hat sich im Nachgang noch ein weiterer Diskurs entwickelt. Der Film impliziert, dass McCandless an den Folgen einer Vergiftung starb, weil er zwei ähnliche Pflanzenarten verwechselt hatte, hiermit wich Sean Penn von den Begebenheiten im wahren Fall sowie der Darstellung in Krakauers Buch ab. Die Autopsie des Leichnams des echten Christopher McCandless legte zunächst den Tod durch Auszehrung bzw. Nahrungsmangel nahe, wobei die Wirkung der Samen „Hedysarum alpinum“, der „Wilden Kartoffel“, welche McCandless zuletzt verzehrt hatte, in der Forschung zum Teil als weiterer ungünstiger Faktor gedeutet wird. Jon Krakauers Reportage enthält in den jüngeren Auflagen ein Nachwort, in dem er die jüngsten Entwicklungen im Diskurs rund um die Todesursache darstellt und die These von der schleichenden Vergiftung zu stützen versucht.[3]

Im Internet kann die Diskussion rund um den wahren Fall, das Buch und den Film nachvollzogen werden, hier finden sich auch zahlreiche Bilder und Dokumente.[4]

---

1 Im Bonus-Material der DVD zum Film findet sich u. a. ein ausführliches Interview mit Sean Penn, in welchem er die persönlichen Entstehungshintergründe des Films erläutert.

2 Deutsche Ausgabe: Carine McCandless: Die Geheimnisse, die Chris McCandless in die Wildnis trieben: Die Wahrheit über ein Aussteiger-Idol, btb Verlag: München 2016

3 Krakauer, Jon: In die Wildnis. Allein nach Alaska, Piper: München/Berlin 2016, S. 292 – 303

4 Eine umfassende Website ist z. B. unter http://backtothewildbook.com/(11.07.2018) zu finden.

4.1 Chronologie der Filmhandlung versus Chronologie der Story

Als ersten Schritt zur Bearbeitung des Films im Unterricht sollten die Schülerinnen und Schüler den Film in voller Länge anschauen. Bei diesem ersten Sehen erhalten sie bereits einen begleitenden Arbeitsauftrag (S. 148). Dieser kann in „Heimarbeit“ erfolgen – analog zur gängigen Methode der heimischen Lektüre z. B. eines literarischen Werkes. Hierdurch wird viel Unterrichtszeit gespart. Man kann den Film auch in der Gruppe während der gemeinsamen Unterrichtszeit schauen und hierbei den Arbeitsauftrag erledigen lassen, hierfür benötigt man allerdings deutlich mehr als eine der üblichen Doppelstunden (die Laufzeit beträgt 142 Minuten). Außerdem kann der erste, das Anschauen begleitende Arbeitsauftrag von jedem Schüler und jeder Schülerin in Einzel- oder Partnerarbeit am besten erledigt werden, weil dafür das gelegentliche Stoppen des Films erforderlich sein kann, um Mitschriften zu erledigen. Der Film kann von den Lernenden zu einem Preis erworben werden, der dem üblicher Schullektüren ähnelt (ca. 7,00 €), die gängigen Streamingdienste bieten den Film häufig noch kostengünstiger an. Auch befindet sich der Film im Angebot zahlreicher kommunaler Bildstellen und kann vom Lehrer bzw. der Lehrerin entliehen und den Schülerinnen und Schülern zur Verfügung gestellt werden (z. B. zum Abspielen auf geeigneten Geräten in der Schule). Bei diesem Verfahren sollte der entsprechende zeitliche Vorlauf beachtet werden.

Die Story des Films im Sinne der eigentlichen, kausalen Handlung entwickelt sich nicht in einem chronologischen Erzählstrang, sondern in einer Mischung aus kontinuierlicher Erzählung und Rückblenden, der Plot folgt also insgesamt einem diskontinuierlichen Prinzip. Beispielsweise stellt die erste gespielte Szene des Films (Erwachen der Mutter aus einem Traum, in dem sie den verschwundenen Sohn gehört zu haben glaubt) einen Handlungsbereich dar, der in der Chronologie der Story irgendwann nach dem Collegeabschluss und dem Aufbruch zur Reise anzusiedeln ist. Dem Zuschauer bzw. der Zuschauerin, der bzw. die die gesamte Filmhandlung nicht kennt, erschließt sich der reale Hintergrund der Szene an dieser Stelle nicht komplett, die Figuren der Eltern sind zu diesem Zeitpunkt noch nicht einmal eingeführt. Erkennbar wird jedoch bereits die emotionale Bedeutung des schwerwiegenden Verlustes einer Person, somit wird eines der zentralen Spannungsfelder des Films an dieser Stelle der Filmhandlung eröffnet. Dies hat eine dramatisierende Wirkung und setzt zugleich die im Prolog (eingeblendetes Zitat von Lord Byron) im Zusammenwirken von Textinhalt und traurig-romantischer Musik eingeführte, ernsthaft-melancholische Grundstimmung des Films fort. Wer die beiden Figuren in der ersten Szene sind und welche Bedeutung sie für die Gesamthandlung haben, erschließt sich dem Zuschauer bzw. der Zuschauerin an späteren Stellen der Filmhandlung (z. B. DVD-Kapitel „Der Abschluss“ ab Filmminute 00:13:42). Hieraus entwickelt sich beim Zuschauer bzw. bei der Zuschauerin nach und nach das Gesamtverständnis der Story. Gelegentliche Zeitangaben in Form von Texteinblendungen bieten während der Filmhandlung Unterstützung bei der chronologischen Orientierung.

Das diskontinuierliche Erzählen ist eine Technik, welche die Schülerinnen und Schüler mit hoher Wahrscheinlichkeit bereits aus erzählenden Texten sowie anderen Medienformaten kennen. Bei der Untersuchung der Wirkungsabsicht dieser Erzähltechnik kann auf solche Vorerfahrungen zurückgegriffen werden.

Als vorbereitende Hausaufgabe (falls die Schülerinnen und Schüler den Film zu Hause schauen sollen, ansonsten begleitend zum gemeinsamen Anschauen) wird das **Arbeitsblatt 44** (S. 168) ausgegeben. Die Schülerinnen und Schüler benötigen dafür je nach Schriftgröße evtl. Papierbögen im Format DIN-A3 oder größer, um alle Einzelschritte der Zeitleiste abbilden zu können. Das Arbeitsblatt bildet hierzu lediglich ein beispielhaftes Schema ab, das selbst angelegt werden muss.

Die Schülerinnen und Schüler erhalten das Arbeitsblatt mit folgendem Auftrag:

- *Erstellen Sie auf DIN-A3-Papier zwei Zeitleisten in der Art der unten stehenden Abbildung und ergänzen Sie Handlungsschritte. Definieren Sie wesentliche Unterschiede zwischen der Chronologie der Story und der Chronologie des Films. Begründen Sie: Welche Wirkung hat diese Art der Erzähltechnik auf den Zuschauer bzw. die Zuschauerin.*

Die Schülerinnen und Schüler analysieren die Chronologie des Films in Abweichung von der Chronologie der Story, wie sie sich nach der Gesamtbetrachtung des Films ergibt, und erkennen die dramatisierende Wirkung der diskontinuierlichen Erzähltechnik. Die Analyse erfolgt durch die Verschriftlichung der Filmhandlung in Stichworten und dem anschließenden Vergleich mit der Chronologie der Story. Letztere kann erst nach vollständiger Filmbetrachtung komplett erfasst werden. Dabei erstellen die Schülerinnen und Schüler zwei parallele Zeitleisten, in deren Übersicht die Unterschiede zwischen der Chronologie der Filmhandlung und der Chronologie der Story leicht erschließbar werden. Eine mögliche Lösung enthält das dem Arbeitsblatt angehängte **Lösungsblatt**, S. 169.

Das Ergebnis der Aufgabe dient als Basis für ein Unterrichtsgespräch, bei dem – ausgehend von beispielhaften Vergleichsaspekten, welche durch die Schülerinnen und Schüler bestimmt werden können – folgende Schlussfolgerungen über die Erzählform des Films in einem Tafelbild festgehalten werden:

- *Nennen Sie die Kennzeichen, durch welche die Chronologie der Filmhandlung geprägt ist. Welche Wirkung hat diese Art der Erzählweise?*

Chronologie des Films im Vergleich zur Story

Kennzeichen:

- Vorwegnahmen (z. B. in Filmminute 00:01:26 oder 00:08:30)
- Zeitsprünge (z. B. ab Filmminute 00:13:41, Collegeabschluss)
- Sprünge zwischen den Handlungsorten (s. o.)
- Erzählberichte (z. B. Filmminute 01:16:07, Bericht der Schwester)
- Traum- oder Erinnerungssequenzen der Figuren (z. B. Highschoolabschluss der Eltern, Filmminute 01:16:30)

→ Die Story des Films wird in diskontinuierlicher Form erzählt.

Wirkung:

- ➢ spannungsfördernd, da der Zuschauer bzw. die Zuschauerin ständig mitdenken und Zusammenhänge herstellen muss
- ➢ dramaturgische Abwechslung zwischen handlungsfördernden/und atmosphärischen/handlungsstagnierenden Szenen

Um die eigentliche Story im Sinne der Filmhandlung zu sichern und zu abstrahieren, erhalten die Schülerinnen und Schüler einen weiteren Auftrag, der in Einzelarbeit erledigt werden soll (auch als Hausaufgabe denkbar).

- *Formulieren Sie eine Inhaltsangabe des Films. Orientieren Sie sich dabei in formaler und sprachlicher Hinsicht an den Merkmalen der Inhaltsangabe einer Erzählung oder eines Romans. Ersetzen Sie im einleitenden Satz die Angaben zu Titel, Autor und Erscheinungsjahr durch analoge Angaben zum Film.*

Der Hinweis, dass der Film auf einem wahren Fall beruht, kann in der Einleitung der Inhaltsangabe ebenfalls gegeben werden, ist aber für das Verständnis der Story nicht zwingend nötig.

Die Darstellung des Inhaltes in Form einer Inhaltsangabe dient zum einen der Sicherung einer gemeinsamen Verständnisbasis und zum anderen der Übung und Festigung dieses gängigen Schreibformates als Produkt, das in unterschiedlichen Aufgaben- und Materialkontexten Anwendung findet.

Alternativ zu diesem komplexen Einstieg kann im Unterricht auch zunächst mit der Untersuchung des Zitates von Lord Byron angefangen werden, mit welchem der Film beginnt. So kann den Schülerinnen und Schülern der Anfang des Films (DVD Filmminute 00:01:02) gezeigt und der folgende Arbeitsauftrag gestellt werden:

- *Lesen Sie das Zitat von Lord Byron, mit welchem der Film beginnt, und schreiben Sie Ihre spontanen Assoziationen nieder: Was wollte Lord Byron mit diesen Worten möglicherweise ausdrücken? Warum hat der Regisseur diese Worte für den Filmanfang gewählt? Welche Thematik könnte ein Film, der so beginnt, umfassen und wie könnte eine entsprechende Filmhandlung aussehen?*

Die Assoziationen der Schülerinnen und Schüler sollen einen Gesprächsanlass darstellen. Da der Film recht bekannt ist, kann es gut sein, dass einige Schülerinnen und Schüler Thematik und Inhalt des Films nennen und somit zum Inhalt nicht ganz frei assoziieren. Dies stellt jedoch kein Hindernis bei der Erschließung der Filmthematik dar. Mögliche Gesprächsergebnisse finden sich im Baustein 4.7, S. 160ff.

4.2 Christophers Reise

Welche Bedeutung die Reise für den Protagonisten des Films hat und wofür das Reisen insgesamt steht, lässt sich kaum unabhängig von den anderen Aspekten des Films untersuchen, denn die Reise ist ebenso handlungsbestimmend wie sie der Schlüssel zum Verständnis der Hauptfigur und des im Film vermittelten Menschen- und Naturbildes ist. Im Zentrum der Betrachtung des Reisemotivs in diesem Film soll die Funktion stehen, welche die Reise für die Hauptfigur hat: Sie steht für den Weg, der den jungen Mann hinausführt aus einem Leben, das er zu großen Teilen als ein falsches empfindet, und zwar sowohl auf einer ganz persönlichen Ebene als auch auf einer verallgemeinernden, für große Teile der Menschheit gültigen. Im Aufbruch ins Ungewisse, im Sich-treiben-Lassen durch das Land, ohne Bindungen, fast ohne Besitz, zu verschiedenen Menschen hin und wieder weg von ihnen und losgelöst von festen Zeit- und Zielvorgaben, liegt für Christopher McCandless der eigentliche Sinn der Reise. Die Reise ist die meiste Zeit keine Reise zu einem Ziel (auch Alaska entwickelt sich erst im Laufe der Reise als anzustrebendes Ziel), sondern eine Reise um ihrer selbst willen, in welcher der Protagonist die Dinge sucht, die er in seinem Leben bislang vermisst bzw. nur als literarische Beschreibungen gefunden hat: Authentizität im Erleben und Empfinden, innerer Frieden, Ruhe und Glück im Einklang mit sich selbst und der Natur. Kurzum: Die Reise dient vor allem der Selbstfindung. Die wichtigste äußere Konstante ist dabei die Natur, welche dem jungen Mann in fast metaphysischer Überhöhung als Ziel und Projektionsfläche der Wünsche und Sehnsüchte dient.

Die Reiseroute führt Christopher durch die großen Landschaften im Südwesten der USA, wobei deren spezifische Eigenschaften und Einzigartigkeiten keine weitere Rolle spielen. Die

Orte, an denen Christopher sich aufhält, werden durch Texteinblendungen, Ortsschilder u. Ä. zwar spezifiziert, dennoch dienen sie überwiegend als Hintergrund und atmosphärische Kulisse bzw. als bildhaftes Element (s. Baustein 4.7, „Natur und Mensch“, S. 160 ff.). Manche Orte sind geografisch auch nicht näher zu bestimmen.[1]

Vor der Auseinandersetzung mit der Bedeutung der Reise in diesem Film nähern sich die Schülerinnen und Schüler dem Thema in allgemeiner Form über den folgenden Arbeitsauftrag. Dabei können sie gegebenenfalls auf Ergebnisse aus den vorausgehenden Bausteinen, wenn diese behandelt wurden, zurückgreifen.

- *Notieren Sie zunächst in Einzelarbeit Stichworte zu folgenden Fragen:*
  - *Warum reisen Menschen?*
  - *Welche Arten von Reisen gibt es?*
  - *Welche tiefere Bedeutung kann eine Reise bekommen, die über das reine Erreichen eines bestimmten Ziels hinausgeht?*
- *Reflektieren Sie anschließend Ihre Überlegungen zusammen mit einem Gesprächspartner und halten Sie Ihre Ergebnisse fest.*

Die Ergebnisse der Schülerinnen und Schüler werden im Unterrichtsgespräch festgehalten, eine Sicherung kann über eine Stichwortsammlung an der Tafel oder auch in Form von Zetteln auf einer Pinnwand o. Ä. erfolgen.

Die Inhalte dieser Sammlung können hier nicht wörtlich antizipiert werden, vermutlich werden die Schülerinnen und Schüler bei den Reisemotiven unterscheiden zwischen

- freiwilligen Reisen (Urlaub,Erholung, Besuche o. Ä.),
- verpflichtenden Reisen (z. B. Geschäftsreisen),
- Reisen als Flucht (Migration),
- zufälligen Reisen (z. B. aufgrund von Irrwegen),
- Reisen zum Zwecke der Selbstfindung,
- ...

Gerade die letzte Frage des Arbeitsauftrages kann zu einer Darstellung eigener Reiseerlebnisse sowie zur Diskussion über Sinn und Zweck von Reisen führen, welche sich später in Beziehung zu den Reisemotiven und -erlebnissen des Filmprotagonisten setzen lässt.

Im Anschluss erschließen die Schülerinnen und Schüler sich die Bedeutung der Reise des Christopher McCandless über die Auseinandersetzung mit Aussagen über das Reisen (s. **Arbeitsblatt 45**, S. 170). Indem sie die passend erscheinenden Sätze auswählen, kommen sie zu einer Sammlung der Reisemotive, der Eigenschaften und der Bedeutung der Reise des Protagonisten. Das zentrale Motiv der Reise als „Weg zu sich selbst“ kann im Anschluss in Beziehung zu vorangegangenen Unterrichtsinhalten gesetzt werden, z. B. zu Aspekten der Romantik (Lyrik der Romantik etc.). Die Schülerinnen und Schüler erhalten den folgenden Arbeitsauftrag:

- *Welche der Aussagen hätten der Reise des Christopher McCandless im Film „Into the Wild“ als Motto dienen können? Begründen Sie Ihre Antwort.*

[1] Im Internet finden sich zahlreiche Kartenabbildungen, auf denen sich die Reiseroute des echten Christopher McCandless nachvollziehen lässt, z. B. unter www.scribblemaps.com/maps/view/Chris_McCandless_journey/56UrPbQuR_ (11.07.2018).

■ *Nennen Sie die wichtigsten Merkmale der Reise des Protagonisten und finden Sie charakterisierende Bezeichnungen.*

Die Ergebnisse können in folgendem Tafelbild gesammelt werden:

Umstände der Reise

Christopher reist ...

... freiwillig. ... allein. ... unter falschem Namen. ... ohne festes Ziel. ... mit wenig Gepäck. ... auf unbekannten Strecken. ... zu Fuß. ... mit unterschiedlichen Verkehrsmitteln.	} abenteuerlich riskant ungewöhnlich

Gründe für die Reise

- Suche nach etwas Neuem
- Sehnsucht nach Freiheit
- Wunsch, in der Natur zu leben
- Neugierde
- Abenteuerlust
- Sinnsuche
- Flucht (vor der Familie, vor der Zivilisation, vor der Realität)?

→ Reise als Weg zur Selbstfindung

Abschließend vergleichen die Schülerinnen und Schüler die Reiseerfahrungen, -voraussetzungen und -motive mit den Ergebnissen aus der Reflexion über das Reisen zu Anfang. Dabei werden vermutlich Parallelen zu gängigen Reisekonzepten erkennbar werden (Abenteuerlust, Erkenntnisgewinn, Distanzierung vom Gewohnten etc.). Jedoch wird wahrscheinlich auch das Ungewöhnliche, Extreme dieser Art von Reise deutlich werden: Diese Reise stellt den Versuch einer neuen, ganzheitlichen Lebens- und Sinnkonzeption dar, sie ist in diesem Verständnis extrem und einzigartig, insbesondere aufgrund der programmatischen Verweigerung von Sicherheiten und Umkehrmöglichkeiten. Das bittere Ende der Reise erscheint in diesem Zusammenhang konsequent, da es von vornherein in ihrem Wesen angelegt war.

Im Folgenden werden die Gründe des Protagonisten für seine Reise genauer in den Blick genommen. Vor allem geht es um die Frage, inwiefern die Reise auch als Flucht oder Ausweg gedeutet werden kann. Die in Rückblenden, Selbstgesprächen und Aussagen der Schwester aufscheinende schwierige familiäre Vergangenheit, Christophers heftige Kritik an der Zivilisation und den Lebensgewohnheiten seiner Mitmenschen (z. B. im DVD-Abschnitt „Der Abschluss“) können als hinreichende Motive gesehen werden, auf eine Reise zu gehen, um die gewohnte Umgebung zu verlassen. Dagegen spricht, dass Christopher sich zum Zeitpunkt seines Aufbruchs gar nicht mehr in unmittelbarer Nähe seiner Familie befindet, sondern bereits eine Zeit lang allein lebt. Die traumatischen Erlebnisse liegen schon eine Weile zurück, er führt sein Leben selbstständig und mit wenig Bezug zu den Eltern. So kann die Reise auch als implizite Bestrafung der Eltern verstanden werden, die Aussagen der Schwester ab Filmminute 01:19:27 (DVD-Kapitel „Der Elch“) deuten dies an.

Dieses mögliche Reisemotiv kann durch die Lerngruppe ergebnisoffen diskutiert werden, sofern sich hierbei eine Kontroverse in der Wahrnehmung abzeichnet. Eine hinführende Fragestellung kann lauten:

- *Ist Christophers Reise in Wahrheit eine Flucht? Sammeln Sie Argumente, die für und die gegen diese Möglichkeit sprechen, und diskutieren Sie die Frage anschließend in der Gruppe.*

Diese Diskussion bietet die Möglichkeit, zur Untersuchung der Hauptfigur überzuleiten. Dabei sollten Vielschichtigkeit und Ambivalenz der Reisemotive des Protagonisten als zentrale Merkmale bestimmt werden, die Möglichkeit der Flucht und Bestrafung kann dabei je nach Deutung eine stärkere oder schwächere Gewichtung finden.

4.3 Die Hauptfigur Christopher McCandless

Die Filmfigur Christopher McCandless hat als reales Vorbild eine Persönlichkeit, welche heute in Teilen der (überwiegend amerikanischen) Outdoor- und Back-to-Nature-Bewegung nahezu Kultstatus erreicht hat. Der echte „Magic Bus“ am Stampede-Trail unweit des Dengali-Nationalparks in Alaska ist in diesem Zusammenhang zu einer Art Pilgerstätte geworden, zu der Menschen gezielt reisen, um in Berührung zu kommen mit dem Ort, der für McCandless zur letzten zentralen Station seiner Reise geworden ist. Die Menschen, die fasziniert sind vom echten Christopher McCandless und bzw. oder von seinem Alter Ego im Film, bewundern weniger dessen tatsächliches Handeln in der Wildnis Alaskas, denn das war in vielerlei Hinsicht unumstritten leichtsinnig, naiv und wenig nachahmenswert. Vielmehr sind es die zivilisationskritische Weltanschauung, die konsequente Haltung, die Naturverbundenheit und die Zähigkeit, mit der McCandless seine Idee von einem besseren Leben verfolgte, die bis heute Bewunderung und Faszination hervorrufen. Jon Krakauers Buch und die darin deutlich formulierte Sympathie für den Protagonisten haben nicht nur maßgeblich zum Bekanntheitsgrad der Geschichte beigetragen, sondern auch zur überwiegend positiven Gesamtdeutung der Persönlichkeit des Christopher McCandless. Diese dominiert auch die Darstellung der Filmfigur: Der Protagonist wurde vom Regisseur Sean Penn als Sympathieträger inszeniert. Der Zuschauer bzw. die Zuschauerin erlebt den Weg, die Gedanken und die Gefühle der Hauptfigur konsequent mit, die innere Welt des Helden wird durch die nahezu durchgängig einseitig personale Perspektive emotional eindringlich erlebbar. Die ungewöhnliche, in ihrer Konsequenz erschreckende Lebensführung des Helden passt durch das Prinzip der Auflehnung gegen Fremdbestimmtheit, Materialismus und Sinnverlust in die Tradition der künstlerischen Auseinandersetzung mit Entwicklungs- und Adoleszenzphänomenen. Die Nähe zu persönlichen Lebensfragen der Schülerinnen und Schüler, die sich strukturell und vom Alter her an einer ähnlichen Stelle ihres Lebens befinden wie der Protagonist, liegt auf der Hand.

Die Untersuchung der Hauptfigur bildet den Schlüssel zum Gesamtverständnis des Films, weil der Film das Leben und Erleben dieser Figur zum zentralen Thema erhebt. In der Auseinandersetzung mit dieser Hauptfigur erschließen sich die weiteren thematischen Aspekte, weil es zahlreiche Überschneidungen gibt. Dabei sollten die Merkmale der Inszenierung als Sympathieträger durchaus thematisiert werden, ohne dass diese einer per se ablehnenden oder befürwortenden Bewertung unterzogen werden. Über die Auseinandersetzung mit dem Lebenskonzept und der Darstellung der Hauptfigur können die Schülerinnen und Schüler vielmehr zur Reflexion eigener Lebenserfahrungen und -vorstellungen angeregt werden.

Der Aufbruch: Beispielhafte Szenenuntersuchung

Der Film zeichnet die Lebensgeschichte des Protagonisten ab seinem Collegeabschluss bis zum Tod nach und folgt damit der Buchvorlage. Die Filmhandlung rund um den College-Abschluss (ab Filmminute 00:13:41) zeigt den Anfang der persönlichen Entwicklung des Protagonisten, zugleich werden darin sein problematisches Verhältnis zur Familie sowie seine inneren Beweggründe für den Aufbruch deutlich (DVD-Kapitel „Der Abschluss“).

Die Schüler erhalten den folgenden Arbeitsauftrag (s. **Arbeitsblatt 46**, S. 171):

- *Schauen Sie sich noch einmal im DVD-Kapitel „Der Abschluss“ die Szenen von Filmminute 00:13:41 bis 00:21:19 an.*
- *Charakterisieren Sie den Protagonisten anhand des gezeigten Filmausschnittes im Hinblick auf*
  - *sein Verhalten bei und nach der Übergabe des Zeugnisses,*
  - *das Verhältnis zu seinen Eltern,*
  - *seine Haltung und Einstellung gegenüber seinem persönlichen Leben.*

  Beziehen Sie das Zitat, welches Chris seiner Schwester vorträgt, sowie die Aussagen der Schwester und die Abbildung in Ihre Deutung ein.

Der Ursprung des Zitates im Film bleibt im Unklaren: Das Anschlussgespräch zwischen Christopher und seiner Schwester im Auto suggeriert, dass es sich dabei um das Zitat eines Dichters oder einer Dichterin handeln könnte, denn Christopher gibt seiner Schwester am Ende des Gesprächs ein Buch und weicht ihrer Frage „Wer hat das geschrieben?“ aus. Eventuell hat Christopher die Zeilen selbst verfasst. Für die Deutung des Textes ist das nicht entscheidend, denn der Bezug zum Leben des Protagonisten erscheint offensichtlich.

Die Auswertung des Arbeitsauftrages kann im Unterrichtsgespräch oder im Austausch von Gruppenergebnissen untereinander erfolgen. Folgende Aspekte können bei der Charakterisierung herausgearbeitet werden (Auswahl):

- Christopher verhält sich bereits bei der Zeugnisübergabe ungewöhnlich und abweichend von den Mitschülern und Mitschülerinnen, indem er in entschlossener Haltung auf die Bühne stürmt (Filmminute 00:13:34).
- Der Jubel des Publikums deutet an, dass Christopher bei seinen Mitschülern und Mitschülerinnen bekannt und beliebt ist, eventuell werden hier auch seine sehr guten Leistungen beklatscht.
- Der erstaunte Gesichtsausdruck der Mutter sowie ihr späterer Kommentar im Restaurant zu Christophers Auftritt lassen erkennen, dass die Eltern das Verhalten des Sohnes als unangemessen empfinden, und deuten die bürgerlichen Anpassungswünsche und -zwänge und das Konfliktpotenzial der Familie an.
- Bei der Szene im Restaurant kommt es zum Streit mit den Eltern, insbesondere mit dem Vater, weil die Eltern ihrem Sohn ein neues Auto schenken wollen, was dieser vehement ablehnt, weil er nicht „noch eine Sache“ will.[1]
- Christopher zeigt sich unnachgiebig und von seiner Position überzeugt, er formuliert eine antimaterialistische Haltung, lehnt Statussymbole ab oder stellt sie infrage.
- Während der Film Christopher bei den Vorbereitungen seines Aufbruchs zeigt, wird er durch den eingespielten Text der Schwester charakterisiert („Chris beurteilte sich und andere Menschen nach einem verbissenen, rigorosen Moralkodex“, Filmminute 00:20:06).

1 Die Szene eignet sich gut für eine Kommunikationsanalyse, bei der neben dem Gesprächsinhalt auch filmische Mittel wie Kameraführung, Bildausschnitt und Montage auf ihre Wirkung hin untersucht werden können.

- Entschlossenheit und Radikalität zeigen sich in kurzen Szenen: Er spendet sein Geld an Oxfam, zerschneidet seinen Studentenausweis, verschenkt Sachen oder wirft sie weg.
- Er interessiert sich für Literatur und Philosophie, zitiert laut Carine häufig aus der Literatur.
- Das Zitat in Zusammenschau mit den Rückblenden zum Collegeabschluss seiner Eltern deutet die Wut und Ablehnung gegen die Eltern und ihren Lebensentwurf an. Er wirft ihnen vor, das Falsche getan zu haben (vgl. Z. 13f.), schlechte Eltern zu sein („Ihr werdet Kindern Schlimmes antun“, Z. 16) und vergleicht sie mit „Puppen aus Papier“ (Z. 21).
- Aus seinen Handlungen und dem Satz „Ich möchte leben“ (Z. 20) kann man schließen, dass er beabsichtigt, sein eigenes Leben anders, besser zu führen als seine Eltern, dass er sich vermutlich mehr Ehrlichkeit, Selbstbestimmung und Authentizität in seinem Leben wünscht.

Die folgenden Fragestellungen sollten die Ergebnisse auf eine zusammenfassende Abstraktionsebene führen.

- *Welche Hauptmerkmale prägen das Verhalten und den Charakter der Hauptfigur?*
- *Warum bricht Christopher alle Kontakte ab und verwischt alle Spuren?*

Folgendes Tafelbild kann sich ergeben:
Im Anschluss können die Schülerinnen und Schüler zu einer ersten Beurteilung der Hauptfigur kommen, indem sie sich zu Christophers Lebenseinstellung und Verhalten positionieren.

Die Hauptfigur ist geprägt von ...

→ Verletztheit und Enttäuschung,
→ einer kritischen Weltsicht,
→ Vorstellungen von einem besseren Leben,
→ Entschlossenheit und „Getriebensein“,
→ Einzelgängertum,
→ Egozentrik (er nimmt keine Rücksicht auf Meinung und Gefühle anderer).

Er bricht den Kontakt ab und verwischt alle Spuren, ...
... um sich loszusagen von der Vergangenheit,
... um nicht vom Vergangenen „eingeholt“ zu werden,
... um frei zu sein,
... um seine Eltern zu bestrafen?

- *Versetzen Sie sich in die Lage eines guten Freundes von Christopher und formulieren Sie einen fiktiven Brief oder eine Rede an ihn, worin Sie Stellung beziehen zu seinem Verhalten nach dem Collegeabschluss. Erläutern Sie dabei, welche Aspekte seines Verhaltens und seiner Weltanschauung Sie gegebenenfalls verstehen und nachvollziehen können und welche evtl. nicht.*

4.4 Vergleich mit dem „Taugenichts“ von Joseph von Eichendorff

Um die Konstante des romantischen Motivs des Aufbruchs und der Reise bis in die heutige Zeit zu zeigen, kann zum Vergleich mit einer literarischen Figur der Titelheld aus Joseph von Eichendorffs Novelle „Aus dem Leben eines Taugenichts“ herangezogen werden. Die Schülerinnen und Schüler erhalten hierzu einen Abriss der Handlung des Werkes sowie den Textanfang bis zum ersten Lied (s. **Arbeitsblatt 47**, S. 172). Sie erhalten folgenden Arbeitsauftrag:

- *Vergleichen Sie die Situation des Aufbruchs und der Reise im „Taugenichts“ mit der des Christopher McCandless nach seinem Collegeabschluss. Berücksichtigen Sie dabei auch die Denkweise und Lebenseinstellungen der beiden Charaktere.*

Folgende Aspekte können dabei herausgearbeitet und in einem Tafelbild zusammengefasst werden:

Der „Taugenichts“ im Vergleich mit Christopher McCandless

Gemeinsamkeiten	Unterschiede
• beide verlassen ihr Zuhause • gehen auf eine Reise mit unbekanntem Ziel • haben ein schlechtes Verhältnis zum Vater • führen fast keinen Besitz mit sich • schlagen sich mit Gelegenheitsarbeiten durch • blicken optimistisch in die Welt • legen keinen Wert auf bürgerliche Konventionen • sind Außenseiter • lieben die Natur, fühlen sich ihr aufs Engste verbunden • sind leidenschaftlich, emotional • beide suchen und finden (?) ihr Glück	• Chris misstraut der Welt und den Menschen, der Taugenichts nicht. • Der Taugenichts geht Bindungen zu Menschen ein, Chris löst sie bewusst auf. • Der Taugenichts verliebt sich und heiratet, Chris weicht sexueller Intimität (Tracy) aus. • Chris stirbt einsam, die Reise endet tragisch. • Die Geschichte des Taugenichts endet in Gemeinschaft und glücklich. • Die Natur im „Taugenichts“ erscheint lieblich und positiv. • Chris fällt der Naturgewalt zum Opfer, die Natur zeigt sich gleichgültig, kalt, bisweilen grausam.
→ romantische Konstanten wie das Reisemotiv, Sehnsucht, Zivilisationskritik, Naturverbundenheit, Emotionalität, Sinnsuche	→ Bruch mit der Romantik

Es ist hilfreich, wenn die Schülerinnen und Schüler an dieser Stelle bereits eine Vorstellung von der Romantik als Epoche sowie Erfahrung beispielsweise mit romantischer Lyrik haben.[1] Hierdurch kann der romantische Ansatz des Films in seiner modernen Adaption leichter

[1] Hier bietet sich beispielsweise das Gedicht „Die zwei Gesellen“ von J. v. Eichendorff an (vgl. Baustein 1.2.2).

nachvollzogen und als moderne Weiterentwicklung verstanden werden (s. auch Baustein 4.7, „Natur und Mensch“, S. 160 ff.): Der romantische Traum von der Rückkehr zum Leben in der Natur erhält hier eine moderne, traurige Deutung, zumindest auf der Ebene der Handlung. Dass der Protagonist dennoch friedlich und versöhnt mit der Welt stirbt, kann wiederum als zutiefst romantischer Ansatz verstanden werden: Der Protagonist nimmt auf seiner Reise Unbequemlichkeiten und sogar das Risiko des Todes in Kauf, um seinen Traum zu leben. Er verzichtet bewusst auf alle Sicherheiten im Leben und steht für die Konsequenzen dieser Entscheidung ein. Dies lässt sich an verschiedenen Filmszenen nachvollziehen, z. B. im Abschnitt „In der Stadt“ ab Filmminute 01:05:47 (Christopher entscheidet sich gegen das „sichere“ Leben in einer Obdachlosenunterkunft, um nicht in der als bedrohlich empfundenen Stadt sein zu müssen), am deutlichsten wird es am Ende des Films, als der Protagonist nach einem verzweifelten Umkehrversuch sein Schicksal annimmt und stirbt.

4.5 Das Beziehungsgeflecht

Christopher lernt auf seiner Reise verschiedene Menschen kennen, die ihm positiv begegnen, für die er wertvoll und liebenswert wird und zu denen er unterschiedlich tiefe Bindungen eingeht. All diesen Bindungen ist gemeinsam, dass der Protagonist sie auflöst, sobald sie einen gewissen Grad an Ernsthaftigkeit und Verbindlichkeit erreichen: Das Hippie-Pärchen Jan und Rainey, zu dem er mehrfach zurückkehrt (DVD-Kapitel „Familie“ ab Filmminute 01:07:03), erhält zwar Einblick in seine Gedanken- und Gefühlswelt und bietet ihm eine Zeit lang so etwas wie eine Ersatzfamilie. Chris verlässt die beiden jedoch, als er Zeuge ihrer Beziehungsprobleme, aber auch ihrer Versöhnung wird (DVD-Kapitel „Jan und Rainey“ ab Filmminute 00:28:02). Dies kann als eine durch die eigenen negativen familiären Erfahrungen bedingte Scheu vor zu viel Nähe und Intimität gedeutet werden. Hierzu passt auch Christophers Verhalten gegenüber der jungen Tracy, mit der er zunächst eine Art Freundschaft entwickelt, die er aber zurückweist und verlässt, als sie ihm sexuelles Interesse signalisiert. Das Verhältnis zu Christophers zeitweiligem Arbeitgeber Wayne verbleibt auf einer herzlichen, aber letztlich oberflächlichen Ebene. Bemerkenswert ist dabei allerdings, dass Christopher ihm nach seinem Abschied nach Alaska als letztem Vertrauten eine persönliche Postkarte schreibt mit den Worten „Wayne, greetings from Fairbanks! Arrived here two days ago. It was very difficult to catch rides in the Yukon-Territory, but I finally got here. [...] Might be a very long time before I turn south. Just wanted to let you know, that you are a great man“ (Filmminute: 00:02:17 ff.). Das persönlichste Verhältnis entwickelt Christopher zu Ron Franz (Hal Holbrook), der ihn zunächst als Tramper mitnimmt, dann bei sich wohnen lässt und zuletzt sogar adoptieren möchte.

Die Schülerinnen und Schüler erarbeiten Christophers Verhältnis zu anderen Menschen zunächst auf allgemeiner Ebene, später beispielhaft anhand eines vertieften Aspektes.

- *Welche Personen spielen in Christophers Leben eine wichtige Rolle vor bzw. nach dem Reiseantritt? Erstellen Sie eine strukturierte Übersicht, aus der auch die Qualität der Beziehung zu den jeweiligen Personen hervorgeht.*

Dieser Arbeitsauftrag kann zu sehr unterschiedlichen Darstellungsformen führen. Zu beachten ist dabei, dass die Diskrepanz zwischen der Qualität der Beziehungen einerseits und der Nähe, die Christopher zulässt, andererseits deutlich wird. Auch sollte deutlich werden, dass das Verhältnis zwischen Qualität und Nähe von Beziehungen sich vor Reiseantritt diametral anders darstellt als während der Reise: Zuvor lebt Christopher in nach außen hin intakt erscheinenden, engen familiären Bindungen, die in Wahrheit jedoch von Konflikten, Geheimnissen und Unterdrückungsmechanismen geprägt sind. Während der Reise erlebt er Beziehungen zu anderen Menschen genau umgekehrt: Trotz der äußeren Flüchtigkeit der Begegnungen (z. B. zu Jan und Rainey) entwickeln diese ein hohes Maß an Intensität und Wärme.

Folgende grafische Darstellung verdeutlicht dies:

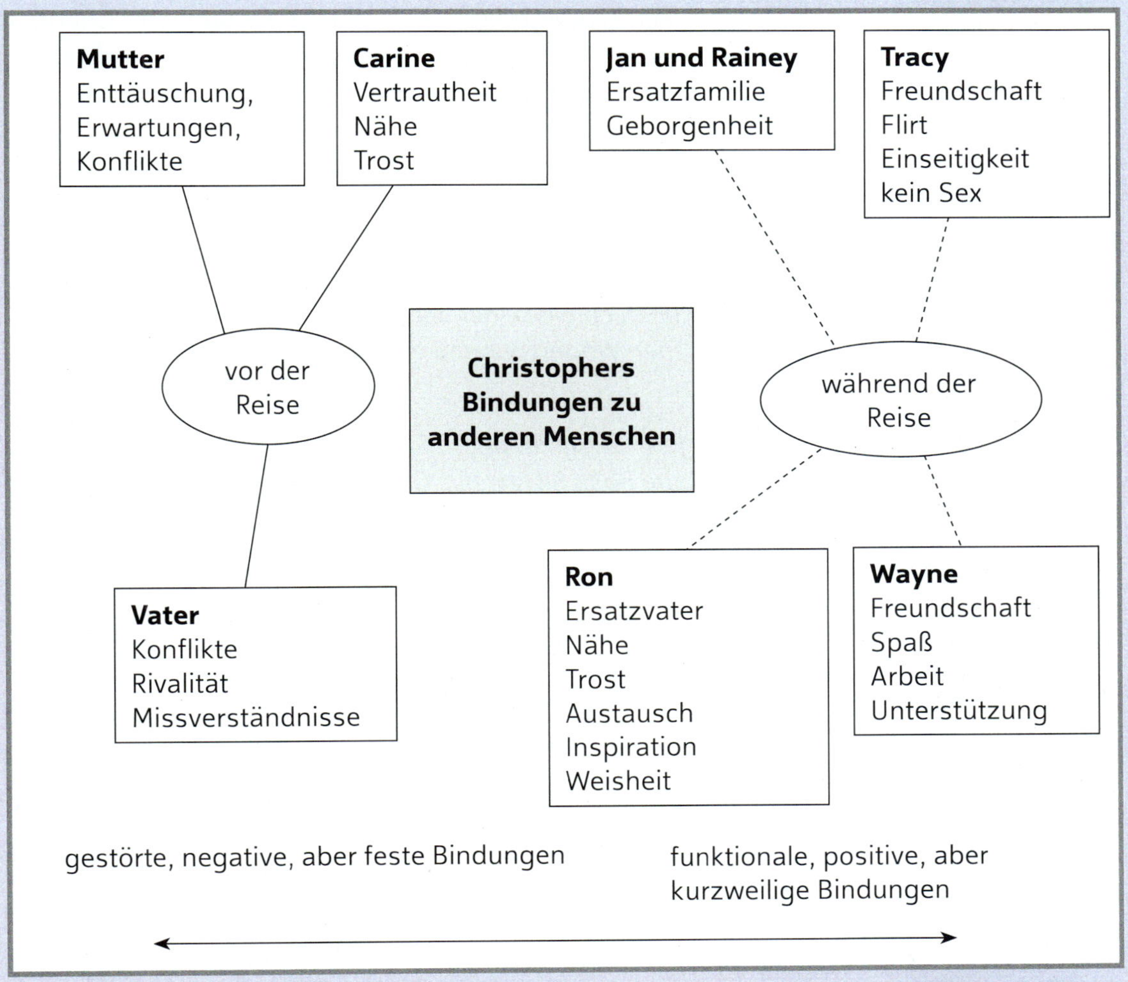

Exemplarisch kann die Beziehung zu Ron vertiefend untersucht werden (DVD-Kapitel „Weisheit erlangen“ ab Filmminute 01:47:37). Hierbei können die Schülerinnen und Schüler die Vorgehensweise in folgende Arbeitsschritte unterteilen, die als Arbeitsauftrag auf **Arbeitsblatt 48**, S. 173 ausgegeben werden:

- *Charakterisieren Sie die Beziehung zwischen den beiden (Filmsequenz und Abbildung).*

Mögliche Aspekte, die hier genannt werden können, sind:

- Zwei sehr unterschiedliche Menschen: Christopher ist jung und ungebunden, Ron ist alt, sesshaft und unflexibel.
- Gegenseitige Sympathie: lange persönliche Gespräche, gemeinsame Unternehmungen etc.
- Christopher regt Ron an, sein Leben zu überdenken und etwas Neues zu wagen.
- Ron sieht in Christopher eine Art Ersatzsohn (→ späterer Adoptionswunsch).

Das Gespräch mit Ron auf einem Berg ab Filmminute 01:58:06 bringt Christophers brüchiges Verhältnis zu Menschen und menschlichen Bindungen sehr deutlich hervor. Zugleich zeigt sich hier seine Fähigkeit, die Welt und das Leben optimistisch und wertschätzend zu betrachten.
Dieser Dialog kann als eine Art Schlüsselstelle zum Verständnis der Hauptfigur, zur Deutung seiner Reise und seines Endes, aber auch des gesamten Films gesehen werden. Vordergründig betrachtet scheinen die beiden aneinander vorbeizureden, denn Ron geht inhaltlich nicht auf Christophers Aussage ein. Vor dem Hintergrund der Filmhandlung und dem Charakter und Schicksal der Hauptfigur kann Rons Aussage wie ein Hinweis auf einen Ausweg aus Christophers selbst verordneter Einsamkeit (und damit seinem tragischen Schicksal) gesehen werden.

Diese Stelle können die Schüler mithilfe des zweiten Arbeitsauftrages auf dem **Arbeitsblatt 48** (S. 173) genauer erschließen:

- *Stellen Sie Christophers Sichtweise der Bedeutung zwischenmenschlicher Beziehungen mit eigenen Worten dar und vergleichen Sie diese mit der Sichtweise Rons.*
- *Beurteilen Sie: Inwiefern ist Christophers Sichtweise prägend für sein Schicksal? Und inwiefern hätte Rons Sichtweise Christopher die Möglichkeit eines anderen Weges bieten können?*

Die Ergebnisse können folgendermaßen festgehalten werden:

Christopher	**Ron**
• sieht zwischenmenschliche Beziehungen nicht als das Wichtigste im Leben an • kann überall im Leben Grund zur Freude entdecken • die Sichtweise auf die Dinge ist entscheidend	• glaubt an „etwas Größeres“ (Gott) • sieht in der Fähigkeit zur Vergebung die Möglichkeit, zu lieben • Wer liebt, auf den „scheint das Licht Gottes“.

→ Christophers Einsamkeit bringt Freiheit, jedoch auch den Tod.
→ Verzeihung gegenüber seinen Eltern hätte ihn retten können.
→ Bindungen hätten ihn retten können.

An dieser Stelle kann diskutiert werden, inwiefern ein anderes, glücklicheres Ende der Geschichte möglich wäre, z. B. wenn Christopher nicht allein nach Alaska gegangen wäre (siehe auch den folgenden Bausteinabschnitt).

4.6 Das Ende

Ungefähr ab der Tötung des Elchs nimmt die Handlung eine dramatische, düstere Wendung. Da Sean Penns Film auf einer wahren Begebenheit beruht und er deren Verlauf in enger Anlehnung an die Realität abgebildet hat, erscheint auch das Ende des Films folgerichtig. Im Film stirbt Christopher an den Folgen einer Vergiftung. Dass dies im Falle des echten Christopher McCandless vermutlich nicht (ausschließlich) so war, wurde zuvor (s. S. 146) dargestellt. Der Schluss des Films bildet somit eine dramatische Zuspitzung der Ereignisse, die Christophers Ende besonders tragisch, da von einem Zufall abhängig, erscheinen lassen. Jon Krakauer betont in seinem Bericht seinen Eindruck, dass der wahre Christopher McCandless an seinem Ende mit seinem Schicksal im Einklang war. Er schreibt:

> „Kurz vor seinem Ende machte er noch ein Foto von sich. Er steht unter einem strahlenden alaskanischen Himmel neben dem Bus. Mit einer Hand hält er seine letzte Botschaft in die Kamera, die andere ist zu einem tapferen, seligen Lebewohl gehoben. Sein Gesicht ist erschreckend abgemagert, einem Totenkopf ähnlich. Aber falls er sich in jenen letzten, schwierigen Stunden selbst bemitleidet haben sollte – weil er so jung war und so allein, weil sein Körper und seine Willenskraft ihn im Stich gelassen hatten –, so ist auf dem Foto jedenfalls nichts davon zu erkennen. Er lächelt, und der Blick in seinen Augen lässt keinen Zweifel zu: Chris McCandless war mit sich selbst in Frieden. Er strahlt die heitere Gelassenheit eines Mönchs aus, der zu seinem Herren aufsteigt.“[1]

In den letzten rund 20 Minuten des Films (ca. ab Filmminute 01:59:44) verschränken sich durch Zeitsprünge im Plot zwei Handlungsstränge, die in der Chronologie der Story hintereinander ablaufen: Christophers Abschied von Ron, bei dem dieser sein Adoptionsangebot stellt und welcher durch Texteinblendung auf den 22. März 1992 datiert wird (also kurz vor Christophers Aufbruch nach Alaska), und Christophers letzte Tage im Bus, seine Vergiftung und seinen Tod. Durch diese Verschränkung erfährt die Handlung eine weitere dramatische Zuspitzung und es wird die Deutungsmöglichkeit impliziert, dass Christophers These vom Glück ohne Gesellschaft der Menschen, welche er Ron gegenüber vertreten hat, widerlegt wird und er dies auch erkennt (siehe Baustein 4.5, „Das Beziehungsgeflecht“, S. 156 ff.): Kurz vor seinem Tod (ca. Filmminute 02:12:29) schreibt Christopher mühsam und weinend die Worte „Happiness is just real when shared“ auf eine bedruckte Buchseite. Diese Aussage steht im Gegensatz zu seiner These, dass Ron „unrecht“ habe, wenn er denke, die „Freude im Leben würde hauptsächlich aus menschlichen Beziehungen erwachsen“ (ca. Filmminute 01:58:01). Hier wird angedeutet, dass Christophers konsequenter Weg in die Einsamkeit, seine Verweigerung von festen Bindungen, ihm am Ende doch als Irrweg erscheint. Dennoch akzeptiert er sein Ende und beurteilt sein Leben rückblickend als glücklich, wie die eingeblendete Ansicht seiner Abschiedskarte an die Welt mit dem Text „I have had a happy life and thank the lord. God bless all! Christopher Johnsons McCandless“ zeigt (Filmminute 02:13:44). Er stirbt lächelnd, der Film verfolgt in konsequent personaler Perspektive seine Gedanken in den letzten Lebensminuten. Während er liegend durch ein Fenster des Busses in den Himmel und die Bäume schaut, sieht er in Gedanken seine Eltern vor sich, stellt sich ein Wiedersehen vor und denkt: „Was wäre, wenn ich lächeln und in eure Arme laufen würde [...] würdet ihr dann sehen, was ich jetzt sehe?“ (Filmminute 02:14:48 ff.)

Über die Auseinandersetzung mit Christophers Ende sollen die Schülerinnen und Schüler zu einer abschließenden Gesamtbetrachtung des Protagonisten und seiner Reise kommen und verschiedene Deutungsmöglichkeiten des Endes entwickeln. Sie erhalten verschiedene zentrale Zitate aus dem Kontext des Filmendes bzw. der Beziehung zu Ron und untersuchen diese mit folgendem Arbeitsauftrag (s. **Arbeitsblatt 49**, S. 174):

---

[1] Krakauer, Jon: In die Wildnis. Allein nach Alaska, München/Berlin 2016, S. 285. Das beschriebene Bild ist beziehbar über die umfangreiche Bildersammlung unter: http://backtothewildbook.com/ (11.07.2018).

- *Ordnen Sie die Zitate von Christopher sowie seine letzten Gedanken (Abbildung) in den Kontext der Filmhandlung ein.*
- *Deuten Sie diese Aussagen im Zusammenhang mit seinem Lebensweg und seinem Tod: Welches Lebensfazit zieht er? Würden Sie sagen, er beurteilt Teile seines Lebens als Irrweg?*
- *Nehmen Sie persönlich Stellung zu Christophers Leben und Ende, indem Sie einen Brief oder eine Rede an ihn formulieren. Welche Handlungsalternativen hätte er Ihrer Meinung nach gehabt, um seine Vorstellung von einem freieren, authentischeren Leben zu verwirklichen, ohne einen so extremen, tragischen Weg zu gehen? Beziehen Sie auch sein Verhältnis zu anderen Menschen ein.*

Je nach zeitlicher Kapazität ist es sinnvoll, begleitend zum Arbeitsauftrag das letzte DVD-Kapitel (ab Filmminute 02:08:06) noch einmal anzuschauen, um die Verschränkung der Handlungsstränge ins Gedächtnis zu rufen und die Bedeutung der Beziehung zu Ron hervorzuheben.

Eine normative Festlegung von Arbeitsergebnissen zu diesem Auftrag durch die Lehrperson sollte angesichts der ausdrücklich gewünschten Subjektivität der Beurteilung unterbleiben. Folgende Aspekte sind als Ergebnisse denkbar und können in der Lerngruppe diskutiert werden:

- Die Zitate entstammen einem Gespräch mit Ron sowie seinem letzten Lebensabschnitt im „Magic Bus“ kurz vor seinem Tod.
- Sein Lebensfazit ist ambivalent: Einerseits bezeichnet er sein Leben als „glücklich“, andererseits bemerkt er, dass Glück nur möglich ist, wenn man es teilt.
- Eventuell verzeiht er seinen Eltern und wünscht eine Versöhnung.
- Er stirbt traurig und mit der Welt versöhnt zugleich.

In einer abschließenden Diskussion kann der Frage nachgegangen werden, ob Christophers Leben als kompletter Irrweg gesehen werden kann oder ob manche Aspekte auch nachvollziehbar und positiv erscheinen. Insbesondere Christophers Zivilisationskritik und sein Bedürfnis nach einem freien, selbstbestimmten Leben dürften in der Lebensrealität der Schülerinnen und Schüler Entsprechungen finden.

Je nach Interesse können die Lernenden auch zur Beschäftigung mit dem wahren Christopher McCandless und dem Bericht von Jon Krakauer angeregt werden.

4.7 Natur und Mensch

Der Film beginnt mit der Einblendung eines weiß gedruckten Textes auf schwarzem Hintergrund, dazu erklingt eine absteigende, wehmütige Streichermelodie:

> Es wohnt Genuss im dunklen Waldesgrüne,
> Entzücken weilt auf unbetretner Düne,
> Gesellschaft ist, wo alles menschenleer,
> Musik im Wellenschlag am ewigen Meer,
> Die Menschen lieb ich, die Natur noch mehr.[1]
>
> *Lord Byron*

[1] Bildemeifter, Otto: Lord Byron's Werke. Georg Reimer: Berlin 1903

Die Schülerinnen und Schüler betrachten das Zitat bzw. die Abbildung unter folgender Aufgabenstellung, deren Ergebnisse im Unterrichtsgespräch zusammengeführt werden:

- *Finden Sie Gründe, warum der Regisseur dem Film diese Zeilen vorangestellt hat.*

Folgende Aspekte können dabei herausgearbeitet werden, eventuell als Schlagwortsammlung in einem Tafelbild:

Die Bedeutung des vorangestellten Zitats

- Wie ein Prolog führen diese Zeilen in die zentrale Thematik des Films ein.
- Sie stellen eine Art Lebensmotto des Protagonisten dar.
- Es findet sich darin die romantische Naturverehrung und -überhöhung wieder ebenso wie
- die Distanz des Protagonisten zu den Menschen
- und der fatale Glaube, dass der Einzelne in der Natur allein bestehen kann.

Wie in Baustein 4.1 dargestellt, kann die Auseinandersetzung mit diesem Zitat aufgrund seiner Bedeutung für den gesamten Film auch zu Beginn der Unterrichtseinheit erfolgen, noch bevor die Lernenden den Film gesehen haben, um in die zentrale Thematik einzuführen und um am Ende der Erarbeitung eventuell darauf zurückzukommen. Bei dieser Vorgehensweise wird der zuletzt genannte Aspekt wahrscheinlich nicht zu den erwartbaren Schüleraussagen gehören, weil sie das Ende des Films zu diesem Zeitpunkt vermutlich noch nicht kennen.

Das Zitat soll auch dazu dienen, zur Untersuchung der filmischen Inszenierung der Natur überzuleiten, um die es im Folgenden geht.

Sean Penns Film ist geprägt von zahlreichen ausgedehnten Landschafts- und Naturdarstellungen. Auffällig ist dabei, dass der Mensch im Verhältnis zur Natur häufig unscheinbar, klein und unbedeutend dargestellt wird, was vor allem in der Komposition aus Kameraperspektiven, Bildausschnitten, Einstellungsgrößen und Montagen begründet liegt.

Über die beispielhafte Analyse einer ausgewählten Szene unter Zuhilfenahme von sogenannten Stills (Szenenbildern) auf dem **Arbeitsblatt 50**, S. 175 f. sollen die Schülerinnen und Schüler diese Aspekte untersuchen und beispielhaft beschreiben:

- *Betrachten Sie die ersten Minuten des Films, ungefähr ab FM 00:03:50 (= Vorspann) bis 00:05:13. Analysieren Sie die Darstellung von Mensch und Natur und das Verhältnis zueinander, das in dieser Szene zum Ausdruck kommt. Beziehen Sie sich dabei auf die eingesetzten filmischen Mittel hinsichtlich*
  - *Kameraperspektive,*
  - *Cadrage (Bildausschnitt),*
  - *Einstellungsdauer,*
  - *Einstellungsgröße,*
  - *Montage,*
  - *auditiver Ebene (Musik und Text).*

Dabei nutzen die Schülerinnen und Schüler das Glossar zur Filmsprache (**Arbeitsblatt 51**, S. 177 f.), in welchem die wichtigsten Analysebegriffe des filmischen Erzählens verzeichnet sind,[1] oder greifen auf vorhandenes Wissen zurück.

Die Analyse dient der beispielhaften Veranschaulichung der Art und Weise, in der Sean Penn die Natur als weitere Protagonistin inszeniert. Mögliche Lösungen sind dem **Arbeitsblatt 50** (S. 176) angehängt. Bei der Auswertung sollte deutlich werden, dass in dem Film Natur als unkultivierte Wildnis erscheint, welche dem Menschen (in diesem Fall dem Protagonisten) nicht von vornherein freundlich, auch nicht feindlich, sondern am ehesten gleichgültig gegenübersteht. Die Wahrnehmung der Natur als „Gesellschaft“ (siehe Zitat des Lord Byron), welche der menschlichen Nähe vorzuziehen sein könnte, ist Teil der Gedankenwelt des Protagonisten und führt schließlich zu dessen tragischem Ende. Zur Vertiefung dieses Deutungsansatzes kann der folgende Arbeitsauftrag herangezogen werden (als Projektion, Tafelbild oder Kopie):

- *In einer Rezension des Films „Into the Wild“ in der Frankfurter Allgemeinen Zeitung vom 30. Januar 2008 schreibt die Journalistin Verena Lueken folgenden Satz:*

> *„Außerdem hat Penn in Eric Gautier [...] einen Kameramann gefunden, der nicht in Bildern schwelgt, sondern vor allem in den Landschaften etwas sucht, das wir noch nicht gesehen haben – nicht ihre Erhabenheit, eher ihre Gleichgültigkeit.“*

Setzen Sie sich mit dieser Aussage in Partnerarbeit auseinander.

Unter Rückbezug auf die Analyse des Vorspanns soll diese These gestützt oder widerlegt werden.

Im weiteren Verlauf des Vorspannes, z. B. ab Filmminute 00:05:38, erscheinen weitere Naturaufnahmen, welche die kalte Gleichgültigkeit der Wildnis inszenieren, z. B. ist hier sekundenlang nur ein Berg im Schneetreiben zu sehen und zu hören. Ein charakteristisches Element des Films ist auch der „Flug“ über Landschaften, wobei in einem Very long Shot (Extremtotale) aus der Vogelperspektive gefilmt wird (z. B. im Vorspann, ca. ab Filmminute 00:05:45). Je nach Zeitplanung können diese Einzelszenen zur weiteren Veranschaulichung des o. g. Naturbildes herangezogen werden.

Die Liebe des Protagonisten zur Natur, seine extremen, romantischen und naiven Vorstellungen von Wildnis und dem Einswerden mit ihr bilden gleichermaßen die Antriebsfeder seiner Reise sowie die Bedingungen für ihr tragisches Ende. Der Film bildet verschiedene Seiten der Natur gleichermaßen ab: ihre erhabenen, befreienden, vitalisierenden wie auch ihre zerstörerischen. Dies können die Schülerinnen und Schüler in der Folge anhand der Perspektive der Hauptfigur auf die Natur an verschiedenen Stellen nachvollziehen.

Zum Beispiel können Christophers „Flucht“ aus dem städtischen Umfeld (und seinem bisherigen Leben) und der Beginn der Reise durch eine umfangreichere Szenenanalyse nachvollzogen werden (ab Filmminute 00:21:10). Im Mittelpunkt steht dabei weniger die Analyse der filmischen Mittel, sondern vielmehr die Deutung der Handlung und der implizierten Stimmung.

[1] Das Glossar erhebt keinen Anspruch auf Vollständigkeit, sondern dient hier der Unterstützung der Analyse. Die Begriffssystematik stützt sich im Wesentlichen auf die Angaben in dem Werk Filmanalyse. Theorien. Methoden. Kritik von Thomas Kuchenbuch, UTB/Böhlau: Wien 2005, S. 31 ff.

Während der Song „Hard Sun“ von Eddie Vedder aus dem Off ertönt, folgt die Kamera in der Vogelperspektive Christophers gelbem Datsun, der vor einer Hochhauskulisse auf dem Highway aus der Stadt fährt. Dazu wird in der Optik eines Buchkapitel-Eintrags der Schriftzug „1. Meine Geburt“ eingeblendet, anschließende kurze Schnittfolgen zeigen aus der Innenraumperspektive des Wagens abwechselnd Christophers glückliches Gesicht und die im Rückfenster kleiner werdende Stadtsilhouette im goldenen Sonnenlicht. Ein erneuter Schnitt in die Vogelperspektive zeigt den fahrenden Wagen auf einer malerisch ausgeleuchteten Flussbrücke, anschließend folgt die Kamera in einer Extremtotale dem Wagen auf einer Landstraße durch eine hügelige, trockene Landschaft in die untergehende Sonne. Die Nähe zu Bildern in der Western-Ästhetik ist hier vermutlich beabsichtigt, denn sie passt zu dem Text, den Christophers Stimme ab Filmminute: 00:22:00 aus dem Off spricht:

> „Es ist wohl kaum zu bestreiten, dass uns die Vorstellung von einem freien Leben schon immer begeistert hat. Wir verbinden mit diesem Gedanken eine Flucht vor der Geschichte, vor Unterdrückung, dem Gesetz und vor unangenehmen Verpflichtungen. Absolute Freiheit. Der Weg dahin führte schon immer nach Westen.“ (Texteinspielung aus dem Off/Tagebucheintrag von Christopher McCandless)

Zeitgleich sieht man den Wagen in langsamen Schnittfolgen weiter auf der Landstraße fahren, Abbiegungen nehmen etc. Ein in Filmminute 00:22:16 eingeblendetes Warnschild am Straßenrand – „Flash Flood Area“ – weist auf die Gefahren von Sturzfluten hin und gibt hier eine Vorausdeutung auf das Geschehen der Folgeszene, in welcher im Kontrast zur friedlichen Idylle der vorangegangenen Szene ein nächtliches Gewitter (ca. Filmminute 00:22:37 ff.) genau eine solche Sturzflut auslöst. Ihr fällt Christophers abseits der Straße geparkter Datsun beinahe zum Opfer, ab Filmminute 00:22:25 sieht man das lädierte Fahrzeug in einer Senke stehen. Der Bildausschnitt verändert sich und Christopher ist zu sehen, welcher in voller Reisemontur dem Wagen (symbolhaft) den Rücken zukehrt, mit abschirmender Hand in die Ferne blickt und zufrieden lächelt. Diese Szene stellt den ersten zentralen Entscheidungsmoment des Protagonisten auf seiner Reise dar: den Verzicht auf das Auto (welches sich in der Wildnis als lästig, sogar gefährlich erwiesen hat) und im weiteren Szenenverlauf auch den Verzicht auf Bargeld (welches er in einer Art Symbolhandlung verbrennt). Anschließend wird gezeigt, dass Christopher von nun an im Zelt schläft und dies genießt (Filmminute 00:23:24 ff.), ein eingeblendeter Schriftzug verrät, dass er sich zu diesem Zeitpunkt (Juli 1990) am Lake Mead in Arizona befindet. Ruhige Landschaftsbilder sowie ein vorbeirauschender Wasserskifahrer, dem Christopher hinterherblickt, implizieren die positive, befriedende Wirkung des Naturerlebens auf den von nun an noch stärker ungebundenen Protagonisten. In den folgenden Szenen vollzieht sich der nächste Schritt der „Neugeburt“ Christophers: Während eines (evtl. auch symbolhaft zu deutenden) Waschvorgangs vor einem öffentlichen Waschbecken fällt Christopher sein neuer Name ein, er schreibt mit einem gefundenen Lippenstift die Worte „Alexander Supertramp, Juli 1990“ auf einen Spiegel. Ab diesem Moment wechselt die Musik zu dem bekannten Song „Going up the country“ von Canned Heat, und ein harter Schnitt blendet zu Christopher auf der Landstraße beim Trampen. Der Songtext wirkt an dieser Stelle wie eine programmatische Erläuterung der Innensicht des Protagonisten.

Diese Szenenfolge kann zur Untersuchung und Verknüpfung von zweierlei Aspekten dienen: der Entscheidung des Protagonisten, die Reise in noch größerer Ungebundenheit fortzusetzen, sowie der belebenden und befreienden Wirkung des Naturerlebens. Letzterer Aspekt wird insbesondere im DVD-Kapitel „Jugend“ ab Filmminute 00:37:07 vertieft.

Die Szene kann im Unterricht gezeigt und der anschließende Arbeitsauftrag in Einzel- oder Partnerarbeit direkt bearbeitet werden (evtl. muss die Szene dann noch einmal gezeigt werden, um den Schülern und Schülerinnen eine genauere Analyse zu ermöglichen). Alternativ kann der Auftrag in die Hausaufgabe verlegt werden, dann können die Lernenden die Szene nach Belieben anhalten und weiterführen. Sie bearbeiten in Einzel- oder Partnerarbeit folgende Aufgabenstellung, dabei sollte der Off-Text ab Filmminute 00:22:00 als Kopie, Projektion oder Tafelanschrieb zur Verfügung gestellt werden:

> „Es ist wohl kaum zu bestreiten, dass uns die Vorstellung von einem freien Leben schon immer begeistert hat. Wir verbinden mit diesem Gedanken eine Flucht vor der Geschichte, vor Unterdrückung, dem Gesetz und vor unangenehmen Verpflichtungen. Absolute Freiheit. Der Weg dahin führte schon immer nach Westen.“ (Texteinspielung aus dem Off/Tagebucheintrag von Christopher McCandless)

- *Beschreiben Sie Christophers Reisebeginn ab ca. Filmminute 00:21:10 bis 00:24:17, indem Sie*
  - *stichwortartig die Handlung wiedergeben,*
  - *die Stimmung der Szenen charakterisieren und bestimmen, wodurch diese Stimmung ausgelöst wird.*
- *Welche Bedeutung haben die gezeigten Ereignisse und Handlungsschritte für Christophers Reise? Formulieren Sie thesenhafte Aussagen.*
- *Was versteht Chris unter „Freiheit“? Definieren Sie unter Bezug auf das Zitat in Filmminute 00:22:00 und einzelne Szenenelemente seine Vorstellungen. Verfassen Sie einen möglichen Tagebucheintrag.*
- *Beschreiben Sie, welche Wirkung das Naturerleben auf Christopher hat.*

Die Auswertung des Arbeitsauftrags kann auf unterschiedliche Weise erfolgen. Um eine zu häufige Lehrerzentrierung des Unterrichtsgeschehens zu vermeiden, können die Schülerinnen und Schüler die Ergebnisse z. B. in Form einer mehrphasigen Gruppenarbeit zusammentragen, bei der sich zunächst Stammgruppen von vier bis fünf Schülerinnen und Schülern über ihre Ergebnisse austauschen und anschließend einzelne Gruppenmitglieder als „Gäste“ die anderen Gruppen über die Ergebnisse informieren.
Abschließend können einzelne Schülerinnen und Schüler die gesammelten Ergebnisse dem Kurs vortragen.

Folgende Ergebnisse sind denkbar:

Christophers Reisebeginn (Filmminute 00:21:10 bis 00:24:17)

Handlungsschritte:

- abendliche Fahrt mit dem Auto aus der Stadt
- Übernachtung im Wagen abseits der Straße
- Gewitter, Wagen wird von Sturzflut überrollt
- Christopher lässt das Auto zurück und verbrennt sein Geld.
- Zelten
- Entscheidung: „Geburt“ des Alexander Supertramp

Stimmung der Szenen:

- positive Aufbruchstimmung
- fast durchgängig friedlich, entspannt, von Glücksgefühl geprägt
- Sturzflut-Szene: Moment der Gefahr (Musik setzt aus, lediglich Naturgeräusche sind zu hören)

Bedeutung für Christophers Reise:

→ Christophers Entscheidung, Besitz zurückzulassen, bedeutet die Aufgabe von Sicherheit und Bequemlichkeit.
→ Dafür gewinnt er größere Freiheit (Beweglichkeit, Nähe zur Natur).
→ Die Situation der Lebensgefahr schreckt ihn nicht ab, sondern bestärkt ihn.
→ Er nimmt bewusst Risiken in Kauf.
→ Die Reise dient als Neuanfang und Abgrenzung zu seinem früheren Leben.

Christopher versteht unter Freiheit ...

- ... die Flucht aus dem Gewohnten und der „Geschichte“.
- ... die Abwesenheit von unangenehmen Verpflichtungen.
- ... den Weg nach Westen (= seine Reiseroute).
- ... die Nähe zur Natur.
- ... das Einlassen auf Gefahren und Risiken.

Das Naturerleben wirkt auf Christopher ...

- ... befreiend.
- ... beruhigend.
- ... inspirierend.

Im DVD-Kapitel „Jugend“ finden sich zahlreiche Einzelszenen, in denen Christophers positive Naturerfahrungen thematisiert werden, z.B. in Filminute 00:26:43 ff., als er sich am Pacific Crest Trail im Norden Kaliforniens befindet, oder in Filmminute 00:37:53, als er zu einem Apfel spricht.

Höhe- und Wendepunkt im Naturerleben Christophers finden sich im DVD-Kapitel „Der Elch“ ab Filmminute 01:15:46. In diesem Kapitel wechselt der Plot häufiger zwischen fortschreitender Handlung und verschiedenen Rückblenden. In diesen werden Christophers finsterste familiäre Erlebnisse deutlich: Gewalt und kindliche Ohnmacht (ca. Filmminute 01:16:00 ff.). In deutlichem Kontrast zu den bedrückenden Kindheitserinnerungen steht die sich unmittelbar anschließende Darstellung von Christophers Freiheitsgefühl in der Wildnis, welche ihren

Höhepunkt in der Besteigung eines Berges in Alaska findet. Ca. ab Filmminute 01:17:16 ff. bietet sich eine Analyse filmischer Mittel wie Kameraführung, Schnitt und eingesetzter Musik an, durch welche Chris' Befinden in der freien Natur atmosphärisch verstärkt werden. Hierbei kann in ähnlicher Weise vorgegangen werden wie bei der beispielhaften Analyse des Vorspanns (**Arbeitsblatt 50**, S. 175 f.). Zur Unterstützung der Analyse dienen auch hier Stills, welche auf dem **Arbeitsblatt 52** (S. 179) abgedruckt und mit folgendem Arbeitsauftrag versehen sind:

- *Betrachten Sie den Beginn des DVD-Kapitels „Der Elch“ bis ca. Filmminute 01:18:20. Analysieren Sie die filmischen Mittel der Szene ab Filmminute 01:17:16 bis ca. 01:18:20. Gehen Sie dabei ähnlich vor, wie Sie es bei der Analyse des Vorspanns getan haben. Arbeiten Sie heraus, welche Bedeutung das Naturerleben für Christopher hat.*

Hier zeigt sich der volle Einsatz filmischer Mittel: Christopher erklimmt einen Berg, blickt in die Weite und geht in eine Pose der totalen Ergriffenheit, die Kamera fährt um ihn herum, zeigt ihn von allen Seiten. Durch Überblendungen vermischen sich die Bilder zeitweilig, Landschaft und Person scheinen sich zu verdoppeln und zugleich zu verschmelzen. Dazu singt Eddie Vedder eine Melodie in Form einer wortlosen Mischung aus Klage und Jubel. Die Szene kann als Höhepunkt der Naturbegeisterung des Protagonisten gedeutet werden, als größter Moment seiner inneren und äußeren Freiheit, als eigentliches Ziel seiner Reise. Zugleich als Moment der größten filmischen Inszenierung mit maximaler Nähe zum Kitsch.

Zusammenfassend kann folgendes Ergebnis festgehalten werden:

Christophers Besteigung des Berges in Alaska (Filmminute 01:17:16 ff.)

- Moment größter Freiheit und größten Glücks
- implizites Ziel der Reise
- maximaler Unterschied zur Enge der Stadt und den Begrenzungen der Zivilisation
- Unterstreichung der Bedeutsamkeit durch den synchronen Einsatz filmischer Mittel (Kreisfahrt, Musik, Überblendungen)
- intensive Bildwirkung der Pose

→ Höhepunkt der Naturbegeisterung
→ heilende Wirkung von Einsamkeit und Wildnis
→ romantische Überhöhung der Natur im Sinne Lord Byrons

- *Wie bewerten Sie die filmische Ausgestaltung der Filmsequenz?*

Dass diese Szene auch als kitschig empfunden werden kann, kann durchaus diskutiert werden, wobei dann die Merkmale des Kitsches vor allem in der Art der filmischen Inszenierung und weniger in der Filmhandlung zu verorten wären.

Ab Filmminute 01:21:35 erfolgt Chris' Tötung eines Elchs während seines finalen Aufenthaltes in Alaska. Das Fleisch des Elchs kann er aufgrund fehlender Sachkenntnis nicht konservieren, obwohl er es dringend zum Überleben bräuchte. Er muss den Kadaver schließlich hungrigen Wölfen überlassen. Hier kann das Verhältnis Mensch – Natur von seiner gefährlichen, brutalen, existenziellen oder auch absolut gleichgültigen Seite her betrachtet werden. Beispielhaft können Ausschnitte wie die überlebensgroße Darstellung des verwesenden

Fleisches, der fressenden Wölfe oder der Verzweiflung des Protagonisten herangezogen und in Kontrast zu den positiven Darstellungen von Natur in vorangegangenen Szenen gesetzt werden (z. B. der Szene, in der sich Christopher mit einem Apfel unterhält, Filmminute 00:37:53 ff.).

Die DVD-Kapitel „Hunger“ und „Abschied“ stellen Chris’ qualvolles Ende dar. Sie können zur Vertiefung der o. g. problematischen Aspekte des Verhältnisses Mensch – Natur ebenfalls herangezogen werden (s. Baustein 4.6, „Das Ende“).

4.8 Anregung zur Weiterarbeit – Die Filmmusik

Die Atmosphäre des Films wird stark von der Musik des Songwriters Eddie Vedder[1] geprägt, der diese z. T. gezielt für den Film geschrieben hat. Die Texte liefern einen interpretatorischen Ansatz der Gedankenwelt des Protagonisten. Im Zusatzmaterial der DVD befinden sich ein Interview mit Vedder sowie ein Musikvideo.

Folgende Aufträge, die weitgehend selbstständig in Gruppen ausgeführt werden können, bieten sich an:

- *Achten Sie darauf, an welchen Stellen im Film Musik eingesetzt wird. Beschreiben Sie an einzelnen Beispielen das Zusammenwirken von Musik und Bildern. (Tipp: Schauen Sie sich hierzu die gleiche Szene einmal mit und einmal ohne Ton an.)*
- *Charakterisieren Sie die Musik von Eddie Vedder. Unterstützen Sie Ihre Aussagen durch Rechercheergebnisse. Hinweis: Während des Filmabspanns erklingt Eddie Vedders Song „Guaranteed“, dessen Text im Zusammenhang mit der Filmhandlung gedeutet werden kann (eine Übersetzung wird in der deutschen Synchronfassung eingeblendet).*
- *In der Epoche der Romantik galt die Verbindung von Dichtung, Musik und Darstellender Kunst als ein wesenhaftes Grundprinzip. Ermitteln Sie durch Recherche (z. B. anhand bekannter Beispiele), welche Bedeutung Musik für das Medium Spielfilm haben kann.*
- *Beurteilen Sie die Bedeutung der Musik für den Film „Into the Wild“.*
- *Wählen Sie eine für Sie besonders beeindruckende Szene aus, entscheiden Sie sich dann für eine begleitende Musik, die Ihnen passend erscheint, und präsentieren Sie die Szene ohne Originalton, aber mit „Ihrer“ Filmmusik. Begründen Sie Ihre Musikauswahl.*

Notizen

____

____

____

[1] Eddie Vedder (geb. 23.12.1964 als Edward Louis Seversen III) ist ein US-amerikanischer Sänger, Songschreiber und Gitarrist. Er ist der Frontmann der Band „Pearl Jam“.

Chronologie des Films versus Chronologie der Story

- *Erstellen Sie auf DIN-A3-Papier zwei Zeitleisten in der Art der unten stehenden Abbildung und ergänzen Sie Handlungsschritte. Definieren Sie wesentliche Unterschiede zwischen der Chronologie der Story und der Chronologie des Films. Begründen Sie: Welche Wirkung hat diese Art der Erzähltechnik auf den Zuschauer bzw. die Zuschauerin?*

Chronologie der Story

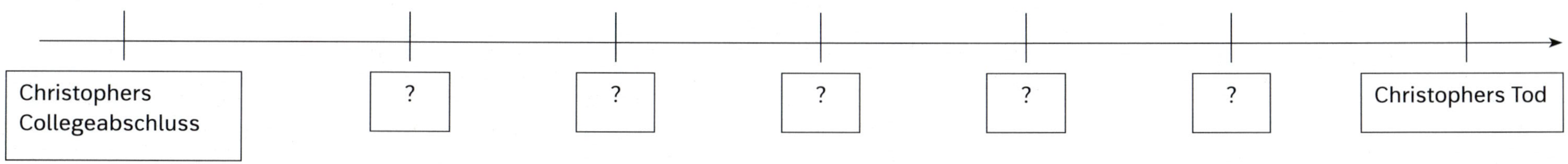

Chronologie des Films

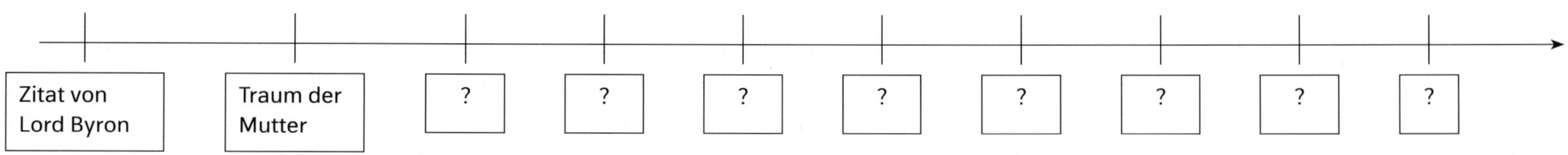

Best.-Nr. 022726

Chronologie des Films versus Chronologie der Story (Lösung)

Chronologie der Story

1. Kindheit u. Jugend, Doppelleben des Vaters
2. Christophers Collegeabschluss
3. Aufbruch zur Reise, Verwischung der Spuren
4. Universität schickt Eltern Abschlusszeugnis, Verschwinden wird bekannt
5. Zurücklassen des Autos (Juli '90)
6. Am Pacific Crest Trail (August '90)
7. lernt Jan und Rainey kennen
8. Auto wird gefunden (Sept. '90)
9. bei Wayne in South Dakota (Sept. '90)
10. Flussreise Colorado, Jobs (Sommer '91)
11. Jan und Rainey II, Ron (Dez. u. Jan. '92)
12. Alaska (März bis August '92), Christophers Tod

Chronologie des Films

1. Zitat von Lord Byron
2. Traum der Mutter
3. Ankunft in Alaska, Vorspann und Titel
4. Magic Bus (Alaska)
5. Christophers Collegeabschluss (Atlanta)
6. Zurücklassen des Autos, „Geburt“ Alexander Supertramp
7. lernt Jan und Rainey kennen (Pacific Crest Trail)
8. bei Wayne, 3. Woche Magic Bus (Alaska)
9. unterwegs Rückblick, Erzählerbericht der Schwester
10. Flussreise (Colorado)
11. in der Stadt, Zugfahrten, Ärger
12. Rückblick: Familienleben, Streit Alaska: Bergbesteigung
13. Alaska: Tötung eines Elchs, Versagen
14. im Hippie-Camp, Jan und Rainey, Tracy
15. Alaska: 9. Woche Magic Bus
16. Alaska: Umkehrversuch
17. bei Ron
18. Alaska: Hunger, Vergiftung
19. Abschied und Rons Adoptionsangebot, Tod

Best.-Nr. 022726

Aussagen zum Thema Reisen

- Nichts macht intelligenter als das Reisen.
- Wer in eine Reise investiert, investiert in sich selbst.
- Nimm das Leben als wagemutiges Abenteuer, reise weit und bereue niemals.
- Wenn du reist, gehe durch die Sonne, die Wolken und die Schatten und nimm von jedem etwas mit.
- Zögere nie, weit fortzugehen, denn tot bist du noch lange genug.
- Mit dem Fortgehen hat es etwas Magisches auf sich.
- Der Weg ist das beste Ziel.
- Beim Reisen geht es nicht um Orte, sondern um die Möglichkeit, Dinge neu zu sehen.
- Don't look back, go on and on.
- Der schlechteste Tag der Reise birgt mehr Erinnerungen als der schönste Tag zu Hause.
- Reisen macht die Menschen klüger, aber nicht glücklicher.
- Wer reist, will weit hinaus, doch er kommt immer wieder bei sich selbst an.

- *Welche der oben stehenden Aussagen hätten der Reise des Christopher McCandless im Film „Into the Wild" als Motto dienen können? Begründen Sie Ihre Antwort.*
- *Nennen Sie die wichtigsten Merkmale der Reise des Protagonisten und finden Sie charakterisierende Bezeichnungen.*

Best.-Nr. 022726

Christophers Aufbruch

- *Schauen Sie sich noch einmal das DVD-Kapitel „Der Abschluss“ die Szenen von Filmminute 00:13:41 bis 00:21:19 an.*
- *Charakterisieren Sie die Hauptfigur anhand des gezeigten Filmausschnittes im Hinblick auf*
  - *sein Verhalten bei und nach der Übergabe des Zeugnisses,*
  - *das Verhältnis zu seinen Eltern,*
  - *seine Haltung und Einstellung gegenüber seinem persönlichen Leben.*

  Beziehen Sie das folgende Zitat, welches Chris seiner Schwester vorträgt, sowie die Aussagen der Schwester und die Abbildung in Ihre Deutung ein.

In Filmminute 00:17:35 sagt Christopher im Auto zu seiner Schwester:

„Ich sehe sie an den Toren ihrer Universitäten stehen. Ich sehe meinen Vater unter dem beigefarbenen Sandsteinbogen hindurchgehen. Die roten Steine glitzern hinter seinem Kopf wie gewobene Tafeln aus Blut. Ich sehe meine Mutter mit ein paar leichten Büchern auf der Hüfte. Sie steht an der Säule aus kleinen Ziegeln, das schmiedeeiserne Tor hinter ihr noch offen, seine Speerspitzen zielen schwarz in die Mailuft. Sie sind kurz davor, ihren Abschluss zu machen. Sie sind kurz davor, zu heiraten. Sie sind Kinder. Sie sind dumm. Sie wissen nur, dass sie unschuldig sind. Nie würden sie jemandem wehtun. Ich möchte zu ihnen gehen und sagen: „Halt! Tut es nicht! Sie ist die falsche Frau, er ist der falsche Mann. Ihr werdet Dinge tun, die ihr euch nicht im Traum vorstellen könnt. Ihr werdet Kindern Schlimmes antun. Ihr werdet auf unvorstellbare Art leiden. Ihr werdet euch wünschen, sterben zu können.“ Ich möchte zu ihnen gehen, dort, in der späten Maisonne und es ihnen sagen. Aber ich tue es nicht. Ich möchte leben. Ich hebe sie hoch wie Puppen aus Papier, ein Mann und eine Frau, und schlage sie zusammen wie Feuersteine, als könnte ich Funken aus ihnen schlagen. Ich sage: „Tut das, was ihr tun müsst. Und ich werde davon erzählen.“

Filmminute 00:17:35; Transkription: J. S.

Die Familie feiert Christophers Collegeabschluss, Filmminute 00:17:35 (Jena Malone, Emile Hirsch, William Hurt, Marcia Gay Harden, in: Into the Wild, USA 2007, Regie: Sean Penn, © Paramount)

Vergleich mit einer literarischen Figur: „Aus dem Leben eines Taugenichts“ von Joseph von Eichendorff (1826)

Textinhalt

Die Novelle „Aus dem Leben eines Taugenichts“ von Joseph von Eichendorff erzählt das Leben eines jungen Mannes, der von seinem Vater, welcher ihn für einen „Taugenichts“ hält, aus dem Haus geschickt wird, um sich selbst seinen Lebensunterhalt zu verdienen. Der Taugenichts reist fortan durch die Lande, schlägt sich mit Gelegenheitsjobs durch und verliebt sich in eine geheimnisvolle junge Frau, welche ihm aufgrund ihres Status unerreichbar erscheint. Aus Trauer darüber reist er auf abenteuerlichen Wegen weiter nach Italien, dem Land seiner Träume, wo ihm verschiedene unerklärliche Dinge passieren, welche alle im Zusammenhang mit der Angebeteten zu stehen scheinen. Schließlich reist er zurück zu dem Schloss, in welchem die Geliebte lebt, und es klären sich verschiedene Missverständnisse auf. Es stellt sich heraus, dass die junge Frau gar nicht adeliger Herkunft ist, wie vermutet, sondern von einem ähnlichen Status wie der Taugenichts. Die beiden gestehen einander ihre Liebe, heiraten und am Ende ist „alles, alles gut“[1].
Der folgende Textausschnitt stellt den Anfang der Novelle dar:[2]

Erstes Kapitel

Das Rad meines Vaters Mühle brauste und rauschte schon wieder recht lustig, der Schnee tröpfelte emsig vom Dache, die Sperlinge zwitscherten und tummelten sich dazwischen; ich saß auf der Türschwelle und wischte mir den Schlaf aus den Augen, mir war so recht wohl in dem warmen Sonnenscheine. Da trat der Vater aus dem Hause; er hatte schon seit Tagesanbruch in der Mühle rumort und die Schlafmütze schief auf dem Kopfe, der sagte zu mir: „Du Taugenichts! Da sonnst du dich schon wieder und dehnst und reckst dir die Knochen müde und lässt mich alle Arbeit allein tun. Ich kann dich hier nicht länger füttern. Der Frühling ist vor der Türe, geh auch einmal hinaus in die Welt und erwirb dir selber dein Brot.“ – „Nun“, sagte ich, „wenn ich ein Taugenichts bin, so ist's gut, so will ich in die Welt gehen und mein Glück machen.“ Und eigentlich war mir das recht lieb, denn es war mir kurz vorher selber eingefallen, auf Reisen zu gehn, da ich den Goldammer, der im Herbst und Winter immer betrübt an unserem Fenster sang: „Bauer, miet mich, Bauer miet mich!“, nun in der schönen Frühlingszeit wieder ganz stolz und lustig vom Baume rufen hörte: „Bauer, behalt deinen Dienst!“ – Ich ging also in das Haus hinein und holte meine Geige, die ich recht artig spielte, von der Wand, mein Vater gab mir noch einige Groschen Geld mit auf den Weg, und so schlenderte ich durch das lange Dorf hinaus. Ich hatte recht meine heimliche Freud, als ich da alle meine alten Bekannten und Kameraden rechts und links, wie gestern und vorgestern und immerdar, zur Arbeit hinausziehen, graben und pflügen sah, während ich so in die freie Welt hinausstrich. Ich rief den armen Leuten nach allen Seiten recht stolz und zufrieden Adjes[1] zu, aber es kümmerte sich eben keiner sehr darum. Mir war es wie ein ewiger Sonntag im Gemüte. Und als ich endlich ins freie Feld hinauskam, da nahm ich meine liebe Geige vor und spielte und sang, auf der Landstraße fortgehend:

Wem Gott will rechte Gunst erweisen,
Den schickt er in die weite Welt,
Dem will er seine Wunder weisen
In Fels und Wald und Strom und Feld.

Die Trägen, die zu Hause liegen,
Erquicket nicht das Morgenrot,
Sie wissen nur vom Kinderwiegen
Von Sorgen, Last und Not um Brot.

Die Bächlein von den Bergen springen,
Die Lerchen schwirren hoch vor Lust,
Was sollt ich nicht mit ihnen singen
Aus voller Kehl und frischer Brust?

Den lieben Gott lass ich nur walten;
Der Lerchen, Büchlein, Wald und Feld
Und Erd und Himmel will erhalten,
Hat auch mein' Sach' bestellt!

Zitiert nach: Joseph von Eichendorff: Aus dem Leben eines Taugenichts, in: Reihe „EinFach Deutsch“, hrsg. v. Johannes Diekhans, Paderborn 2016, S. 105 (Text oben), 5 – 6 (unten)

[1] **Adjes** = Form für Adieu

■ *Vergleichen Sie die Situation des Aufbruchs und der Reise im „Taugenichts“ mit der des Christopher McCandless nach seinem Collegeabschluss. Berücksichtigen Sie dabei auch die Denkweise und Lebenseinstellungen der beiden Charaktere.*

BS 4

Christopher und Ron

Im DVD-Kapitel „Weisheit erlangen“ ab Filmminute 01:47:37 lernt Christopher den wesentlich älteren Ron Franz kennen.

■ *Charakterisieren Sie die Beziehung zwischen den beiden (Filmsequenz und Abbildung).*

Ab Filmminute 01:58:01 bis ca. Filmminute 01:59:35 führen Christopher und Ron das folgende Gespräch:

Ron:	Ich werde dich vermissen, wenn du wieder gehst.
Christopher:	Ich werde Sie auch vermissen, Ron. Doch Sie haben unrecht, wenn Sie denken, die Freude im Leben würde hauptsächlich aus menschlichen Beziehungen erwachsen. Gott hat sie überall um uns herum angelegt, sie steckt überall drin, in allen Dingen, die wir fähig sind zu erfahren. Die Menschen müssen nur ihre Sichtweise auf diese Dinge verändern.
Ron:	Ja, darüber werde ich mal nachdenken,
Christopher:	*Skeptischer Blick*
Ron:	Doch, das werde ich sicher. Ich tu's. (*Pause*) Was ich über dich weiß, sind nur Bruchstücke, ab und zu machst du Andeutungen über deine Familie, deine Mutter und deinen Vater und ich weiß, du hast oft deine Probleme mit der Kirche. Aber irgendwo existiert etwas Größeres, das wir alle anerkennen, und es scheint mir nichts auszumachen, es Gott zu nennen. Weißt du, wenn du vergibst, dann liebst du, und wenn du liebst, dann scheint das Licht Gottes auf dich.

Transkription: J. S.

Ron und Christopher im Gespräch: Filmminute 01:58:06 (Hal Holbrook, Emile Hirsch, in: Info the Wild, USA 2007, Regie: Sean Penn, © Paramount)

■ *Stellen Sie Christophers Sichtweise der Bedeutung zwischenmenschlicher Beziehungen mit eigenen Worten dar und vergleichen Sie diese mit der Sichtweise Rons.*

■ *Beurteilen Sie: Inwiefern ist Christophers Sichtweise prägend für sein Schicksal? Und inwiefern hätte Rons Sichtweise Christopher die Möglichkeit eines anderen Weges bieten können?*

Best.-Nr. 022726

Das Ende

Im letzten Drittel des Films schreibt und sagt Christopher folgende Worte:

Filmminute 02:13:44. Die Karte entspricht einem Original, das beim wahren Christopher McCandless nach seinem Tod gefunden wurde. (Into the Wild, USA 2007, Regie: Sean Penn, © Paramount)

„Sie haben unrecht, wenn Sie denken, die Freude im Leben würde hauptsächlich aus menschlichen Beziehungen erwachsen."

ca. Filmminute 01:58:01, Transkription: J. S.

„Happiness is just real when shared"

ca Filmminute 02:12:29, Transkription: J. S.

„Was wäre, wenn ich lächeln und in eure Arme laufen würde [...] würdet ihr dann sehen, was ich jetzt sehe?"

ca. Filmminute 02:14:48 ff., Transkription: J. S.

- *Ordnen Sie die oben stehenden Zitate von Christopher sowie seine letzten Gedanken (Abbildung) kurz in den Kontext der Filmhandlung ein.*
- *Deuten Sie diese Aussagen im Zusammenhang mit seinem Lebensweg und seinem Tod: Welches Lebensfazit zieht er? Würden Sie sagen, er beurteilt Teile seines Lebens als Irrweg?*
- *Nehmen Sie persönlich Stellung zu Christophers Leben und Ende, indem Sie einen Brief oder eine Rede an ihn formulieren. Welche Handlungsalternativen hätte er Ihrer Meinung nach gehabt, um seine Vorstellung von einem freieren, authentischeren Leben zu verwirklichen, ohne einen so extremen, tragischen Weg zu gehen? Beziehen Sie auch sein Verhältnis zu anderen Menschen ein.*

Best.-Nr. 022726

Die inszenierte Natur

■ *Betrachten Sie die ersten Minuten des Films, ungefähr ab Filmminute 00:03:50 (= Vorspann) bis 00:05:13. Analysieren Sie die Darstellung von Mensch und Natur und das Verhältnis zueinander, das in dieser Szene zum Ausdruck kommt. Beziehen Sie sich dabei auf die eingesetzten filmischen Mittel hinsichtlich*

- *Kameraperspektive,*
- *Cadrage (Bildausschnitt),*
- *Einstellungsdauer,*
- *Einstellungsgröße,*
- *Montage,*
- *auditiver Ebene (Musik und Text).*

→ *Siehe „Glossar – Einige Grundkategorien der formalen Filmanalyse".*

Die folgenden Filmbilder sowie die Tabelle, in die Sie Ihre Beobachtungen stichwortartig eintragen, sollen Ihnen bei der Strukturierung der Analyse helfen:

	Bild im Film	Filmische Mittel	Wirkung
1.			
2.			
3.	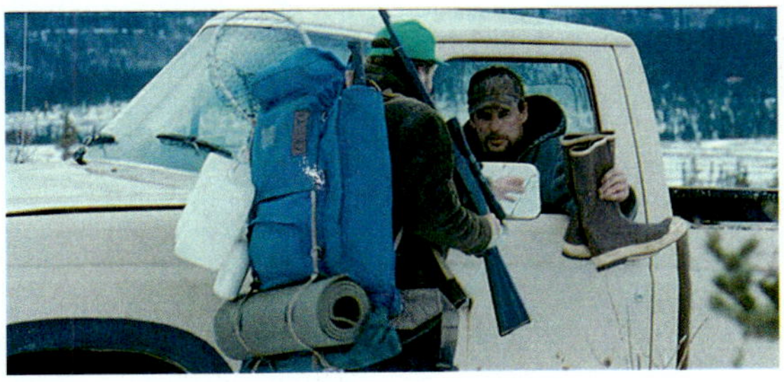		
4.			

(Emile Hirsch, Jim Gallien, in: Into the Wild, USA 2007, Regie: Sean Penn, © Paramount)

Best.-Nr. 022726

Die inszenierte Natur (Lösung)

	Bild im Film	Filmische Mittel	Wirkung
1.		Vogelperspektive + Totale Dominanz von schneebedeckter Fläche, fahrendes Auto klein am Bildrand lange Einstellungsdauer Off: ruhige Musik (Gitarre und Summen)	Distanzierung des Zuschauers, Beobachterposition; Leere, Weite, Ruhe; Natur = dominant, zugleich kalt und leer (Wildnis), Mensch und Technik sind „Nebensache“
2.		s. o. Ende der Straße (= Übergang zur Wildnis) klein im Bild, Mensch (Christopher) sehr klein On: Gespräch („Weiter kann ich leider nicht ...“)	s. o. Verlorenheit, Einsamkeit des Menschen in der Wildnis, Ende der Zivilisation (Straße) bedeutet „Machtübernahme“ der Natur
3.		harter Schnitt auf Normalsicht + Amerikanische, verkürzte Einstellungsdauer On: Gespräch über Stiefel, „Wenn du lebend da rauskommst ...“, Danksagung	Beobachterrolle des Zuschauers auf „Menschenebene“ Menschen sind kurz im Zentrum: Schutz vor Gefahren der Wildnis durch Ausrüstung nötig → Natur ist überlegen
4.		harter Schnitt zurück zur Vogelperspektive, s. o. Auto fährt aus dem Bild, kleiner Mensch läuft in die Schneefläche hinein	Mensch überschreitet die Grenze zur Wildnis (symbolisiert durch die Straßenbegrenzung unten links im Bild), erscheint klein und schwach angesichts der Dominanz und Kälte der Wildnis

(Emile Hirsch, Jim Gallien, in: Into the Wild, USA 2007, Regie: Sean Penn, © Paramount)

Best.-Nr. 022726

Glossar –
Einige Grundkategorien der formalen Filmanalyse

Visuelle Ebene:

- **Cadrage:** Festlegung des Bildausschnitts durch die Kamera und die Anordnung der Objekte und Personen innerhalb des Bildrahmens
- **Einstellungsdauer:** wie lange eine bestimmte Einstellung zu sehen ist (wobei zu beachten ist, dass die Länge der Einstellungen von vielen Faktoren bestimmt wird und hierdurch nicht immer automatisch auf die Wichtigkeit geschlossen werden kann)
- **Einstellungsgröße:** Zu beachten ist dabei, dass viele Begriffe hier nebeneinanderstehen und dass auch in der Fachliteratur die meisten Skalierungen zumindest leicht voneinander abweichend sind. Im Folgenden steht die Definition der deutschen Begriffe und ihre etwaige Übertragung auf amerikanische Fachbegriffe:

1.
Detail: etwa Nase mit Augen → entspricht in etwa dem Begriff big close up

2.
Groß: Kopf mit Hals → entspricht etwa dem Begriff close up

3.
Brustbild: nah, Kopf mit Brust → entspricht etwa close up/medium close up

3a.
Brustbild halbnah: Person vom Kopf bis zum Gürtel → medium close up

4.
Amerikanische: Person von Kopf bis Oberschenkel → etwa medium shot

5.
Halbnah: in vielen Skalierungen größer als die Amerikanische → etwa medium long shot

6.
Totale: die ganze Person mit wesentlich mehr Raum → medium shot oder long shot

7.
Weite: extrem total (Landschaften) → very long shot

Drescher, Heinrich (7)

Best.-Nr. 022726

- **Kameraperspektiven:** Augenhöhe der Kamera entspricht Normalsicht. Abweichungen nach oben oder unten können Bedeutungsträger werden. Normalsicht, Untersicht (extrem: Froschperspektive), Aufsicht (extrem: Vogelperspektive)
- **Kamerabewegung:** Stand, Schwenk, Fahrt (Zu- oder Ranfahrt, Rückfahrt, Parallelfahrt, Kreisfahrt, Kranfahrt), Zoom

Auditive Ebene

- On-Ton (Quelle ist auf dem Bild zu sehen) vs. Off-Ton (ohne sichtbare Quelle)
- Sprache meist in Form von Figurenrede und Dialogen oder als Stimme eines unsichtbaren Erzählers
- Geräusche meist als natürliche Geräuschkulisse
- Filmmusik

Narrative Ebene

- Erzähler (Stimme aus dem Off)
- Unterscheidung zwischen Story (was erzählt wird) und Plot (wie es erzählt wird)
- Elementar: Figuren und Figurenkonstellation
- Bestimmung von Erzählzeit und erzählter Zeit

Montage

- Zusammenfügung mehrerer kleiner Teile zu einem Ganzen eines Films
- Das Hintereinanderstellen verschiedener Bilder steuert Wahrnehmung, Verständnis und Wirkung.
- Übergänge (Transitions) über harten Schnitt/Auf- und Abblendungen/Überblendungen etc.

Best.-Nr. 022726

Christophers Naturerleben

■ *Betrachten Sie den Beginn des DVD-Kapitels „Der Elch“ bis ca. Filmminute 01:18:20. Analysieren Sie die filmischen Mittel der Szene ab Filmminute 01:17:16 bis ca. 01:18:20. Gehen Sie dabei ähnlich vor, wie Sie es bei der Analyse des Vorspanns getan haben. Arbeiten Sie heraus, welche Bedeutung das Naturerleben für Christopher hat.*

Die folgenden Bilder sollen Ihnen als Unterstützung dienen.

1.

2.

3.

4.

5.

6.

7.

(Emile Hirsch, in: Into the Wild, USA 2007, Regie: Sean Penn, © Paramount)

Best.-Nr. 022726

Klausurvorschlag 1

Name:	Schule:	Fachlehrer:
Kurs:	Arbeitszeit:	

Thema der Unterrichtsreihe:
Unterwegs sein – Reisegedichte vom Barock bis zur Gegenwart

Aufgabenart:
Analyse eines literarischen Textes mit weiterführendem Schreibauftrag

Aufgaben

1. *Analysieren (beschreiben und deuten) Sie das Gedicht „Vagabundenspruch" von Mascha Kaléko. (45 Punkte)*
2. *Zeigen Sie auf, in welcher Weise in Kalékos Gedicht auf romantische Motive vom Unterwegssein und Wandern Bezug genommen wird und wie diese verändert werden. (27 Punkte)*

Hinweise:

- Nehmen Sie sich ausreichend Zeit für die Vorbereitung (Textbearbeitung, Stichworte, Gliederung der Analyse etc.) und die Nachbereitung der Verschriftlichung (sorgfältiges Überprüfen von sprachlicher Richtigkeit und Gedankenführung).
- Bedenken Sie, dass die Leistung der sprachlichen Darstellung (Struktur, Ausdruck, Satzbau, Zitierweise sowie formale Richtigkeit) einen hohen Anteil der Bewertung ausmacht.

Erlaubte Hilfsmittel:

- Deutsches Wörterbuch
- Kopie des Gedichts

Viel Erfolg!

TEXT

Mascha Kaléko (1907 – 1975)
Vagabundenspruch

Man soll seinen Mantel nicht zu lang an den gleichen Nagel hängen,
Weil es so oft dieser Nagel nur ist, der uns am Ende noch hält.
– Wer von uns weiß es denn noch, dass auch die düsteren, engen
Gassen ins Offene führen, in die unendliche Welt ...

Bleib du in keiner Stadt; denn ihre Türme und Mauern
Sind Menschenwerk und haben nicht Bestand.
Doch Wälder, Berg und Strom schuf Gottes Hand.
Sie werden uns ein Weilchen überdauern
Auf diesem Stern, wo man so rasch vergisst.
– Wer sollte wohl um unsereinen trauern,
Der überall ein Zugereister ist;
Ein Herbergsschild vielleicht? Ein Polizist?

Was mich betrifft, ich weiß, es grünt das Feld,
Wenn längst kein räudiger Hund mehr nach mir bellt.
Und Schiffe ziehn, und Küsten blühn für andre.
Wer weiß das nicht? ... Weil sich das so verhält
Auf dieser tollen, Wunder vollen Welt,
Nimm deinen Mantel von der Wand und wandre.

(1958)

Kaléko, Mascha: Mein Lied geht weiter. 100 Gedichte. dtv: München 2017, S. 97

Informationen zur Autorin:

Mascha Kaléko (geb. 1907) stammte aus einer russisch-jüdischen Familie in Galizien (heute Polen). Bald verließ die Familie die Heimat, um nach Deutschland zu ziehen; Mascha Kaléko wuchs in Marburg und Berlin auf, machte dort eine Ausbildung als Sekretärin und arbeitete für die jüdische Gemeinde. Ab 1930 erschienen ihre ersten Gedichte; sie hatte gute Kontakte zur Berliner Kulturszene, musste dann 1938 mit ihrem Mann aus Nazideutschland nach New York emigrieren. Nach dem Krieg unternahm sie mehrere Lesereisen durch Europa. 1960 folgte sie ihrem Mann nach Jerusalem. Mascha Kaléko starb 1975 in Zürich.

Best.-Nr. 022726

Bewertungsbogen für ______________________________

1. Verstehensleistung

Teilaufgabe 1 Die Schülerin/der Schüler	max. Punktzahl	erreichte Punkte
formuliert eine **funktionalisierte Einleitung**: • Autor, Titel, Entstehungszeit, Epoche, Gattung • zentrale Thematik des Gedichts (Lob des Unterwegsseins, des Vagabundentums; Sesshaftigkeit als trügerische Sicherheit, aber auch die Trauer über Heimatlosigkeit und das Vergessenwerden)	5	
untersucht den **Aufbau des Gedichts**: • 3 Strophen mit unterschiedlich vielen Versen • unterschiedliche Reimformen (u. a. Kreuzreim, umarmender Reim), unregelmäßiger Wechsel von männlichen und weiblichen Kadenzen • unregelmäßiges Metrum (Jambus, Daktylus,freie Rhythmen)	6	
analysiert das Gedicht **inhaltlich**: • Ausgangssituation: Aufforderung zur Aufbruchsbereitschaft und Wanderschaft, weil die Sicherheit des Daheimbleibens trügerisch ist. Auch unscheinbare Wege können ins Weite führen, die Welt bietet unendliche Möglichkeiten. • Kulturelle Leistungen des Menschen wie Städte z. B. sind vergänglich, während die Natur als Gottes Schöpfung Bestand hat. Auch das menschliche Leben ist von überschaubarer Dauer im Vergleich zur Natur. Zumal wenn man „ein Zugereister" ist, also ein Geflüchteter oder Migrant, fällt man leicht aus dem Gedächtnis der Mitmenschen. • In der 3. Strophe meldet sich das lyrische Ich explizit zu Wort; es hat für sich selbst schon aus der in der 2. Strophe geäußerten Einsicht in die Vergänglichkeit der Welt und der menschlichen Existenz eine persönliche Konsequenz gezogen: An den einzelnen Menschen wird sich keiner mehr erinnern, die Natur jedoch bleibt lebendig, wächst und vergeht beständig, auch die Welt dreht sich weiter. • Aus dieser Tatsache kann man nur eine Konsequenz ziehen: Es macht keinen Sinn, sich an dem festzuhalten, was man hat, und zu bleiben, wo man ist. Die Welt scheint voller Überraschungen und „Wunder" und immer in Bewegung und deshalb ist das Wandern und Unterwegssein die richtige Antwort auf diese Situation. • Darauf spielt auch der Titel „Vagabundenspruch" an: „Spruch" könnte hier wie eine Art „Zuspruch", sich wie Vagabunden zu verhalten, die mehr oder weniger ohne Ziel und Zweck einfach unterwegs sind, verstanden werden. Mit dem Wort „Vagabund" verbinden sich aber auch negative, abwertende Bedeutungen.	12	
erarbeitet die **sprachlich-stilistische Gestaltung** des Gedichts im Hinblick auf ihre Funktion: • Prosasprache in der 1. Strophe mit allgemeinem Appellcharakter an anonyme Adressaten („man") • persönlicher Appell an ein „du" – mit leicht belehrendem Unterton, der aus Erfahrungen des lyrischen Ich resultiert. Die persönliche Betroffenheit artikuliert sich in emotionaler Sprache, z. B. in der rhetorischen Frage. • Steigerung der emotionalen Sprache („räudiger Hund") – das lyrische Ich zieht eine ambivalente Bilanz: Bezogen auf die persönlichen Erfahrungen des lyrischen Ich (und der Autorin) kann der vorletzte Vers „Auf dieser tollen, Wunder vollen Welt" durchaus ironisch-distanzierend verstanden werden. • Spiel mit den widersprüchlichen, positiv-negativen Bedeutungen von „Vagabund"/ „Vagabundentum"	12	

fasst die **Analyseergebnisse** sinnvoll zusammen: • Zunächst dominiert eine positive, optimistische Aufbruchsstimmung: Es macht Sinn, sich nicht allzu lange an einem Ort aufzuhalten, weil jede ortsgebundene Sicherheit eine Täuschung sein kann. Die Welt scheint „unendliche“ Möglichkeiten für Wanderer (Vagabunden) zu bieten. • Die Aufforderung zum Unterwegssein wird noch einmal verstärkt durch den Hinweis auf die göttliche Schöpfung, die dauerhafter ist als die menschlichen Werke. • Das lyrische Ich gibt sich deutlicher zu erkennen mit seinen Lebenserfahrungen, als „Zugereiste(r)“ fällt es dem Vergessen der Menschen anheim. • Diese Traurigkeit, die mit dem eigenen Schicksal verbunden ist, verstärkt sich: Der Appell zur Wanderschaft erscheint nun gebrochen.	10	
erfüllt ein weiteres aufgabenbezogenes Kriterium.	(5)	
Summe Teilaufgabe 1	**45**	

Teilaufgabe 2 **Die Schülerin/der Schüler**	**max. Punktzahl**	**erreichte Punkte**
fasst **zentrale Merkmale der Romantik** – vor allem im Hinblick auf das Reise- und Wandermotiv – zusammen.	8	
identifiziert **die romantische Motivik** in Kalékos Gedicht, z. B.: Wanderschaft aus der engen in die offene Welt, Lob der Natur als göttliche Schöpfung, Zivilisationskritik (Stadt ...), Wunder der Welt entdecken ...	6	
grenzt das Gedicht **ab** von deutlich romantischen Texten: • Vertreibung und Exil als prägende Erfahrungen • Heimatverlust und Fremdheitserfahrung • Unsicherheit • Trauer über das Vergessenwerden, das Verschwinden ohne Erinnerungswert...	8	
gelangt zu einem abschließenden **Resümee** und zu einer **Bewertung:** • z. B.: Brechung der romantischen Motivik vor dem Hintergrund von Vertreibung und Exil	5	
erfüllt ein weiteres aufgabenbezogenes Kriterium.	(5)	
Summe Teilaufgabe 2	**27**	
Summe Verstehensleistung	**72**	

2. Darstellungsleistung

Anforderungen **Die Schülerin/der Schüler**	**max. Punktzahl**	**erreichte Punkte**
strukturiert ihren/seinen Text kohärent, schlüssig, stringent und gedanklich klar: • angemessene Gewichtung der Teilaufgaben in der Durchführung • gegliederte und angemessen gewichtete Anlage der Arbeit • schlüssige Verbindung der einzelnen Arbeitsschritte • schlüssige gedankliche Verknüpfung von Sätzen	6	
formuliert unter Beachtung der fachsprachlichen und fachmethodischen Anforderungen: • Trennung von Handlungs- und Metaebene • begründeter Bezug von beschreibenden, deutenden und wertenden Aussagen • Verwendung von Fachtermini in sinnvollem Zusammenhang • Beachtung der Tempora • korrekte Redewiedergabe (Modalität)	6	

Best.-Nr. 022726

belegt Aussagen durch angemessenes und korrektes Zitieren: • sinnvoller Gebrauch von vollständigen oder gekürzten Zitaten in begründender Funktion	3	
drückt sich allgemeinsprachlich präzise, stilistisch sicher und begrifflich differenziert aus: • sachlich-distanzierte Schreibweise • Schriftsprachlichkeit • begrifflich abstrakte Ausdrucksfähigkeit	5	
formuliert lexikalisch und syntaktisch sicher, variabel und komplex (und zugleich klar).	5	
schreibt sprachlich richtig.	3	
Summe Darstellungsleistung	**28**	

Bewertung:	**max. Punktzahl**	**erreichte Punkte**
Summe insgesamt (Verstehens- und Darstellungsleistung):	**100**	

Kommentar:

____

____

____

____

Die Arbeit wird mit der Note ____________________ beurteilt.

Datum: ____________ Unterschrift: ____________________

Bepunktung

Note	Punkte	erreichte Punktzahl
sehr gut plus	15	100 – 95
sehr gut	14	94 – 90
sehr gut minus	13	89 – 85
gut plus	12	84 – 80
gut	11	79 – 75
gut minus	10	74 – 70
befriedigend plus	9	69 – 65
befriedigend	8	64 – 60
befriedigend minus	7	59 – 55
ausreichend plus	6	54 – 50
ausreichend	5	49 – 45
ausreichend minus	4	44 – 39
mangelhaft plus	3	38 – 33
mangelhaft	2	32 – 27
mangelhaft minus	1	26 – 20
ungenügend	0	19 – 0

Best.-Nr. 022726

Klausurvorschlag 2

Name:	Schule:	Fachlehrer:
Kurs:	**Arbeitszeit:**	

Thema der Unterrichtsreihe:
Unterwegs sein – Reisegedichte vom Barock bis zur Gegenwart

Aufgabenart:
Analyse eines literarischen Textes mit weiterführendem Schreibauftrag

Aufgaben

1. *Analysieren (beschreiben und deuten) Sie das Gedicht „Lied vom Reisen" von Ludwig Tieck. (45 Punkte)*

2. *Vergleichen Sie es anschließend mit dem Gedicht „Kosmopolit" von Durs Grünbein im Hinblick auf die Bedeutung des Reisens. Nehmen Sie abschließend kurz Stellung zur Haltung des lyrischen Ich. (27 Punkte)*

Hinweise:

- Nehmen Sie sich ausreichend Zeit für die Vorbereitung (Textbearbeitung, Stichworte, Gliederung der Analyse etc.) und die Nachbereitung der Verschriftlichung (sorgfältiges Überprüfen von sprachlicher Richtigkeit und Gedankenführung).
- Bedenken Sie, dass die Leistung der sprachlichen Darstellung (Struktur, Ausdruck, Satzbau, Zitierweise sowie formale Richtigkeit) einen hohen Anteil der Bewertung ausmacht.

Erlaubte Hilfsmittel:

- Deutsches Wörterbuch
- Kopie des Gedichts

Viel Erfolg!

Best.-Nr. 022726

TEXTE

Ludwig Tieck (1773 – 1853)
Lied vom Reisen

Willst du dich zur Reis' bequemen
Über Feld
Berg und Tal
Durch die Welt,
Fremde Städte allzumal,
Musst Gesundheit mit dir nehmen.

Neue Freunde aufzufinden
Lässt die alten du dahinten,
Früh am Morgen bist du wach,
Mancher sieht dem Wandrer nach
Weint dahinten,
Kann die Freud' nicht wiederfinden.

Eltern, Schwester, Bruder, Freund,
Auch vielleicht das Liebchen weint;
Lass sie weinen, traurig und froh
Wechselt das Leben bald so bald so
Nimmer ohne Ach! und O!
Heimat bleibt dir treu und bieder,
Kehrst du nur als Treuer wieder,
Reisen und Scheiden
Bringt des Wiedersehens Freuden.

(1798)

Tieck, Ludwig: Gedichte Teil 1. Lambert Schneider: Heidelberg 1967, S. 76 f.

Durs Grünbein (geb. 1962)
Kosmopolit

Von meiner weitesten Reise zurück, anderntags
Wird mir klar, ich verstehe vom Reisen nichts.
Im Flugzeug eingesperrt, stundenlang unbeweglich,
Unter mir Wolken, die aussehn wie Wüsten,
Wüsten, die aussehn wie Meere, und Meere,
Den Schneewehen gleich, durch die man streift
Beim Erwachen aus der Narkose, sehe ich ein,
Was es heißt, über die Längengrade zu irren.

Dem Körper ist Zeit gestohlen, den Augen Ruhe.
Das genaue Wort verliert seinen Ort. Der Schwindel
Fliegt auf mit dem Tausch von Jenseits und Hier
In verschiedenen Religionen, mehreren Sprachen.
Überall sind die Rollfelder gleich grau und gleich
Hell die Krankenzimmer. Dort im Transitraum,
Wo Leerzeit umsonst bei Bewusstsein hält,
Wird ein Sprichwort wahr aus den Bars von Atlantis.

Reisen ist ein Vorgeschmack auf die Hölle.

(1999)

Grünbein, Durs: Limbische Akte. Reclam: Stuttgart 2011, S. 125

Bewertungsbogen für ______________________

1. Verstehensleistung

Teilaufgabe 1 **Die Schülerin/der Schüler**	**max. Punktzahl**	**erreichte Punkte**
formuliert eine **funktionalisierte Einleitung**: • Autor, Titel, Entstehungszeit, Epoche, Gattung • zentrale Thematik des Gedichts (Bedeutung des Reisens für die Zurückgebliebenen, Notwendigkeit der Wiederkehr, dennoch positive Sicht auf das Reisen)	5	
untersucht den **Aufbau des Gedichts**: • 3 Strophen mit zweimal sechs und einmal neun Versen • unterschiedliche Reimformen (u. a. Kreuzreim innerhalb der ersten Strophe, umarmender Reim als Rahmen, Paarreime in der zweiten Strophe, Paarreime in der dritten Strophe, Haufenreim, unreine Reime ...), unregelmäßiger Wechsel von stumpfen und klingenden Kadenzen • Metrum (überwiegend trochäisch mit Ausnahmen, unregelmäßige Verslänge)	6	
analysiert das Gedicht **inhaltlich**: • 1. Strophe: Voraussetzungen für das Reisen; Natur und Welt als Ziele; anonymer Adressat • 2. Strophe: Notwendigkeit der Trennung von sozialen Bindungen mit den entsprechenden Konsequenzen für die Zurückgelassenen • 3. Strophe: Konkretisierung der Zurückgelassenen und deren Reaktionen; Aufforderung, sich davon nicht beeinflussen zu lassen; Bedeutung der Rückkehr bzw. Wiederkehr in die Heimat; Reisegenuss liegt auch in der Freude der Wiederkehr • Der Titel „Lied vom Reisen" verweist auf den programmatischen Charakter des Gedichts (Aufbruch, Reise, Wiederkehr).	12	
erarbeitet die **sprachlich-stilistische Gestaltung** des Gedichts im Hinblick auf ihre Funktion: • appellativer Charakter (z. B. Modalverben wollen (vgl. V. 1) und müssen (vgl. V. 6) als Rahmen der ersten Strophe) • elliptischer, grammatisch reduzierter Satzbau (durchgängig) unterstützt den Appellcharakter und wirkt wie eine Rezeptur für das Reisen • Asyndeton (vgl. V. 13) • antithetische Gegenüberstellung (Reaktionen versus Genuss des Reisens, Aufbruch versus Wiederkehr ...) • bewusster Aufbruch des metrischen Musters (vgl. V. 15, V. 16) als Widerspiegelung der wechselnden Gefühlslagen	12	
ordnet das Gedicht (kurz) in den **ideengeschichtlichen Zusammenhang** der Romantik ein.	5	
fasst die **Analyseergebnisse** sachgerecht zusammen: • Anspruch des Gedichts, Voraussetzungen des Reisens und die damit verbundenen Herauslösungen aus Familie und Freundeskreis hervorzuheben • programmatischer Charakter • Notwendigkeit der Wiederkehr	5	
erfüllt ein weiteres aufgabenbezogenes Kriterium.	(5)	
Summe Teilaufgabe 1	**45**	

Best.-Nr. 022726

Teilaufgabe 2 Die Schülerin/der Schüler	max. Punktzahl	erreichte Punkte
formuliert eine **funktionalisierte Einleitung** zu dem Gedicht von Durs Grünbein: • Autor, Titel, Entstehungszeit, Gattung • Inhalt: Wiedergabe der Reiseerfahrungen eines lyrischen Ich • zentrale Thematik des Gedichts (negative Sicht auf das Reisen, Konzentration auf Flug- und Fernreisen)	5	
beschreibt und **deutet** zentrale Textaussagen, die die Negativbewertung hervorheben: • räumliche Enge im Flugzeug • stundenlange Unbeweglichkeit • Austauschbarkeit der sichtbaren Naturelemente • eingetrübte Sinneswahrnehmungen • Reise als Irrweg • Verlust der räumlichen Orientierung • Monotonie • ...	10	
stellt die besondere **Funktion des Schlussverses** im Sinne einer metaphorischen Bilanz heraus.	4	
gelangt zu einem abschließenden **Resümee** und zu einer individuellen **Bewertung**.	8	
erfüllt ein weiteres aufgabenbezogenes Kriterium.	(5)	
Summe Teilaufgabe 2	**27**	
Summe Verstehensleistung	**72**	

2. Darstellungsleistung

Anforderungen Die Schülerin/der Schüler	max. Punktzahl	erreichte Punkte
strukturiert ihren/seinen Text kohärent, schlüssig, stringent und gedanklich klar: • angemessene Gewichtung der Teilaufgaben in der Durchführung • gegliederte und angemessen gewichtete Anlage der Arbeit • schlüssige Verbindung der einzelnen Arbeitsschritte • schlüssige gedankliche Verknüpfung von Sätzen	6	
formuliert unter Beachtung der fachsprachlichen und fachmethodischen Anforderungen: • Trennung von Handlungs- und Metaebene • begründeter Bezug von beschreibenden, deutenden und wertenden Aussagen • Verwendung von Fachtermini in sinnvollem Zusammenhang • Beachtung der Tempora • korrekte Redewiedergabe (Modalität)	6	
belegt Aussagen durch angemessenes und korrektes Zitieren: • sinnvoller Gebrauch von vollständigen oder gekürzten Zitaten in begründender Funktion	3	
drückt sich allgemeinsprachlich präzise, stilistisch sicher und begrifflich differenziert aus: • sachlich-distanzierte Schreibweise • Schriftsprachlichkeit • begrifflich abstrakte Ausdrucksfähigkeit	5	
formuliert lexikalisch und syntaktisch sicher, variabel und komplex (und zugleich klar).	5	
schreibt sprachlich richtig.	3	
Summe Darstellungsleistung	**28**	

Best.-Nr. 022726

Bewertung:	max. Punktzahl	erreichte Punkte
Summe insgesamt (Verstehens- und Darstellungsleistung):	**100**	

Kommentar:

___

___

___

___

___

___

___

___

___

___

___

Die Arbeit wird mit der Note ______________________ beurteilt.

Datum: ______________ Unterschrift: ______________________

Bepunktung

Note	Punkte	erreichte Punktzahl
sehr gut plus	15	100–95
sehr gut	14	94–90
sehr gut minus	13	89–85
gut plus	12	84–80
gut	11	79–75
gut minus	10	74–70
befriedigend plus	9	69–65
befriedigend	8	64–60
befriedigend minus	7	59–55
ausreichend plus	6	54–50
ausreichend	5	49–45
ausreichend minus	4	44–39
mangelhaft plus	3	38–33
mangelhaft	2	32–27
mangelhaft minus	1	26–20
ungenügend	0	19–0

Best.-Nr. 022726

Ein Gedicht analysieren

Das müssen Sie wissen

Die Analyse eines Gedichts dient dazu, herauszufinden, wie **Inhalt**, **Aussage** und **Wirkung** des poetischen Textes durch seine sprachliche Gestaltung verdeutlicht werden. Die Ergebnisse dieser Analyse können in einer schriftlichen Beschreibung mit Deutung zusammengefasst werden.

Einleitung	Neben den wichtigsten **Textdaten** (Gedichtart, Titel, Autor, Erscheinungs- bzw. Entstehungsjahr) enthält die Einleitung Informationen zum historischen Hintergrund – soweit bekannt – sowie in aller Kürze zu **Inhalt** und **Thema** des Gedichts (Worum geht es? Was wird dargestellt?). Wenn möglich, sollte die Einleitung bereits einen ersten **Hinweis** darüber enthalten, wie das Gedicht zu deuten ist (**Deutungsansatz**).
Hauptteil	Im Hauptteil wird zunächst die **äußere Form** des Gedichts (Strophenzahl, Verseinteilung, Reimschema, Metrum) zusammenhängend beschrieben. Die formale Gestalt sollte später in die genaue Beschreibung und Deutung der Einzelstrophen eingebunden werden. Das gilt vor allem auch für besondere Auffälligkeiten/Ausnahmen (z. B. Unregelmäßigkeiten im Metrum). Danach wird – soweit auffällig – der **Textaufbau** (z. B. bei einer Rahmenstellung von Versen bzw. Strophen) beschrieben und gedeutet. Schließlich werden **Inhalt** *und* **Sprache** des Gedichts dargestellt (z. B. Situation des lyrischen Ich, Atmosphäre, Darstellung des Themas in den einzelnen Strophen, inhaltliche Entwicklung). Dabei kann man strophenweise vorgehen, manchmal lassen sich auch mehrere Strophen zusammenfassen (siehe unter „Methode"). In diesem Zusammenhang sind unbedingt die sprachlichen Mittel (z. B. sprachliche Bilder, Wortwahl, Satzbau, rhetorische Mittel) nicht nur zu benennen, sondern auch ihre Wirkung und ihre Bedeutung für Inhalt und Aussage des Gedichts zu erläutern.
Schluss	Am Schluss werden die wichtigsten Beobachtungen und Erkenntnisse zunächst **zusammengefasst**. Danach sollte auf dieser Grundlage eine mögliche Intention (Aussage- oder Wirkungsabsicht) des Gedichts bestimmt werden. Abschließend kann auch eine persönliche Bewertung des Gedichts erfolgen.
Methode	Man unterscheidet grundsätzlich **zwei Herangehensweisen** bei der schriftlichen Analyse: Die lineare Analysemethode **folgt dem Textverlauf** (häufig von Strophe zu Strophe) und richtet sich nach der zuvor erstellten **Gliederung**. Der Vorteil dieses Vorgehens liegt in der einfachen Umsetzung, doch besteht das Risiko, dass man aufgrund der vielen Details den übergeordneten Deutungszusammenhang aus den Augen verliert. Bei der **aspektorientierten** Analyse untersucht man den Text vorrangig unter einer **speziellen Fragestellung** oder **bestimmten Gesichtspunkten (in der Regel 3–4 Aspekte)**, die manchmal in der Aufgabenstellung vorgegeben sind. Diese Arbeitsweise erlaubt die unterschiedlich intensive Berücksichtigung einzelner Verse oder Strophen, birgt jedoch die Gefahr in sich, andere Aspekte zu vernachlässigen. Ob linear oder aspektorientiert, ist häufig eine Frage der persönlichen Vorliebe oder Analysepraxis. Auch der Text selbst kann darüber entscheiden, welche Herangehensweise sinnvoller ist. So eignet sich z. B. für ein Gedicht, das sein Thema schrittweise entfaltet, eher die Linearanalyse, in der diese Entwicklung Strophe für Strophe untersucht werden kann.
Sprache	Die Sprache der Analyse ist grundsätzlich **sachlich**. Sowohl Analyseergebnisse als auch Bewertungen sind stets zu **begründen**. Als **Belege** sollten Zitate aus dem Gedicht in die Textbeschreibung übernommen werden. Falls nicht wörtlich zitiert, sind Gedichtinhalte möglichst mit eigenen Worten im Indikativ wiederzugeben. Beschreibungstempus ist das Präsens, bei Vorzeitigkeit das Perfekt.

Best.-Nr. 022726

Arbeitsschritte	1. Erstmaliges Lesen des Gedichts, um einen Überblick zu gewinnen 2. Notieren des ersten Textverständnisses 3. Zweites, gründlicheres Lesen, um ein vollständiges Textverständnis zu erlangen; Erschließen des Textaufbaus und der äußeren Form (Strophen, Reime, Versmaß); Markieren wichtiger Textstellen und Anbringen von Randbemerkungen; ggf. Informieren über historische Bedingungen der Entstehungszeit des Gedichts (Epoche, geschichtliche Ereignisse, Biografie des Autors u. a.); Überprüfung und ggf. Präzisierung/ Korrektur des ersten Textverständnisses (s. 2.) 4. Entwicklung eines Schreibplans: Gliederung der Ergebnisse (vgl. 3.) auf einem Konzeptblatt 5. Ausformulieren der Analyse auf der Grundlage des Schreibplans; Verknüpfung von Beschreibung und Deutung 6. Anfügen einer begründeten persönlichen Bewertung des Gedichts unter Berücksichtigung der Analyseergebnisse und ggf. unter Rückgriff auf weitere Unterrichtsergebnisse und Kenntnisse 7. Überarbeiten des eigenen Textes (Überprüfung von Inhalt, Aufbau und sprachlicher Form)

P.A.U.L. D. Oberstufe, herausgegeben von Johannes Diekhans/Michael Fuchs, Bildungshaus Schulbuchverlage: Paderborn, S. 541 ff.

Wichtiges Sachwissen	
Gedichtaufbau	Ein Gedicht besteht zumeist aus Versen und Strophen. Als **Vers** bezeichnet man die Gedichtzeile, deren Länge im Unterschied zum Prosatext für gewöhnlich nicht bis zum Seitenrand reicht. Wird ein Satz bzw. Teilsatz über einen Vers hinaus weitergeführt, spricht man von einem **Zeilensprung (Enjambement)**. Dahingegen fallen beim **Zeilenstil** Vers- und Satzende zusammen. Eine **Strophe** fasst mehrere Verse zu einem Abschnitt des Gedichts zusammen, der in der Regel auch im Druck deutlich von den übrigen Teilen des Gedichts abgehoben ist.
Reime und Reimordnung	Häufig werden in Gedichten einzelne Verse durch **Endreim** klanglich miteinander verbunden. Zwei oder mehrere Wörter reimen sich, **wenn sie vom letzten betonten Vokal an gleich klingen** (z. B. „Reichen" – „erweichen"). Man kann zwischen **männlichem Reim** (auf einzelner betonter Silbe, z. B. „Tor" – „Ohr") und **weiblichem Reim** (aus zwei Silben mit Betonung auf der ersten, z. B. „klingen" – „singen") unterscheiden. **Sonderformen** des Endreims sind – der **reiche Reim**, der sich über drei oder mehr Silben erstreckt (z. B. „versprochen" – „zerbrochen"), – der **unreine Reim**, bei dem die Reimvokale nur annähernd gleich sind (z. B. „gebeten" – „Hungersnöten"), – die **Assonanz**, bei der lediglich die Vokale übereinstimmen (z. B. „Buch" – „Wut"). Die häufigsten **Reimordnungen**, die man in einem Schema mit Kleinbuchstaben für die sich jeweils reimenden Verse darstellen kann, sind: – **Paarreim** (aabb), – **Kreuzreim** (abab), – **umarmender Reim** (abba), – **Haufenreim** (aaaa) und – **Schweifreim** (aabccb). Im Unterschied zum Endreim handelt es sich beim **Binnenreim** um den Gleichklang von zwei oder mehreren Wörtern innerhalb desselben Verses. Moderne Gedichte verzichten häufig auf gereimte Verse.

Best.-Nr. 022726

Wichtiges Sachwissen	
Versmaß (Metrum)	Die Verse vieler Gedichte weisen ein bestimmtes **Betonungsmuster** auf, d. h., dass innerhalb der einzelnen Verse **Hebungen** (betonte Silben) und **Senkungen** (unbetonte Silben) in einer festen Abfolge angeordnet sind. Diese feste Abfolge nennt man **Versmaß** oder **Metrum**. Eine Einheit von zwei oder drei Silben, von denen eine betont ist, nennt man Takt oder **Versfuß**. Die häufigsten Versfüße sind: **Jambus** (xx́): z. B. Gedicht **Daktylus** (x́xx): z. B. Daktylus **Trochäus** (x́x): z. B. Dichter **Anapäst** (xxx́): z. B. Anapäst Wenn ein Vers auf einer betonten Silbe endet, bezeichnet man dies als **männliche** oder **stumpfe Kadenz**, eine unbetonte Silbe am Schluss wird **weibliche** oder **klingende Kadenz** genannt (vgl. auch männlicher und weiblicher Reim). Beim regelmäßigen Wechsel von betonten und unbetonten Silben spricht man von einem **alternierenden Metrum**. Bei **unregelmäßigem Versmaß** kann es reichen, nur die Anzahl der Hebungen zu bestimmen oder zu notieren, welches Metrum überwiegend benutzt wird. Häufig steht das Versmaß in Verbindung mit dem Gedichtinhalt und ist besonders dann für die Analyse aufschlussreich, wenn es unregelmäßig wird oder plötzlich wechselt. Vom Metrum zu unterscheiden ist der **Versrhythmus**, der die sprachliche Umsetzung der metrischen Gliederung eines Gedichts bezeichnet. Häufig spielen inhaltliche Aspekte eine wichtige Rolle für den Vortrag (ob der Text z. B. langsam, schnell oder ruhig usw. gesprochen werden sollte).
Gedichtarten (nach Form und Inhalt)	Variationen in Thematik, Metrum, sprachlicher Gestaltung sowie Vers- und Strophenform haben zu unterschiedlichen **Gedichtarten** geführt. Die wichtigsten sind: **Ballade** (Erzählgedicht), **Lied/Volkslied** (eingängige Reimordnungen, flexibles Metrum, Refrain), **Hymne** (Preis- und Lobgesang), **Ode** (lange Gedichtform ohne Reime) und **Sonett** (bestehend aus zwei Quartetten und zwei Terzetten, häufig mit der Reimordnung abba abba ccd eed). Gedichte können auch nach ihrer Thematik oder ihrer Funktion unterschieden werden (Naturgedichte, Liebeslyrik, politische Gedichte usw.).

P.A.U.L. D. Oberstufe, herausgegeben von Johannes Diekhans/Michael Fuchs, Bildungshaus Schulbuchverlage: Paderborn, S. 543 ff.

Rhetorische Figuren – Ein Überblick

Rhetorische Figur	Erklärung	Beispiel
Allegorie, die	Ein abstrakter Begriff wird in einem figürlichen Bild veranschaulicht.	die Darstellung des Todes als Sensenmann
Alliteration, die	Mehrere Wörter bzw. betonte Silben beginnen mit dem gleichen Laut. Die Wörter müssen nicht direkt aufeinanderfolgen, stehen jedoch in einem engen Zusammenhang im Text.	Milch macht müde Männer munter. „Jetzt reifen schon die roten Berberitzen, alternde Astern atmen schwach im Beet. Wer jetzt nicht reich ist, da der Sommer geht, wird immer warten und sich nie besitzen." (Rilke)
Anapher, die	Mehrere Sätze, Satzteile oder Verse beginnen mit dem gleichen Wort.	Geh zu den Menschen, Geh zu den Tieren, Geh zu den Pflanzen, Geh in dich.
Antithese, die	Gegensätzliche Begriffe oder Aussagen werden einander gegenübergestellt.	„Friede den Hütten! Krieg den Palästen!" (Büchner)
Assonanz, die	Mehrere Wörter enthalten gleichklingende Vokale.	„Denn man muß dem Weisen seine Weisheit erst entreißen" (Brecht)
Asyndeton, das	Wörter oder kurze Sätze stehen unverbunden nebeneinander.	Frisch, fromm, fröhlich, frei
Chiasmus, der	Jeweils zwei Wörter oder Satzglieder werden einander spiegelbildlich zugeordnet (Überkreuzstellung, nach dem griechischen Buchstaben Chi).	„[...] die Kunst ist lang/Und kurz ist unser Leben." (Goethe)
Correctio, die	Ein Ausdruck wird unmittelbar wieder aufgegriffen und berichtigt.	„Wir sind doch nunmehr ganz, ja mehr denn ganz verheeret." (Gryphius)
Euphemismus, der	Beschönigung: Das Negative eines Sachverhalts wird durch positive Bezeichnungen verhüllt.	„nuklearer Ernstfall" anstelle von „Atomkrieg"
Hendiadyoin, das	Zwei fast synonyme Ausdrücke, die mit der Konjunktion *und* verbunden sind. Oft handelt es sich um feststehende Ausdrücke.	Haus und Hof Hab und Gut Bitten und Flehen
Hyperbel, die	Übertreibung: Ein Ausdruck wird so übersteigert, dass er, wörtlichen genommen, nicht mehr zutrifft.	Tausend Mal habe ich dich gefragt, tausend Mal hast du geschwiegen!
Interjektion, die	Ausruf	Ach, wäre es doch schon wieder Frühling!
Inversion, die	Wörter bzw. Satzglieder stehen innerhalb eines Satzes an ungewöhnlicher Stelle.	Spät kam er wie immer.
Ironie, die	Der Sprecher meint das Gegenteil dessen, was er sagt.	Du bist wirklich ein echter Freund! Jetzt muss ich allein zurechtkommen.
Klimax; die	Eine Reihe von Ausdrücken ist steigernd angeordnet. Bei einer fallenden Anordnung spricht man von einer Antiklimax.	„Heute back' ich, morgen brau' ich, übermorgen hol ich der Königin ihr Kind." („Rumpelstilzchen")

Best.-Nr. 022726

Rhetorische Figur	Erklärung	Beispiel
Lautmalerei, die (Onomatopoesie, die)	Die Bedeutung eines Wortes wird bereits durch den Klang ersichtlich.	knistern, knacken, grunzen „Und es wallet und siedet und brauset und zischt [...]" (Schiller)
Litotes, die	Die Bedeutung eines Sachverhalts wird dadurch gesteigert, indem sein Gegenteil abgeschwächt oder verneint wird.	Er war nicht gerade ein Held. Wir haben nicht wenig gelacht.
Metapher, die	Ein Wort wird aus dem üblichen Sprachgebrauch gelöst und so in einen anderen Zusammenhang eingeordnet, dass es eine neue Bedeutung erhält. Die Metapher ist ein verkürzter Vergleich (ohne das Vergleichswort „wie").	Er steht in der Blüte des Lebens. „Altdeutschland, wir weben dein Leichentuch, Wir weben hinein den dreifachen Fluch." (Heine)
Metonymie, die	Ein Begriff wird durch einen anderen ersetzt, der inhaltlich eng dazu in Beziehung steht.	Ich habe nur ein Glas getrunken. Das Bundeskanzleramt reagierte gelassen. Er hat seinen Goethe gelesen.
Neologismus, der	Neuschöpfung eines Wortes, das es so bisher noch nicht gab und das manchmal nur in einem bestimmten Text verwendet wird	Sie war eine herzenskluge Kollegin.
Oxymoron, das	Zwei Begriffe, die nicht zueinander passen, werden miteinander verbunden.	„Schwarze Milch der Frühe [...]" (Celan) eine bittersüße Erfahrung
Paradoxon, das	Eine Aussage erscheint auf den ersten Blick widersinnig, weist jedoch bei genauerer Betrachtung auf eine tiefere Wahrheit hin.	„Wer sein Leben gewinnen will, der wird es verlieren." (Matth. 10,39) Viel ist wenig, und wenig ist viel.
Parallelismus, der	In aufeinanderfolgenden Sätzen werden die Satzglieder in gleicher Weise angeordnet.	„Was ist die Welt und ihr berühmtes Glänzen? Was ist die Welt und ihre ganze Pracht?" (Hofmannswaldau)
Paronomasie, die (vgl. auch Zeugma, das)	Wörter mit gleicher oder ähnlicher Bedeutung oder gleichem oder ähnlichem Klang werden so miteinander verknüpft, dass ein Wortspiel entsteht.	Ich heiße nicht nur Walburga Walter, sondern Sie auch herzlich willkommen. Der Computer war unbezahlt, aber nicht unbezahlbar.
Pars pro toto, das	Genannt wird nur ein Teil, der für das Ganze steht.	Endlich haben wir wieder ein Dach über dem Kopf.
Personifikation, die	Allgemeinen Begriffen, Gegenständen, Tieren oder Pflanzen werden Eigenschaften und Verhaltensweisen zugeordnet, die nur Menschen zukommen.	Die Liebe streichelt über seine Haut.
rhetorische Frage, die	Es handelt sich um eine Frage, auf die keine Antwort erwartet wird, weil die Übereinstimmung des Hörers/Lesers mit dem Sprecher/Schreiber vorausgesetzt wird. Häufig enthält die rhetorische Frage einen Appell.	Sitzen wir nicht alle in einem Boot? „Sind wir denn wie leibeigene Knechte an den Boden gefesselt, den wir pflügen?" (Hölderlin)

Best.-Nr. 022726

Rhetorische Figur	Erklärung	Beispiel
Satzbau – parataktisch	Einfache Hauptsätze werden aneinandergereiht.	„Im düstern Auge keine Träne, Sie sitzen am Webstuhl und fletschen die Zähne: Deutschland, wir weben dein Leichentuch, Wir weben hinein den dreifachen Fluch." (Heine)
– hypotaktisch	Hierbei handelt es sich um z. T. sehr komplexe Satzgefüge (Verschachtelungen).	„In einem bei Jena liegenden Dorf, erzählte mir, auf einer Reise nach Frankfurt, der Gastwirt, dass sich mehrere Stunden nach der Schlacht, um die Zeit, da das Dorf schon ganz von der Armee des Prinzen von Hohenlohe verlassen und von Franzosen, die es für besetzt gehalten, umringt gewesen wäre, ein einzelner preußischer Reiter darin gezeigt hätte, [...]" (Kleist)
Symbol, das	Ein konkreter Gegenstand wird als Träger eines allgemeinen Sinnzusammenhangs gesetzt. Die Bedeutung kann man in der Regel nicht aus dem Gegenstand ableiten, man muss sie gelernt haben bzw. gesagt bekommen.	die Farbe Weiß als Symbol der Unschuld die Taube als Symbol des Friedens der Lorbeerkranz als Symbol des Sieges
Synästhesie, die	Verschiedene Sinnesbereiche (Geruch, Geschmack, Sehen ...) werden miteinander verschmolzen.	„Holdes Bitten, mild' Verlangen Wie es süß zum Herzen spricht." (Brentano)
Tautologie, die	Zwei gleichbedeutende Wörter bezeichnen denselben Begriff bzw. denselben Inhalt.	der weiße Schimmel „Moral ist, wenn man moralisch ist." (Büchner)
Vergleich, der	Durch *wie, als ob* u. Ä. wird eine Beziehung zwischen zwei Bereichen hergestellt, zwischen denen es Gemeinsamkeiten gibt.	Sie schlief wie ein Murmeltier. „Wir schlafen ganz, wie Brutus schlief [...]" (Heine)
Zeugma, das (vgl. auch Paronomasie, die)	Verbindung eines Satzglieds, insbesondere eines Prädikats, mit mehreren Satzgliedern, die grammatisch zwar richtig gebildet sind, aber nicht zusammenpassen	Sie schlug die Scheibe und dann den Weg nach Hause ein.

P.A.U.L. D. Oberstufe, herausgegeben von Johannes Diekhans/Michael Fuchs, Bildungshaus Schulbuchverlage: Paderborn, S. 586 ff.

Best.-Nr. 022726